처음이어도 괜찮아!

한 권으로 끝내는
나만의 캐릭터 굿즈 브랜드

이지쪼(이주혜이) 저

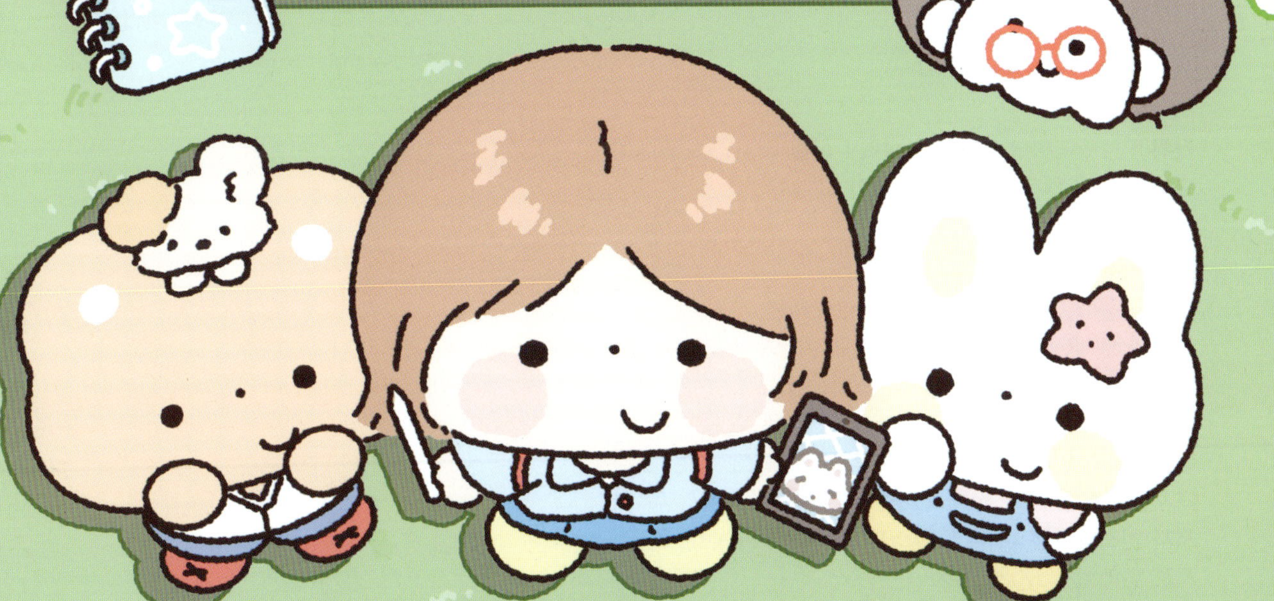

DIGITAL BOOKS
디지털북스

| 만든 사람들 |

기획 IT·CG기획부 | 진행 박성호 | 집필 이지안(오찌데이)
표지 디자인 원은영 | 편집 디자인 이기숙

| 책 내용 문의 |

도서 내용에 대해 궁금한 사항이 있으시면
저자의 홈페이지나 디지털북스 홈페이지의 게시판을 통해서 해결하실 수 있습니다.
디지털북스 홈페이지 digitalbooks.co.kr
디지털북스 페이스북 facebook.com/ithinkbook
디지털북스 인스타그램 instagram.com/digitalbooks1999
디지털북스 유튜브 유튜브에서 [디지털북스] 검색
저자 인스타그램 https://www.instagram.com/ozzi_day/
저자 이메일 kdy03036@naver.com

| 각종 문의 |

영업관련 digital1999@naver.com
기획관련 djibooks@naver.com
전화번호 (02) 447-3157~8

※ 잘못된 책은 구입하신 서점에서 교환해 드립니다.
※ 이 책의 일부 혹은 전체 내용에 대한 무단 복사, 복제, 전재는 저작권법에 저촉됩니다.
※ 유튜브 [디지털북스] 채널에 오시면 저자 인터뷰 및 도서 소개 영상을 감상하실 수 있습니다.

| 머리말

안녕하세요! 캐릭터 문구 브랜드 오찌데이를 운영하고 있는 작가 지안입니다!
《처음이라도 괜찮아! 한권으로 끝내는 나만의 캐릭터 굿즈 브랜드》를 통해 인사드리게 되어 정말 반갑습니다. 저는 하얀 곰돌이 '리오'와 꼬마 유령 '꼬찌' 그리고 그 외 다른 귀여운 캐릭터 일러스트를 그리고 일러스트를 기반으로 굿즈를 제작하고 있습니다.

어릴 때 부터 저는 웃는 표정을 그리는 걸 유난히 좋아했습니다. 평소와 다름없이 웃는 모습을 그리던 어느날 장난삼아 입이 옆으로 삐뚤어진 모습을 그려보았고, 예상과 다르게 그 모습이 너무 귀엽고 장난스러워, 캐릭터로 발전시켜 SNS에 하나씩 공유하기 시작했습니다.

단순히 일러스트를 올리며 시작했던 SNS 계정에 어떤 분이 "평소 좋아하는 캐릭터여서 스티커를 제작해 주면 좋겠어요."라는 문의를 보내주셨고, 나만의 캐릭터가 세상에 나올 수 있다는 생각에 굿즈를 제작하게 되었습니다.

그러나 굿즈 제작에 대해 전혀 몰랐던 저는 재료 선택부터 인쇄, 포장, 배송까지 수많은 시행착오를 겪었고, 실수에서 하나씩 노하우를 배워갔습니다. 노력과 경험을 바탕으로 개인 소품샵부터 대형 입점처까지 다양한 유통망이 생겼고, 기업들과 콜라보 활동도 진행했습니다. 경력을 쌓아 다양한 오프라인 페어에도 참가했으며, 클래스 101과 같은 온라인 강의와 오프라인 강의까지 진행하며 여러 시행착오를 거쳐 활동 영역을 넓혀갔습니다.

이렇게 다양한 실수와 경험을 쌓으며 브랜드를 운영하다 보니, 문득 브랜드를 시작하기 전의 저처럼 막막하게 첫걸음을 내딛는 사람들에게 '시간과 실수를 줄여줄 수 있다면 좋겠다.'라는 마음이 들었습니다. 그 마음을 담아, 이 책을 쓰게 되었습니다.

굿즈 제작에 대한 정보는 인터넷에 단편적으로 많지만, 캐릭터 문구 브랜딩을 전반적으로 다루며, 직접 겪은 실수와 경험을 솔직하게 들려주는 곳은 많지 않습니다. 이 책은 단순한 굿즈 제작 방법을 넘어, 여러분의 브랜드가 꾸준히 성장할 수 있도록 전체적인 방향과 노하우를 담았습니다. 책 한 권을 끝까지 따라온다면, 어느새 나만의 브랜드가 생겨 있는 자신을 발견할 수 있을 거에요!

그럼, 캐릭터 문구 브랜드 사장을 위한 레벨 업의 여정! 함께 출발해 볼까요~??

이 책의 구성

이 책은 크게 4개의 구성으로 이루어져 있습니다!

첫 번째, 나만의 캐릭터와 브랜드 만들기

두 번째, 아이패드를 통하여 캐릭터 그리기

세 번째, 내가 그린 캐릭터로 직접 굿즈 제작하기

네 번째, 제품 유통 및 브랜드로 성장하기

실제 이미지로 먼저!
본격적인 제작에 앞서, 우리가 만들게 될 굿즈를 확인합니다.

02 캔버스에 원하는 디자인을 해주세요. 어떤 디자인을 해야 할지 고민이라면, 제공된 엽서 일러스트를 활용해도 괜찮습니다.

03 디자인이 완성되면 라인, 가이드, 스케치 레이어를 모두 병합한 뒤, 복제해 주세요.

> **샘플 제공**
> 실습에 필요한 준비 파일을 제공합니다. 실전 예제와 세부 정보들로 더욱 쉽게 이해할 수 있습니다.

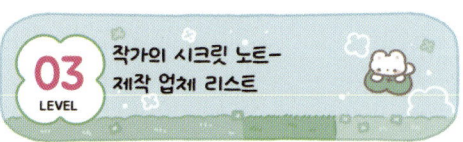

작가의 시크릿 노트 - 제작 업체 리스트

지금까지 캐릭터 문구 브랜드를 운영하며 직접 이야기하고 애용해 온 업체 리스트입니다. 소개하는 제품은 대표 제품이며 들어가면 더 다양한 아이템을 취급하는 곳이 많으니, 사이트를 확인해 보시길 추천해 드립니다.

무엇보다 중요한 건, 나에게 맞는 업체를 직접 부딪치며 찾는 것입니다. 소개한 업체 이외에도 조사를 통해 본인에게 맞는 곳을 발굴해 보세요!

📌 **스티커**
- 모다82: https://smartstore.naver.com/moda82
- 킨스샵: https://kensshop.co.kr/
- 애즈랜드: https://www.adsland.com/shop/order.php?C=IC00031
- 레드프린팅: https://www.redprinting.co.kr/ko/product/item/ST/STTHUSR
- 성원애드피아: https://www.swadpia.co.kr/goods/goods_view/CST2000/GST2001
- 오프린트미: https://www.ohprint.me/
- 쁘띠팬시: http://petitworld.co.kr/index.html
- 출력야: https://smartstore.naver.com/presswork
- 스프물: https://smartstore.naver.com/soupprinting
- 스티키랩: https://stickylab.co.kr/shop/item.php?it_id=1623746319
- 까치팩토리: https://smartstore.naver.com/ggachi-factory

📌 **메모지**
- 애즈랜드: https://www.adsland.com/
- 레드프린팅: https://www.redprinting.co.kr/ko
- 성원애드피아: http://www.swadpia.co.kr/

> **제작 업체 리스트**
> 다년간 검증해 온 제작 업체 리스트와 도움이되는 사이트들을 꼼꼼하게 적어 두었습니다.

이런 분들께 추천드려요!

나의 캐릭터를 만들어 보고 싶었던 분

- 원하는 캐릭터를 구상하고, 외형까지 완성되는 과정을 캐릭터 예제를 통해 쉽게 따라 할 수 있도록 도와드립니다!

나의 캐릭터는 있지만 굿즈 제작이 어려운 분

- 가장 쉽고 효율적인 굿즈 제작 방법을 알려드립니다.

굿즈는 제작했지만 판매량이 낮아 재고만 쌓인 분

- 디자인의 문제인지, 유통 과정의 문제인지 분석하고 보완하여 매출을 높여 볼 방법을 알려드립니다!

캐릭터 브랜드 SNS 계정을 만들었지만, 반응이 밋밋한 분

- 계정 운영 노하우로 다양한 마케팅 방법을 접목해, 더 많은 관심과 반응을 끌어내 보아요!

저작권 안내 사항

이 책에 수록된 모든 내용과 이미지에 대한 저작권은 오찌데이 지안 작가에게 있으며, 해당 저작물은 저작권법에 의해 보호를 받고 있습니다.

책의 내용 혹은 예제는 비상업적 용도 및 개인적 용도에 한해서만 사용할 수 있습니다.
다만, 책 내용을 재배포 혹은 재생산,
예제 이미지를 가공 혹은 재가공하여 상업적인 용도 사용은 불가합니다. 감사합니다.

| 필요한 준비물들

잠깐-! 이 책은 아이패드의 프로크리에이트 앱을 기반으로 내용이 구성되어 있습니다!
아이패드가 아닌 태블릿이나, 프로크리에이트 외의 드로잉 앱을 사용해도 괜찮지만, 예제를 가장 쉽게 따라 하고 세세한 기능까지 익히기 위해서는 아이패드와 프로크리에이트 앱을 사용하시기를 권장드립니다.

준비물 첫 번째, 아이패드

저는 아이패드 프로 11 / 64GB를 사용 중입니다. 온라인 클래스를 운영할 때부터 어떤 아이패드가 좋은지 질문을 많이 받는데요. 아이패드 사양은 어떤 아이패드를 사용해도 무방합니다. 아이패드 미니도 괜찮아요. 아이패드의 용량(GB) 또한 작업한 파일을 PC에 백업하며 사용하면 큰 불편함이 없으실 거예요.

준비물 두 번째, 애플 펜슬

애플 펜슬을 사용하면 필압(누르는 강도)에 따라 세세하고 자연스러운 선을 그릴 수 있으며, 프로크리에이트의 브러시 제작 기능에도 애플 펜슬 전용 항목이 있을 정도로 애플 펜슬은 아이 패드에 최적화 되어 있습니다. 표현의 폭이 넓어지고, 더 섬세한 작업이 가능해지기 때문에, 프로크리에이트 앱으로 작업하신다면 꼭 추천드리고 있습니다.

준비물 세 번째, 프로크리에이트 앱

프로크리에이트는 한번 결제 시 영구적으로 사용 가능한 아이패드의 그림 앱이에요. 가격은 2025년 1월 기준 19,000원입니다. 다양한 그림을 그리고 어도비 프로그램 등의 앱을 사용해 보았지만, 초보자도 쉽게 접근할 수 있으며 필요로 하는 기능만 담백하게 사용하기에는 프로크리에이트가 가장 좋습니다. 책에서 안내하고 있는 내용이 대부분 프로크리에이트에서 사용 가능한 브러시, 그리고 실전 예제 대부분이 프로크리에이트를 통해 진행되기 때문에 프로크리에이트 앱 준비를 권장드립니다 :)

준비물 네 번째, 어도비 포토샵 & 일러스트레이터

어도비 일러스트레이터는 굿즈 제작 및 발주를 위해 꼭 필요한 프로그램입니다. 대부분의 제작 업체에서는 ai 파일(어도비 일러스트레이터 확장자)을 요구하기 때문에, 어도비 일러스트레이터는 월 결제 혹은 프로그램 구매를 통해 사용하는 것을 권장드립니다.

포토샵까지 함께 사용하면, 발주 시 색감 조정 등 섬세한 작업까지 가능하므로 둘 다 사용 가능한 환경이라면 더욱 좋습니다.

Q 일러스트레이터와 포토샵의 차이?

A 일러스트레이터는 이름 그대로 일러스트에 최적화된 프로그램입니다. 벡터 방식으로 이미지가 깨지지 않아 다양한 사이즈에 옮겨도 깨지지 않게 조절할 수 있습니다. 일러스트레이터의 경우 인쇄물 발주 시 최종 파일 작업과 칼선 작업 등에 사용하기 좋습니다.

반면, 포토샵은 사진 수정에 특화된 프로그램입니다. 일러스트레이터와 달리 비트맵(픽셀 단위) 방식으로 구성되어 있어 하나의 이미지를 확대하면 깨짐 현상을 확인할 수 있습니다. 인터넷에 업로드되는 디자인 작업과 발주할 제품 색감 수정을 할 때 사용하기 좋습니다.

Q 일러스트레이터와 포토샵 어떤 버전을 사용하면 좋을까요?

A 가장 최신 버전을 사용하면 좋습니다! 책에서 알려드린 기능 위치가 동일하므로 더 편하게 예제를 따라오실 수 있을 거예요. 또한 시간을 단축해 주는 다양한 기능들을 사용할 수 있기 때문에 가능하다면 최신 버전을 사용하는 것이 좋습니다. 다만 꼭 최신 버전이 아니더라도 CC 이상 버전만 사용해 주신다면 작업할 때 어려움이 없으실 거예요.

Q 한 번도 다루어 본 적 없는 프로그램들이에요... 괜찮을까요?

A 괜찮습니다! 책에 포함된 예제와 내용을 통해 프로그램에 대한 기초 지식을 자연스럽게 녹여보았습니다. 프로그램에 대해 아무런 정보가 없어도 제작하는 과정에서 어려운 기능을 요구하진 않기 때문에 전혀 걱정 안 해도 됩니다!

l 예제 다운로드 방법

아이패드에 예제 다운로드하는 방법

1. 아이패드 카메라로 오른쪽 QR코드를 스캔하여 접속하시거나, 구글드라이브 주소를 '사파리' 브라우저에 입력하여 접속해 주세요.

   (https://drive.google.com/file/d/1lsOaQwKJo4wfKquUWdF7VZG0YSd0qRWZ/view)

2. '오찌 제공 파일 모음.zip' 페이지에 접속되었다면 파일 옆의 점3개 [⋯]를 누른 후 **[다운로드]** 버튼을 한 번 더 눌러주세요.

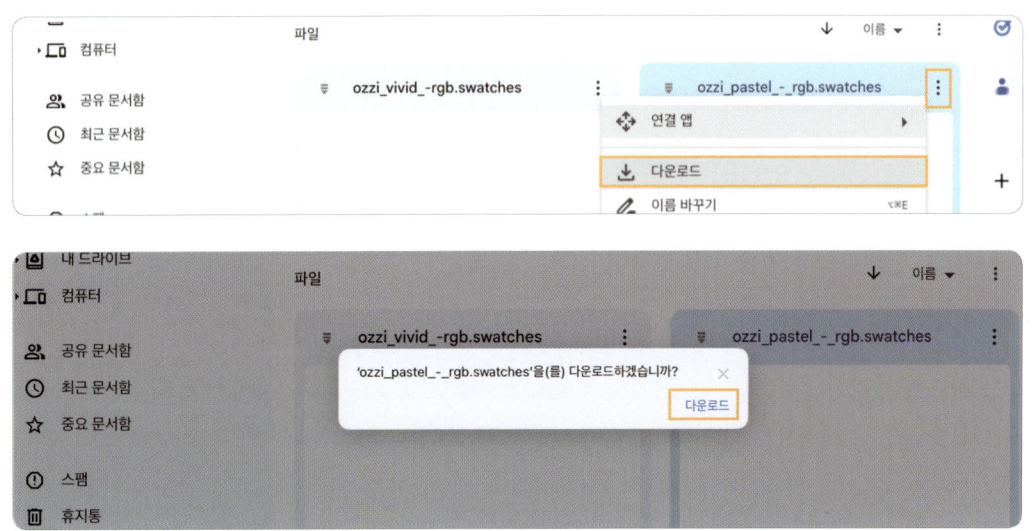

3. 사파리 우측 상단의 [다운로드] 버튼을 누르면 다운로드된 항목들을 확인할 수 있습니다. 다운로드한 파일 중에서 첫 번째 압축 파일을 눌러 주세요. 파일을 누르는 순간 자동으로 아이패드 '파일' 앱에 다운로드됩니다.

4. 다운로드한 압축 파일은 아이패드 내 기본 앱인 '파일'에 들어가면 확인할 수 있습니다. '파일' → '즐겨찾기' 아래의 [다운로드]에서 확인해 주세요.

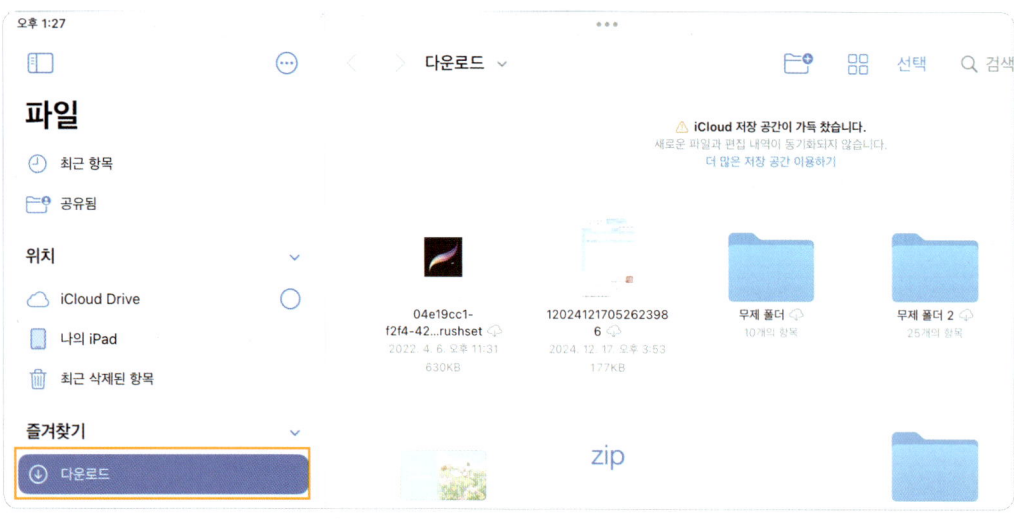

PC에서 다운로드하는 방법

1. 인터넷 주소창에 'www.' 앞으로 제공할 '주소/'를 작성하고 해당 홈페이지에 접속하여 다운받기를 통해 파일을 다운로드해 주세요.

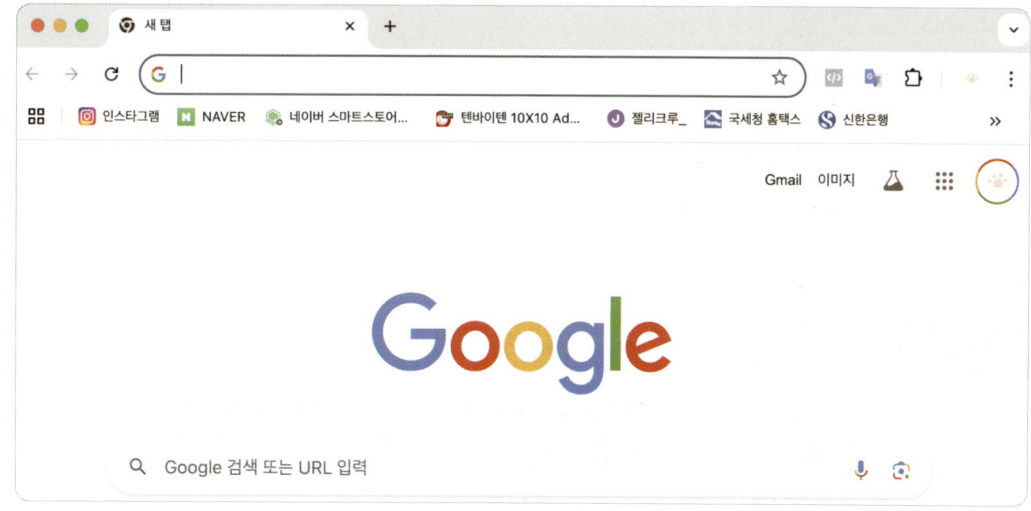

| 목차

머리말 • 04
이 책의 구성 • 06
이런 분들께 추천드려요! • 08
필요한 준비물들 • 09
예제 다운로드 방법 • 11

Stage 00 튜토리얼 - 캐릭터 문구 브랜드란?

Level 01 귀여움이 세계를 지배한다! - 요즘 캐릭터 시장 이야기 • 20
Level 02 캐릭터 문구 브랜딩 • 23
Level 03 굿즈 제작 흐름 알아보기 • 26
Level 04 들어가기에 앞서 드리고 싶은 말 • 29

Stage 01 나만의 캐릭터 브랜드 만들기 프로젝트!

Level 01 캐릭터 기획하고 성격잡기! • 32
Level 02 나만의 캐릭터 외형 만들기 • 35
Level 03 프로크리에이트 기초 다지기 • 39
Level 04 어떤 브랜드 아이덴티티를 가져갈까? • 45
Level 05 브랜드 네임과 스토리 정하기 • 49

Stage 02 귀여운 그림 마스터하기! 디지털 드로잉 기초

Level 01 프로크리에이트 기초 원데이 클래스 • 54
Level 02 캐릭터 굿즈를 위한 드로잉 감각 키우기 • 66
Level 03 편안한 그림을 그리는 꿀팁 • 68
Level 04 귀여운 그림을 그리는 꿀팁 • 70

Stage 03   굿즈 제작에 들어가기 앞서

Level 01   굿즈 제작 기초와 용어 알아보기 • 76
Level 02   굿즈의 종류 • 80
Level 03   작가의 시크릿 노트 – 제작 업체 리스트 • 83
Level 04   제작 노하우와 발주 시 유의사항 • 87
Level 05   제작에 필요한 프로그램 기초 다지기 • 92

Stage 04   나만의 굿즈 만들고 발주하기!

Level 01   엽서 만들어 보기 • 102
Level 02   칼선 스티커 만들어 보기 • 118
Level 03   아크릴 키링 만들어 보기 • 151
Level 04   마스킹 테이프 만들어 보기 • 166
Level 05   그 외의 굿즈 제작 팁 • 179
Level 06   발주 시 주의할 점 • 183
Level 07   업체와 소통하기 노하우 • 187

Stage 05   브랜드 SNS 개설 그리고 홍보하기

Level 01   나에게 맞는 SNS 살펴보기 • 192
Level 02   SNS 브랜드 계정 만들기 • 195
Level 03   무자본으로 계정 키우기 • 200
Level 04   저자본으로 브랜드 계정 홍보하기 • 205

Stage 06   내가 만든 굿즈 판매하기

- **Level 01**   유통을 위한 패키징하기 • 210
- **Level 02**   굿즈 가격과 바코드 • 213
- **Level 03**   다양한 입점, 판매처의 종류 • 215
- **Level 04**   입점처와 입점하기 • 222
- **Level 05**   페어에 대하여 • 226

Stage 07   이제는 나도 프로 문구 작가!

- **Level 01**   제품이 더 돋보이는 촬영법 • 232
- **Level 02**   개인 온라인 마켓 오픈 시 유의사항 • 236
- **Level 03**   브랜드 사업자 등록에 대해 • 238
- **Level 04**   나의 저작권 지키기 • 240
- **Level 05**   캐릭터 포트폴리오 만들기 • 242

보너스 Stage 08   캐릭터 문구 브랜드로서 살아남기

- **Level 01**   굿즈 유통 이외의 수익화 방법 • 246
- **Level 02**   캐릭터 IP 확장 • 253
- **Level 03**   하나의 활동이 다양한 스펙으로! • 255
- **Level 04**   혼자서도 프로답게! 1인 브랜드 실무 가이드 • 256

끝으로 • 261

ZZIDAY

Stage 00

튜토리얼 - 캐릭터 문구 브랜드란?

Level 01. 귀여움이 세계를 지배한다! - 요즘 캐릭터 시장 이야기
Level 02. 캐릭터 문구 브랜딩
Level 03. 굿즈 제작 흐름 알아보기
Level 04. 들어가기에 앞서 드리고 싶은 말

01 LEVEL 귀여움이 세계를 지배한다! – 요즘 캐릭터 시장 이야기

성장하고 있는 캐릭터 시장

카카오 이모티콘, 산리오, 디즈니 픽사 등 좋아하는 캐릭터가 있으신가요? 최근 한국콘텐츠진흥원의 조사에 따르면, 국내 캐릭터 산업 시장 규모는 2023년에는 13조 6,000억 원에 달했으며, 2024년에는 5% 성장해 16조 2,000억 원에 이르렀다고 합니다. 산리오, 디즈니 같은 글로벌 브랜드는 물론, 카카오와 같은 국내 기업, 그리고 K-팝 시장까지 캐릭터 산업에 꾸준히 투자하며 시장을 확장하고 있습니다.

2020년 이후 코로나 팬데믹의 영향으로 집에서 보내는 시간이 많아지면서 다이어리 꾸미기 열풍이 불었습니다. 이와 함께 개인이 자신의 캐릭터와 문구 브랜드를 만들어 가는 트렌드로도 확장되어 개인 브랜드들이 해외로도 뻗어 나가며 국내 캐릭터 시장을 확장해 나가고 있습니다.

특히 SNS 등 디지털 플랫폼의 발달로, 개인이 자신의 작품과 제품을 글로벌 시장에 공유할 수 있는 길을 열어 주었습니다. 셀프 브랜딩이 쉬워진 지금, 누구나 자신의 아이디어를 현실로 만들고 전 세계 소비자들과 소통하며 나만의 브랜드를 시작하기에 최적의 시기라고 생각합니다.

앞으로 이 책을 통해 캐릭터 기획 – 제품 디자인 – 제작 과정 – 마케팅 전략까지 하나하나 함께 다루며, 처음 시작하는 분들도 쉽게 따라 할 수 있도록 구성해 보았습니다.

<캐릭터 시장에 대해 살펴보기 좋은 홈페이지>
- **아이러브캐릭터:** https://ilovecharacter.com/
- **한국콘텐츠진흥원:** https://www.kocca.kr/kocca/main.do

 요즘은 꾸미기 시대!

'다꾸'라는 단어를 아시나요? 다꾸란 다이어리 꾸미기의 줄임말로, 스티커, 마스킹 테이프, 손 글씨 등을 활용해 나만의 스타일로 다이어리를 캔버스처럼 꾸미는 취미입니다.

코로나 시기 불었던 '다꾸'의 열풍으로 자연스레 다이어리 꾸미기의 주재료인 스티커, 마스킹 테이프 등의 문구 수요도 증가했습니다. 소비자들은 이제 단순한 소비를 넘어서, 자신의 개성을 표현할 수 있는 취미와 제품을 찾고 있습니다. 다이어리 꾸미기의 인기는 점차 확장되어 폰꾸(휴대폰 꾸미기), 카꾸(신용카드 꾸미기), 가꾸(가방 꾸미기) 등 다양한 꾸미기 열풍으로 이어지고 있습니다. 이 열풍은 캐릭터 시장의 성장과 더불어 캐릭터 문구 및 굿즈 시장으로 자연스럽게 확장되고 있습니다.

왜 캐릭터인가?

캐릭터들이 이렇게 사랑받는 이유는 바로 귀여움 속 공감 포인트에 있습니다. 사람들은 SNS 채팅으로도 이모지나 이모티콘 캐릭터를 통해 끊임없이 본인의 감정을 표출합니다. 단순한 텍스트로는 전달할 수 없는 감정 표현을 캐릭터로 대체하는 것이죠. 또한, 내가 좋아하는 애니메이션, 영화 등의 캐릭터들은 귀여움을 넘어 캐릭터의 이야기에 공감하고 소비하는 것 자체에 즐거움을 느낍니다. 캐릭터들의 세계관과 성격은 사람들의 경험과 가치관에 연결되며 캐릭터에 더욱 깊은 애정을 갖게 됩니다. 특히, 사람이나 동물처럼 대상의 핵심을 단순화한 형태는, 간단한 표정과 동작만으로 공감이 가면서도, 귀여운 형태가 주는 표현들로 많은 사랑을 받습니다. 이러한 포인트들은 캐릭터가 오래도록 사랑받는 이유가 됩니다.

귀여운 게 최고야!

'귀엽다'는 것은 단순히 외모만을 말하는 게 아니에요. 귀여운 대상을 볼 때 우리의 마음은 따스하게 바뀌며 긍정적이고 몽글몽글한 감정을 이끌어 냅니다. 마치 아기나 작은 동물을 봤을 때 느끼는 보호 본능의 감정과도 비슷합니다. 이러한 귀여움은 일상에서뿐만 아니라 디자인에서도 매우 중요한 요소로 자리 잡고 있습니다. 지나가다 보기만 해도 저절로 미소가 지어지는 귀여움을 통해 제품을 더 편안하고 거리낌 없이 다가갈 수 있는 경험을 제공합니다. 귀여운 것은 말은 단순한 유행이라기보다, 오랜 시간 쌓여 온 사람의 본능의 감정과 직결된 감정이라고 생각합니다. 그래서 '귀여운 게 최고!'라는 말이 나온 게 아닐까요?

캐릭터 문구 브랜딩
LEVEL 02

 개인 취미 SNS 계정에서 캐릭터 문구 브랜드까지 성장 과정

1. 캐릭터 제작과 브랜드 SNS 계정 개설 및 소통

가장 먼저 세상에 내보일 나만의 캐릭터를 제작합니다. 캐릭터로 제작하고 싶은 대상을 분석하고, 이를 바탕으로 캐릭터의 외형과 성격을 설정합니다. 하나의 캐릭터가 완성되면 상호작용을 할 수 있는 서브 캐릭터를 만들어 세계관을 더욱 풍부하게 만듭니다.

캐릭터가 완성되면 브랜드의 테마와 스토리를 구상하고, 그에 어울리는 브랜드 네임을 만듭니다. 그다음, 브랜드 성격에 맞는 SNS 플랫폼을 선택하고 계정을 만듭니다. 처음엔 캐릭터와 캐릭터의 스토리에 초점을 맞춘 게시글들을 공유하며 천천히 계정을 키워갑니다. 이 과정에서 나의 캐릭터의 지식재산권을 보호하기 위해 저작권과 상표권 발급받습니다.

 브랜드를 운영해 가며 캐릭터의 외형이나 브랜드명이 바뀔 것을 걱정해서 계정 운영을 어려워하는 분들이 계십니다. 스누피도 미키마우스도 시대에 맞춰 꾸준히 변화해 왔어요. 캐릭터의 핵심 포인트만 놓치지 않는다면 작은 변화 안에선 외형이 바뀌어도 되니 걱정마세요!

2. 제품 제작: 첫 굿즈 제작과 굿즈 브랜드로의 도약

SNS 계정을 통해 꾸준히 소통해 나가면 어느새 팔로워가 늘어나게 됩니다. 이 시점에서 첫 굿즈 샘플을 제작해 보세요. 이미 브랜드 스토리를 알고 있는 팔로워들은 좋은 반응을 보여줄 확률이 높습니다. 축적된 팔로워들은 곧 소비자의 역할을 하게 되며 이 반응을 토대로 첫 번째 굿즈 제작에 들어갑니다.

첫 굿즈는 바로 판매하기보다 이벤트를 통해 팔로워분들께 선물로 드리고 브랜드를 홍보하는 데 활용해 보세요. 초기에는 20개 미만의 소량 제작이 안전합니다.

실물 굿즈 제작이 어려운 상태라면, 디자인만 업로드하여 판매가능한 위탁 제작 사이트를 활용해 재고와 제작비용의 부담을 줄이는 방법도 있습니다.

첫 굿즈 제작은 반드시 샘플링을 거친 후 반응을 살펴보는 것이 좋습니다. 또한, 팔로워를 쌓고 SNS 계정을 어느 정도 쌓아둔 후 굿즈를 제작하는 것이 효과적이에요. 저의 경우엔 팔로워가 700명을 넘겼을 때 첫 스티커 샘플을 제작했습니다.

3. 개인 마켓 판매: 본격적인 브랜드 시작

첫 굿즈가 완성되었다면, 이제 본격적인 판매 준비를 시작합니다. 이때 사업자등록과 통신판매업 신고를 함께 진행해 주세요. 추후 알려드릴 책의 내용(Stage 07- Level 03)으로도 어렵지 않게 준비할 수 있습니다.

그 외에도 3~5종 정도의 제품이 완성되었다면 판매 준비가 완료되었습니다! 나의 상태에 잘 맞는 첫 판매처를 찾아봅니다. 개인 마켓이 가능한 경우 과감하게 시도해 보는 것도 좋습니다. 초기에는 마진을 남기기 힘들기 때문에 수수료 부담을 줄이는 판매 방법이 효율적입니다. 개인 마켓을 결정하였다면 마켓폼 작성과 배송 방법 등을 체계적으로 준비합니다.

개인 마켓 운영이 어렵다면, 위탁판매처를 찾아 판매를 진행해도 좋습니다. 이때 제작 과정과 첫 판매에 관한 내용을 SNS 통해 공유하면 브랜드 인지도 상승과 매출 증가에도 도움이 됩니다. 판매가 끝나면, 어떤 제품이 많이 나갔는지 직접 분석해 보며 추후 브랜드와 굿즈의 방향성을 잡아가 보세요!

첫 판매는 제작 수량이 적기 때문에 매출과 마진이 거의 남지 않는 구조입니다. 처음부터 많은 매출이 나오면 좋겠지만, 아직은 브랜드를 다지는 기간이라 생각하며 조급하지 않게 경험을 쌓아 성장해 봅시다! 마진을 남기기 위해 무리하게 많은 수량을 제작했다가 악성재고로만 남게 되는 경우가 있으니 꼭 유의해 주세요.

4. 제품 전략과 성장 과정

제품 완성과 판매 경험이 생겼다면, 이제 홍보에도 집중해야 합니다. SNS를 통해 저자본으로 게시글 광고를 집행하여 더 많은 사람들에게 브랜드를 알리는 것이 좋습니다.

SNS 활동과 동시에 제품을 선보일 수 있는 입점처를 찾기 시작합니다. 초반에는 제품 수가 적어 입점이 쉽지 않지만, 브랜드, 굿즈 소개 자료로 간단한 PPT를 제작하여 입점 가능성을 높일 수 있습니다. 입점처마다 수수료율과 방식이 모두 다르기 때문에 신중하게 선택해 주세요. 입점하게 된다면 온, 오프라인의 내 브랜드를 모르는 특정 다수에게도 노출할 기회가 생깁니다.

5. 브랜드 활동

브랜드를 알릴 수 있는 다양한 공모전, 이벤트, 페어에 참가합니다. 입점처 내의 이벤트, 온, 오프라인의 페어 참가 등 모두 브랜드의 입지를 다지는 좋은 기회가 될 수 있습니다. 앞의 단계들을 반복하며 단단한 브랜드로 성장해 가는 시간입니다.

저의 경우엔, 핫트랙스에서 개최한 제1회 스티커 공모전에서 운이 좋게도 수상하였고, 이를 계기로 핫트랙스와 협업 스티커를 작업하며 입점할 수 있었습니다. 이 경험으로 더 많은 사람들이 브랜드 '오찌데이'를 알게 되었고, 다른 대형 문구사와 소품샵 등 다양한 입점처로 확장할 수 있는 발판이 되었습니다. 이 과정은 브랜드 인지도를 높이는 데 중요한 전환점이 되었습니다.

6. 다양한 유통망과 지속적인 성장

서울일러스트레이션페어와 같은 대형 오프라인 페어에 참가하면 더 많은 입점 제안을 받을 수 있습니다. 또한 브랜드 SNS 계정이 커질수록 DM 및 이메일 제안도 증가합니다. 캐릭터 스토리를 지속적으로 공유하고 소통하며, 제품을 제작-홍보-판매를 반복하면 다양한 유통망을 갖고 지속적인 매출과 브랜드 성장을 할 수 있을 거예요!

03 LEVEL 굿즈 제작 흐름 알아보기

 문구/굿즈 제작 흐름 알아보기

1. 제품 기획

제품 디자인에 앞서 시장 조사와 제품 기획을 철저히 진행합니다. 이 단계에서는 제품의 테마, 규격, 재료 등을 세세히 계획하는 것이 핵심입니다. 기획이 잘 잡혀있어야 이후 작업에서 시행착오를 줄이고 제작 시간을 단축할 수 있습니다.

시장 조사는 직접 오프라인 문구점이나 행사장을 방문해 최신 트렌드를 확인하거나, 웹사이트를 통해 제품의 상세 정보(재료, 규격 등)를 확인하고, 인기 있는 제품들의 사용자 후기에서 장점과 소비자 선호도를 파악합니다. 단순히 소장을 위한 제작이 아니라, 유통을 목표로 시장성과 소비자의 의견까지 고려한 기획이 중요합니다.

2. 업체 찾기

기획이 마무리되면, 제작에 적합한 업체를 찾아야 합니다. 인터넷에서 다양한 제작 업체를 비교하고 직접 제작 업체에 문의해 보세요. 이 책에서 제공하는 직접 서칭한 제작 업체 리스트(83페이지)를 참고해도 좋습니다.

재료, 용지, 가공 여부를 먼저 확인하고, 다른 업체와 제작 가능 조건, 단가, 품질 등을 비교합니다. 최종적으로 몇 곳을 추려 리스트를 작성하면 이후 굿즈의 종류별로 샘플 제작 시 효율적입니다.

3. 제품 디자인

업체 조건을 파악한 후, 기획 단계에서 설정한 틀에 따라 본격적인 디자인 작업을 시작합니다. 디자인은 수정과 보완을 거듭하여 소비자 시선에서 객관적으로 바라보는 태도가 필요해요. 완성도 높은 디자인을 위해, 처음부터 완벽해지려 하지 말고, 차근차근 다듬어 나갑니다.

4. 업체 컨택

디자인 작업 완료 후, 후보 업체 중 제작 시기, 단가, 소통 방식 등을 고려하여 적합한 업체를 선택합니다. 그 후 중요한 것은 제작 과정에서 예상되는 일정과 비용을 업체와 조율하는 것입니다.

어떤 상황에서도 소통이 잘 되는 업체가 중요하니 소통 시간과 태도 부분도 꼭 놓치지 마세요!

5. 샘플링

샘플 제작은 필수입니다. 특히 처음 제작하는 재질이나 제품일 경우, 샘플을 통해 색상, 재질, 사이즈 등을 실물로 확인할 수 있어요. 본 제작에 들어가기 전에 실물을 확인하고 필요한 디자인 수정 사항을 반영할 수 있습니다.

샘플 제작이 가능한지 아닌지는 업체와의 초기 컨택 단계에서 확인하는 것이 좋습니다. 이 과정은 제품의 완성도를 높이고, 예상치 못한 문제를 미리 해결할 수 있는 중요한 단계입니다!

6. 본 제품 제작 – 최종 발주

샘플링을 바탕으로 최종 수정된 디자인을 기반으로 본 제작에 들어갑니다. 발주 과정이 진행되는 동안, SNS 계정에 신상 출시 소식을 홍보하거나, 제품 패키징 제작 작업을 함께 합니다.

7. 제품 검수

완성된 제품을 받았다면, 판매 전 검수 과정을 거쳐야 합니다. 스크래치가 있는지, 재단선이 밀리지는 않았는지 등 제품을 꼼꼼히 확인합니다.

문제 있는 제품이 발견된다면, 업체의 실수인지 제작 파일의 오류인지 파악한 후 대처합니다. 업체의 실수일 경우 교환을 요청하고, 파일의 문제라면 해당 제품은 슬프지만 폐기 처리해야 합니다. 검수는 브랜드와 제품의 신뢰도를 유지하기 위한 필수적인 단계입니다.

8. 패키징

검수 완료 후, 제품에 맞는 포장 작업을 진행합니다. 제품과 패키지가 별도로 오는 경우, 번거롭지만 하나씩 직접 포장해야 합니다. 이때 바코드 라벨링이 필요한 경우 함께 진행해 주세요.

패키징은 단순한 포장이 아니라, 브랜드 이미지를 전달하는 중요한 요소입니다. 제품과 브랜드에 어울리는 감성으로 마무리해 주세요.

9. 유통

마지막으로, 완성된 제품을 유통망에 납품합니다. 거래처와 수수료, 단가, 상세 페이지 조건 등을 꼼꼼히 확인하고 입점 절차를 준비합니다.

오프라인 소품샵, 대형 문구사, 온라인 마켓 등 나의 상황이나 제품에 맞게 선택하며, 유통처마다 조건이 다르니, 제품 특성에 맞는 경로를 선택해 주세요.

04 LEVEL 들어가기에 앞서 드리고 싶은 말

앞으로 함께 캐릭터 브랜딩 여정에 들어가기 전, 드리고 싶은 이야기들 :)

이번 여정에 가장 필요한 준비물은 꾸준함입니다. 첫 판매부터 드라마틱하게 성공할 확률은 높지 않고, SNS에 올린 게시물이 곧바로 좋은 반응을 얻는 경우도 드뭅니다. 저 역시 2020년부터 눈덩이를 굴리듯 조금씩 결과물을 쌓아 지금까지 올 수 있었습니다. 당연한 말처럼 들릴 수 있지만, '꾸준히 나의 캐릭터와 브랜드에 애정을 가지고 나아가는 것'이 가장 어렵고도 중요한 부분입니다. 그렇게 한 걸음씩 나아가다 보면, 언젠가 여러분만의 멋지고 든든한 브랜드가 세상에 나와 있을 거예요!

이 책에는 여러분이 캐릭터 브랜드를 만들어가는 과정에서 시행착오를 줄일 수 있도록, 제가 직접 겪은 경험과 실수를 솔직하게 담았습니다. 내용이 거창하진 않을 수 있지만, 캐릭터 브랜딩 실무의 전반을 최대한 현실적으로 담았으니 꼭 도움이 되길 바랍니다.

많은 도움이 되길 바라며, 우리의 여정을 시작해 봅시다!

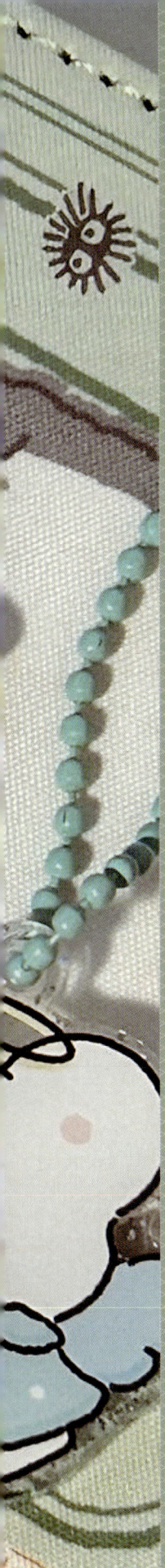

Stage 01

나만의 캐릭터 브랜드 만들기 프로젝트!

Level 01. 캐릭터 기획하고 성격잡기!
Level 02. 나만의 캐릭터 외형 만들기
Level 03. 프로크리에이트 기초 다지기
Level 04. 어떤 브랜드 아이덴티티를 가져갈까?
Level 05. 브랜드 네임과 스토리 정하기

캐릭터 브랜드의 가장 중요한 부분이죠. 이번 스테이지에서는 우리의 캐릭터를 먼저 만들어 보겠습니다! 세상에 나올 우리의 캐릭터를 만들어 보고, 앞으로 우리가 꾸려갈 브랜드의 방향성과 아이덴티티도 함께 잡아 보아요!

 첫 번째, 캐릭터의 제작 용도에 따른 분류

출처: 몰티즈, 하츄핑, 인사이드 아웃, 똥랑이, 로티로리, 호치, 흰디

세상에는 정말 다양한 캐릭터들이 존재하며, 초기 제작 목적은 모두 다르답니다. 캐릭터는 굿즈부터 애니메이션, 브랜드 아이콘, 비상업적 또는 상업적 목적 등 여러 분야에서 활용됩니다. 디즈니, 픽사, 일본 애니메이션 등 콘텐츠에 특화된 캐릭터들은 역동적인 감정 표현을 위해 인체를 최대한 형상화하며, 다양한 포즈와 동작이 가능한 점이 특징입니다. 반면, 이모티콘은 단순한 형태이지만 이모션, 즉 감정을 전달하기 위한 눈, 팔, 다리 등의 디테일이 중요한 요소입니다.

굿즈 제작을 위한 캐릭터는 상품화가 중심이기 때문에, 비교적 단순한 이미지가 많습니다. 외형이나 색상은 상품 제작과 단가에 직접적인 영향을 주기 때문에 너무 복잡하거나 다양한 이미지는 피하는 것이 좋습니다.

브랜드 아이콘용 캐릭터는 개성보다는 인지도나 인식에 초점이 맞춰지는 경우가 많습니다. 캐릭터는 알지만 이름이나 관련 스토리는 기억하지 못하는 경우가 그러한 예입니다. 최근엔 캐릭터 마케팅이나 IP 사업이 활발해지며 이 경계도 점점 흐려지고 있지만, 여전히 일부 브랜드 아이콘은 스토리나 이름보다 시각적 활용에 중심을 두는 경향이 있습니다.

 두 번째, 공감가는 캐릭터!

공감되는 캐릭터는 단순히 귀엽기만 한 외형을 넘어서, 오랜 시간 사랑받을 수 있는 포인트가 됩니다. 예를 들어, 캐릭터에 관심이 없는 40대 이상의 남성들도 카카오의 라이언이나 토이스토리의 랏소베어를 좋아하는 경우가 많습니다. 이는 아저씨 형상을 한 캐릭터가 아직 시장에 다양하지 않으며 자신과 비슷한 이미지를 가지고 있기 때문이죠. 본인의 이미지와 행동에 '공감'이 가면 그 캐릭터를 더욱 사랑하게 되는 것입니다. 이처럼 공감은 캐릭터의 성격을 통해 표현할 수 있으며, 성격, 외형적 공감을 통하여 메인 소비자를 설정할 수 있습니다.

 **공감가는 캐릭터 만들기**
내 캐릭터가 어떤 사람들에게 공감될 수 있는지 고민해 보세요. 성격과 특징을 정리하고 키워드로 뽑아내면, 더욱 입체적이고 매력적인 캐릭터를 만들 수 있을 것입니다. 설정해 두는 것이 좋습니다.

 세 번째, 어떤 대상을 정해 볼까?

캐릭터화할 대상은 나의 주변에서 찾아보는 것이 좋습니다. 내가 잘 알고 사랑하는 대상일수록 키워드를 추출하고 이미지를 형상화하는 데 커다란 장점이 되기 때문입니다. 대상은 나 자신, 가족, 연인, 친구, 반려동물, 좋아하는 연예인 등 모두가 될 수 있어요. 결정했다면 아래의 질문에 답을 해보며 캐릭터 성격의 베이스를 잡아보세요.

- 그 대상을 다른 사람에게 어떻게 설명할 수 있을까요?
- 닮은 동물이나 사물이 있다면 무엇인가요?
- 대상이 좋아하는 색상은 무엇인가요?
- 내가 생각하는 그 대상의 매력 포인트는 무엇인가요?

위의 질문들에 대한 답을 토대로 3~5개의 키워드를 정리해 보세요. 키워드를 바탕으로 캐릭터의 외형을 구상해 볼 수 있습니다.

네 번째, 캐릭터 트렌드 파악하기

캐릭터란 결국 많은 사람에게 사랑받고, 수익성을 갖춰야 하므로 제작 전 시장 조사는 필수입니다. 나의 취향을 반영하면서도, 상업적 목적이 필요하다는 것을 염두에 두고 시장 트렌드를 살피는 작업이 중요합니다. 소비자들이 매력을 느끼는 스타일이나 이미지를 파악해야 합니다.

하지만, 트렌드를 복제하듯 따라 하기만 하는 것은 오히려 개성을 잃고 식상한 결과물을 만들어 낼 수 있으니 주의하세요. 발견한 키워드 중 1~2개를 선택하여 나의 캐릭터에 녹여 낸다면, 시대성과 독창성을 동시에 갖춘 캐릭터가 완성될 것입니다.

 ### 다섯 번째, 캐릭터의 매력 포인트 더하기

평소 자신이 어떤 귀여움에 끌리는지 먼저 떠올려 보세요. 세상에 다양한 귀여움이 있듯이 사람마다 느끼는 귀여움의 포인트 또한 다릅니다. 자신이 좋아하는 이유를 찾아 그것을 나만의 방식으로 캐릭터에 녹여 내는 것이 중요합니다.

예를 들어, 저는 작은 서브 캐릭터들을 좋아해 오찌데이 '리오'라는 메인 캐릭터에 애착 인형이라는 콘셉트로 '이로'라는 캐릭터를 제작하였습니다. 또한 통통한 이미지를 좋아해서 전체적인 캐릭터들은 둥글고 통통한 이미지를 띠고 있죠.

 ### 응용 프로크리에이트 예시

앞서 잡아본 성격 키워드들을 토대로 이미지화해 보아요!

캐릭터화 할 대상 : 고양이 라히

제가 키우는 코숏 고양이 라히

1 – 간식 러버! = 작은 얼굴 but, 통통한 배
2 – 노는 게 제일 조아 = 호기심 가득 동그란 눈

매력포인트
통통한 몸, 동그란 눈, 카오스 패턴

LEVEL 02 나만의 캐릭터 외형 만들기

 귀여움의 종류

외형을 그릴 때 가장 중요한 것은 귀여워야 한다는 것입니다. 캐릭터란 어떠한 대상을 단순화하고 축약한 형태이기 때문에, 자연스럽게 귀여운 형상을 띨 수밖에 없습니다. 하지만 귀여움에도 여러 종류가 있어요. 크게 병맛스러운 귀여움, 러블리한 귀여움, 그리고 하찮은 귀여움의 세 가지로 나눌 수 있습니다. 병맛스러운 귀여움은 욕쟁이 할머니나 사회 풍자적인 느낌에서 오는 웃음을 자아냅니다. 러블리한 귀여움은 사랑스럽고 둥글둥글한 느낌에서 나옵니다. 하찮은 귀여움은 어딘가 나사가 빠진 듯 보잘것없이 작아 보이지만, 그 허술함 자체가 매력이 되는 귀여운 모습입니다.

귀여움의 종류에 따라 캐릭터의 색감도 어느 정도 정해 볼 수 있습니다. 병맛스러운 귀여움은 채도가 높은 또렷한 색상으로, 러블리함은 파스텔 톤의 부드러운 색감, 하찮은 느낌은 채도가 낮고 회색기가 도는 색을 통해 귀여움을 더 극대화할 수 있습니다.

캐릭터의 외형 단순화

캐릭터의 성격은 다양할수록 좋지만, 외형은 오히려 단순화하는 것이 좋습니다. 단순하다고 해서 매력을 없앤다는 의미가 아니라, 매력을 최대한 담백하고 응축시켜 표현한다는 뜻입니다. 예를 들어, 앞선 두 고양이 캐릭터를 비교해 보면, 오른쪽 캐릭터는 더 많은 특징과 색으로 제작되어 시선이 분산되는 반면, 왼쪽의 캐릭터는 한눈에 특징이 딱 들어옵니다. 세상에 나와 있는 수많은 캐릭터 중에서 내 캐릭터가 돋보이려면, 과감히 버릴 포인트는 버려주고, 중요하게 살리고 싶은 포인트만 강조하는 것이 좋습니다.

 ### 선과 색에 따른 다른 캐릭터 느낌

같은 색상을 가진 동일한 캐릭터지만, 세 개의 토끼 캐릭터는 서로 다른 느낌을 주지 않나요? 캐릭터의 외곽선 유무, 선의 색상과 기법에 따라 캐릭터의 분위기가 완전히 달라질 수 있습니다. 기본으로 사용할 색과 테두리의 유무를 정해 보세요. 제품의 디자인과 앞으로 그릴 일러스트 테마에 따라 기본형만 잡아준다면, 추후엔 다양하게 연출해도 좋습니다.

캐릭터의 비율

많은 사랑을 받는 캐릭터들은 공통적으로 머리와 몸통의 비율이 1:0.5인 비슷한 비율을 가지고 있습니다. 이는 3~5살 아이들의 귀여운 비율과 비슷해서, 캐릭터를 바라볼 때 느끼는 귀여움을 더해 줄 수 있습니다. 반대로 머리와 몸통의 비율이 1:3 이상이라면 성숙한 이미지를 표현할 수 있습니다. 이렇게 캐릭터의 나이나 성격에 맞는 비율을 선택하는 것만으로도 효과적인 특징을 만들 수 있습니다.

 **배치에 따른 다양한 외모**

같은 눈, 코, 입이어도 각도와 배치에 따라 다른 캐릭터가 완성됩니다. 캐릭터의 외관(얼굴형)을 먼저 잡고 눈, 코, 입을 그리면 더 쉽게 캐릭터 이미지 외형을 스케치할 수 있습니다.

 **요즘 캐릭터 관련 트렌드는 어디서?**

- **카카오 이모티콘샵 인기 순위**: https://e.kakao.com/
- **텐바이텐. 원모어백 등 온라인샵**: https://onemorebag.kr/
- **트웬티폼**: https://twenty.style/

오프라인 소품샵이나 페어에서 현재 어떤 트렌드의 캐릭터가 잘나가는지 확인해 보세요. 트렌드의 이미지를 그대로 따라 하는 것은 피해야 하지만, 1~2개의 키워드를 파악해 내 캐릭터에 접목하면, 현재 트렌드에 맞는 상품성 있는 캐릭터가 됩니다.

 **어떤 외형을 잡아야 할지 모르겠다면?**

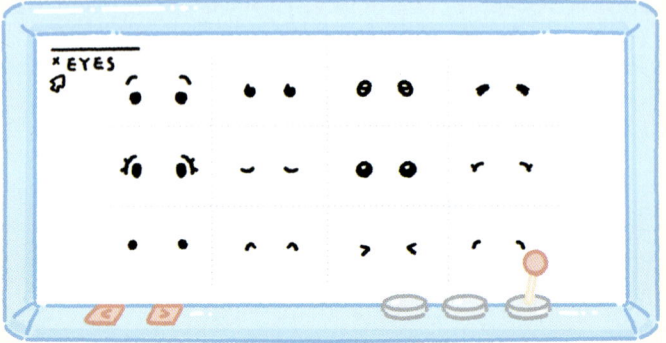

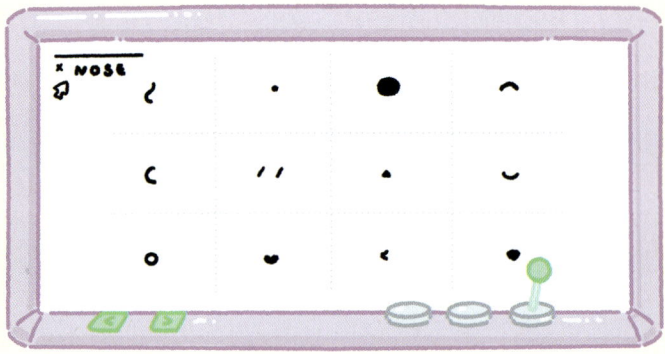

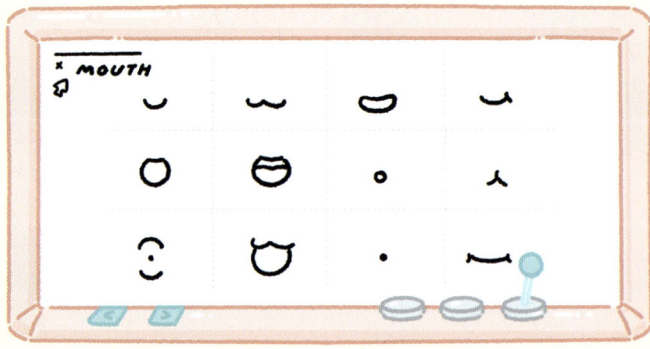

03 LEVEL 프로크리에이트 기초 다지기

캐릭터 외형 잡기

※ **준비물**: 외형을 그리기에 좋은 브러시 3종, 예제 파일 다운로드 (11페이지 참조)

1. 캔버스 설정

프로크리에이트에서 새로운 캔버스를 만듭니다. 크기는 2000*2000px를 권장합니다.

2. 캐릭터 스케치

캐릭터 기획 단계에서 정리한 키워드들을 캔버스 상단에 텍스트로 나열해 둡니다. 그 후 키워드를 바탕으로 외형을 스케치합니다. 이 단계에서는 디테일보다는 전체 실루엣과 구조를 중심으로 그립니다.

3. 라인 드로잉

스케치 레이어의 불투명도를 낮춥니다. 우측 상단의 [+] 버튼을 눌러 새로운 레이어를 만든 뒤, 원하는 브러쉬를 선택해 깔끔하게 선을 땁니다.

 작업 도중 수정해야 할 상황을 대비해 레이어와 파일을 복제하는 습관을 들이는 것이 좋습니다!

4. 채색작업

완성된 라인 레이어 아래에 새로운 레이어를 만들어 캐릭터를 채색합니다. 기획 키워드에 맞는 색상을 선정하고, 캐릭터와 어울리는지 살피며 채색해 주세요.

5. 그룹화

채색까지 끝났다면, 모든 레이어를 오른쪽으로 슬라이드하여 선택한 후, 상단의 **[그룹]** 버튼을 눌러 그룹화합니다.

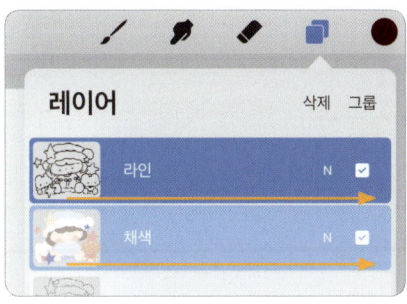 

6. 완성

생성된 그룹을 다시 왼쪽으로 슬라이드 하여 복제합니다. 복제된 그룹을 '터치' → **[병합]**을 선택하면 이미지 형태의 단일 레이어가 만들어집니다!

완성된 캐릭터 활용 방법 두 가지!

※ **준비물**: 외형을 그리기에 좋은 브러시 3종, 예제 파일 다운로드 (11페이지 참고)

1. PNG로 이미지 저장하기

배경 레이어를 꺼준 뒤, [스패너 툴] → [공유] → [PNG]로 설정하여 캐릭터를 저장해 두면 추후 작업할 때 매번 새롭게 그리지 않고 이미지를 활용할 수 있습니다.

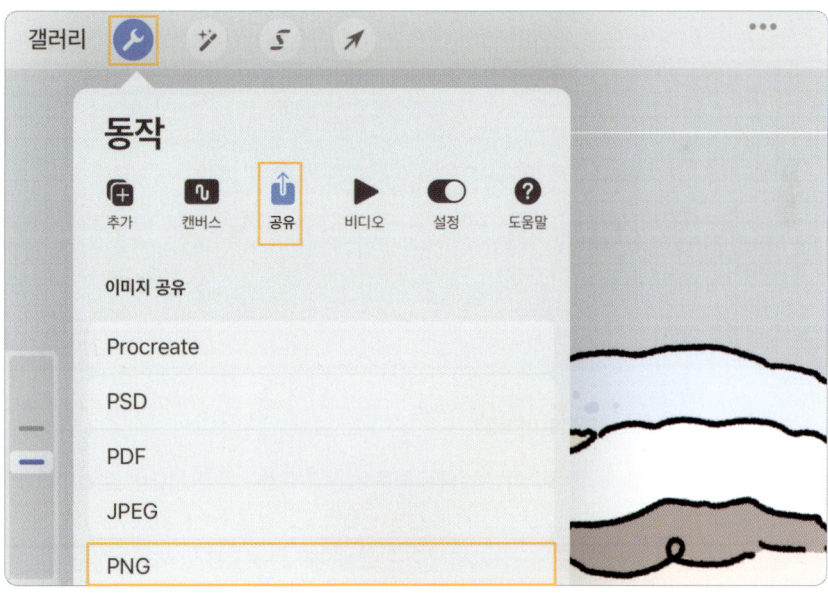

2. 다른 캔버스로 옮기기

오른손으로 레이어를 선택한 상태에서 왼손으로 [갤러리] → [새 캔버스] → [원하는 레이어]를 선택한 뒤 기존의 레이어를 드롭하면 손쉽게 다른 작업으로 옮길 수 있습니다.

 **캐릭터의 외형이 계속 달라지면 어쩌죠?**

스누피, 미키마우스 등 우리가 아는 캐릭터 모두 시간의 흐름에 따라 모습이 많이 바뀌었습니다. 초기 버전부터 현재 모습까지 외형은 시간과 트렌드에 따라 조금씩 변형됩니다. 캐릭터의 기본 구성 포인트들만 바뀌지 않는다면, 캐릭터 외형이 변해 가는 것에 대해 큰 걱정은 안 해도 괜찮습니다.

LEVEL 04 어떤 브랜드 아이덴티티를 가져갈까?

캐릭터 브랜딩은 캐릭터가 단순한 이미지를 넘어서, 스토리와 정체성을 갖춘 유기적 브랜드를 만드는 과정입니다. 브랜드에 생명을 불어넣는 거죠!

나만의 브랜드, 사실 브랜딩이란 것이 뭔가 거창하게 느껴지기도 하는데요. 단순하게 '나'에서 출발하면 됩니다. 나만이 갖고 있는 정체성과 가치가 무엇인가 파악해 보는 것이에요. 퍼스널 브랜딩이란, 한마디로 '나 자신'을 하나의 브랜드로 만들어 가는 과정입니다. 나만의 정체성과 가치를 명확히 파악하고, 그것을 어떻게 세상에 알릴 것인지 고민하여, 브랜드로서 강조하고 싶은 지점을 구체적으로 설정해 주는 것이 좋습니다.

브랜드 아이덴티티 구축하기!

세상엔 정말 수많은 브랜드가 있죠. 우리가 좋아하거나 아는 브랜드를 생각하면 어떠한 이미지나 키워드들이 떠오릅니다. 예를 들어 지브리를 생각했을 땐, 녹음, 모험과 성장이 떠오릅니다. 그리고 픽사를 생각하면 떠오르는 키워드는 인간관계, 가족, 친구, 감정 그리고 공감이 생각납니다. 이미지와 키워드가 바로 브랜드 아이덴티티예요. 브랜드 아이덴티티란 결국 브랜드가 어떤 존재인지를 표현하는 모든 요소를 총칭합니다.

대표적으로 로고나 톤 앤 매너와 같은 시각적 요소, 브랜드 네임, 그리고 브랜드 스토리와 핵심 가치 등이 있죠. 하단의 질문 다섯 개에 대한 대답을 써보고 브랜드 가치를 정해 보세요.

- 현 시장의 타 브랜드와 다른 나만의 가치는 무엇인가?
- 어떤 제품과 스토리를 갖고 나아갈 것인가?
- 브랜드가 사람이라면 어떤 성격을 갖고 있을까?
- 내가 전달하고자 하는 브랜드 가치는 무엇인가?
- 어떤 이미지로 브랜드가 기억되면 좋을까?

브랜드 소비자와 접근 전략!

브랜드를 운영해 나가기 위해 세부적인 소비자층을 설정하는 것이 좋습니다. 맥락을 잡으면, 초반에 브랜드를 키우는 과정이 수월해지기 때문이죠. 내 제품과 브랜드가 어떤 고객층을 겨냥할지, 그리고 그 고객층은 어떤 소비 경로와 SNS 채널을 주로 이용하는 등을 미리 파악하면 마케팅 전략을 세울 때 큰 도움이 됩니다. 대부분의 캐릭터 문구 시장의 성별은 여성, 나이는 10~30대 소비자 비중이 큰 편입니다!

 우리의 캐릭터 네임!

캐릭터의 이름을 정할 때는, 미리 설정한 외형과 성격의 특징을 자연스럽게 떠올릴 수 있는 키워드들을 조합해 보세요. 예를 들어 하얀 곰돌이의 외형과 수줍음이 많은 성격을 결합해 '샤샤 베어'라고 지어 주면, 이름만 들어도 캐릭터의 모습과 성격이 동시에 연상되죠.

기억하기 쉽고 어감이 쉬운 이름을 위해, 되도록 짧고 간결하거나 반복되는 음절을 사용하는 것도 좋은 방법입니다. '코코', '푸이', '포포', '리오'처럼 발음하기 편한 음절들은 듣는 순간 머릿속에 오래 남습니다. 우리의 캐릭터가 더 잘 기억에 남을 수 있는 이름을 지어 보아요!

생동감을 더하는 응용 동작

완성한 캐릭터 이미지를 토대로 다양한 동작을 스케치해 보세요. 단 하나의 자세보다 여러 가지 동작이 담긴 이미지가 캐릭터를 더 생동감 넘치게 만듭니다. 이는 추후 굿즈 디자인 시에도 다양하게 적용할 수 있답니다.

 캐릭터의 친구들 만들어 주기

하나의 캐릭터로만 브랜드나 스토리를 이어 나가도 좋지만, 메인 캐릭터와 상호작용할 수 있는 친구 캐릭터를 만들면 훨씬 더 풍성하고 다채로운 세계관을 만들어 갈 수 있습니다. 마치 아이돌 그룹도 다양한 멤버들이 구성되어 그룹에 입덕할 확률을 높이는 것처럼 우리 브랜드에도 다양한 캐릭터 친구들을 구성하여 입덕 확률을 높이는 것입니다. 메인 캐릭터를 더욱 매력적으로 보여줄 수 있는 서브 캐릭터를 만들어 보고, 두 캐릭터 간의 상호작용 스토리와 관계도를 설정해 보세요.

우리의 브랜드 네임!

브랜드 네임, 브랜드명은 브랜드를 처음 접하는 소비자에게 가장 먼저 각인되는 요소이며, 브랜드의 정체성을 함축적으로 보여줄 수 있는 첫 키워드입니다. 이 키워드가 간결하고 기억하기 쉬울수록, 사람들이 브랜드를 인식하고 떠올리는 데 큰 도움이 되죠. 또한 브랜드가 전달하고자 하는 메시지나 가치가 분명히 담겨 있어야, 듣는 순간 그 브랜드가 어떤 방향성을 가졌는지 자연스럽게 짐작할 수 있습니다.

OZZIDAY?

 오찌데이라는 브랜드 네임은 대표 캐릭터인 리오와 꼬찌의 하루를 뜻하며, 캐릭터 이름의 뒷부분 '오'+'찌'와 '하루'='데이'의 조합으로 만들었습니다! 다른 후보로는 오찌월드, 오찌오찌 등이 있었습니다. 몇 가지 조합을 만들어 본 후, 직접 말해 보고 주변 사람들과 함께 읽어 보며 가장 어감이 좋은 것을 브랜드 네임으로 정해 보세요!

로고는 브랜드의 정체성과 가치를 하나의 이미지로 집약해 보여주는 시각적 요소입니다. 기존에 우리가 아는 텍스트 형식의 로고도 좋지만, 귀엽고 친근한 분위기를 살린 로고 형태가 캐릭터 문구 브랜드에 더 적합합니다. 브랜드 네임에 내 브랜드만의 이미지적 요소를 넣어보세요!

🐻 브랜드 톤 앤 매너(분위기와 컨셉)

- **브랜드 톤:** 브랜드 메시지의 감정적 분위기 결정
  Ex) 따스한 주황색 톤, 자연 친화적인 초록색 톤
- **브랜드 매너:** 브랜드가 말하고자 하는 방식 결정
  Ex) 유머러스한 브랜드, 차분한 브랜드

브랜드에서 내세울 톤과 매너를 정하면 전체적인 분위기를 나타내 줄 색감을 추출할 수 있습니다. 저의 경우 부드러우면서 사랑스러움을 담은 브랜드가 되고 싶어 핑크색 중에서도 노란빛이 조금 섞인 색감을 많이 사용하곤 합니다. 브랜드의 톤 앤 매너를 정하고 제품 디자인, SNS 운영 및 홈페이지 등 모든 접점에서 일관성 있게 사용해 보세요. 톤 앤 매너를 유지하면, 브랜드 자체의 통일된 이미지를 보여줌으로써 브랜드의 매력과 이미지를 소비자에게 각인시킬 수 있습니다.

🐻 스토리의 중요성!

캐릭터 제작 시 공감대와 스토리가 중요한 것처럼, 브랜드도 역시 마찬가지입니다. 브랜드는 단순히 예쁜 이미지나 디자인만을 내세우는 것보다, 스토리를 담아 소비자에게 다가가는 것이 훨씬 강력한 효과를 발휘합니다. 소비자들은 그 브랜드가 어떤 배경에서 시작되고, 어떤 가치와 세계관을 가졌는지를 알고 싶어 하며, 그 과정에서 공감과 연대를 느끼기 때문이죠. 이러한 정서적 연결은 꾸준한 소비와 브랜드 충성도로 이어져, 결과적으로 장기적인 팬덤을 형성하는 기반이 됩니다. 예를 들어 인스타툰이나 애니메이션 형식으로 브랜드 스토리를 전개하는 경우, 사람들은 캐릭터나 에피소드를 통해 브랜드를 더 친근하게 느끼며, 결국 오래도록 사랑하고 기억하게 만듭니다. 픽사 애니메이션 〈인사이드 아웃(Inside Out, 2015)〉을 본 관람객들이 "너는 기쁨이 같아, 나는 불안이 같아!" 이런 대화들을 하는 모습에서 볼 수 있듯이, 캐릭터와 브랜드가 주는 스토리가 소비자에게 강한 인상을 남기고, 굿즈와 콘텐츠 소비까지 이어지게 되는 것이죠.

Stage 02

귀여운 그림 마스터하기! 디지털 드로잉 기초

Level 01. 프로크리에이트 기초 원데이 클래스
Level 02. 캐릭터 굿즈를 위한 드로잉 감각 키우기
Level 03. 편안한 그림을 그리는 꿀팁
Level 04. 귀여운 그림을 그리는 꿀팁

디지털 드로잉의 장점

1. 무한 수정이 가능!

기본 종이 드로잉과 다르게 Undo, Redo 기능으로 무제한 삭제 및 수정, 컬러와 효과 변경도 자유롭게 가능합니다.

2. 효율적인 작업 시간

복사, 붙여넣기 등 작업에 편리한 기능이 많아 작업시간을 크게 줄일 수 있습니다.

3. 작업을 파일화

다양한 파일 형식으로 저장해 장소나 프로그램에 구애받지 않고 언제든지 작업이 가능합니다.

4. 재료 비용 절감

종이, 연필, 채색 도구 등 수많은 재료를 따로 구매하지 않아도, 하나의 앱으로 다양한 효과를 낼 수 있어 비용을 절감할 수 있습니다.

프로크리에이트의 첫 화면, 갤러리

프로크리에이트 앱을 실행하면 가장 먼저 보이는 화면은 '갤러리'라고 부릅니다. 작업 캔버스들이 모아져 있는 우리만의 '갤러리'인 거죠. 갤러리에서는 작업 환경인 캔버스를 생성하거나 관리할 수 있습니다.

❶ 선택: 캔버스를 폴더로 관리할 수 있는 '스택'을 사용하거나, 캔버스 미리보기 등을 할 수 있습니다.

 선택 툴을 이용하지 않아도, 갤러리에서 손가락으로 선택 툴의 기능을 사용할 수 있습니다. 캔버스를 꾹 누른 채 다른 캔버스 드롭하면 자동으로 스택이 만들어집니다. 또, 캔버스를 왼쪽으로 슬라이드 하면 캔버스 자체를 공유, 복제, 삭제할 수 있습니다.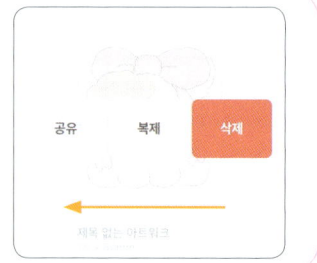

❷ **가져오기**: 새 캔버스를 만들지 않고, 아이패드에 저장된 파일을 직접 불러올 수 있습니다.

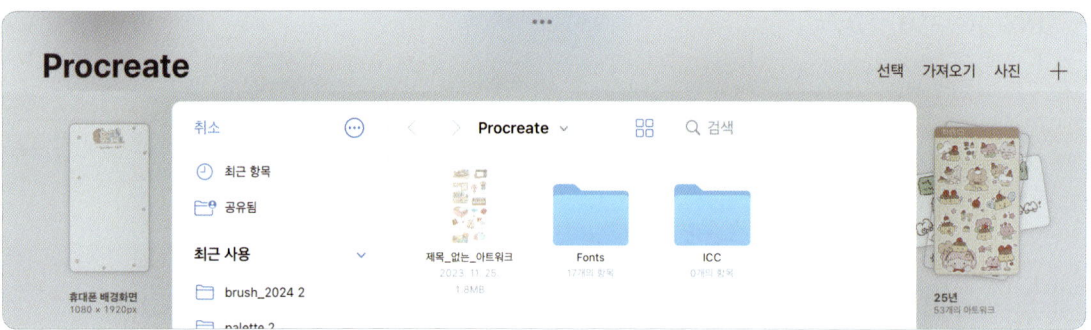

❸ **사진**: 아이패드 사진에 저장된 사진을 바로 불러올 수 있습니다.

❹ **[+](캔버스 생성하기)**: [+] 버튼을 눌러 새로운 캔버스를 만들 수 있습니다. 갤러리에서 가장 많이 사용하는 기능입니다.

- **크기**: 캔버스 제작 항목에 들어오면 캔버스의 크기를 정할 수 있습니다. SNS 등의 작업용 캔버스는 픽셀, 인쇄용 굿즈 캔버스는 밀리미터를 사용합니다.
- **너비, 높이**: 작업에 필요한 캔버스 사이즈를 입력합니다.
- **DPI**: 캔버스의 해상도를 설정할 수 있습니다. 늘 300으로 맞춰 있는지 확인해야 이미지 파일이 손상(깨짐 현상)이 없는 결과물을 얻을 수 있습니다.
- **최대 레이어 개수**: 너비와 높이 그리고 DPI가 정해지면 프로크리에이트 내에서 자동으로 캔버스 내에 생성할 수 있는 최대 레이어 개수가 정해집니다.

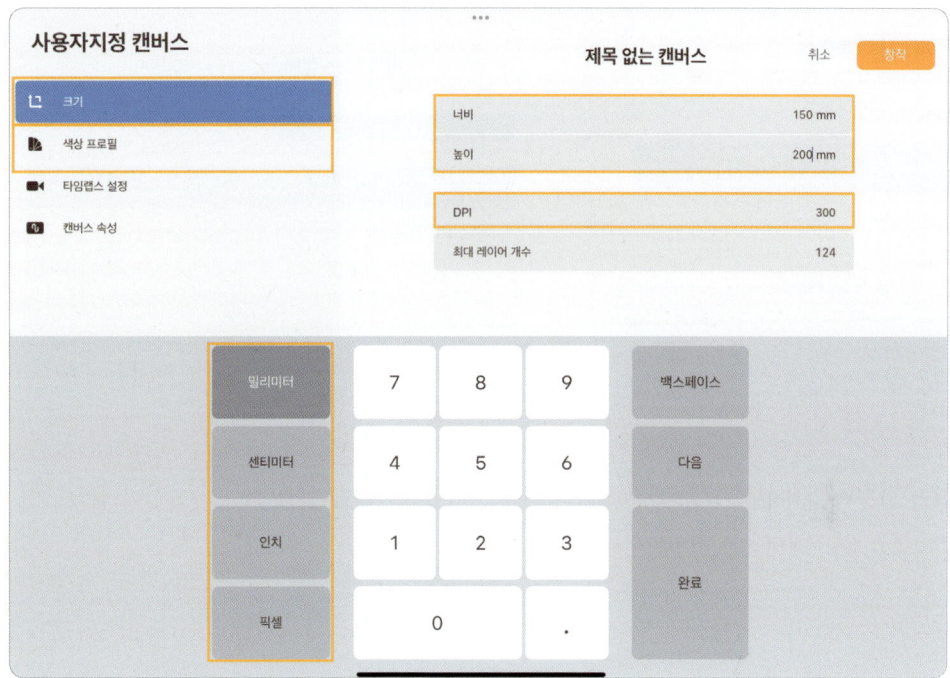

 **색상 프로필 설정**

색상 프로필은 RGB 혹은 CMYK로 설정할 수 있습니다. 두 가지 색상 프로필 중 굿즈 제작을 위한 우리들에겐 CMYK가 정말 중요한 색상 모드입니다!

RGB란? 빨강(Red), 초록(Green), 파랑(Blue)의 세 가지 기본 색상으로 이루어진 가산 혼합(Additive Mixing) 방식으로 모든 색상을 혼합하면 흰색이 됩니다. 디지털 디스플레이에 적합한 색상 프로필로, SNS 및 화면 작업용으로 적합합니다.

CMYK란? C(Cyan), M(Magenta), Y(Yellow), K(Black)의 네 가지 색상으로 이루어진 감산 혼합(Subtractive Mixing) 방식으로, 모든 색을 혼합하면 검은색이 됩니다. 인쇄용으로 설계된 색상 프로필로 굿즈 제작 시 꼭 설정해 둬야 할 색상 프로필입니다.

RGB는 Display P3, CMYK는 Generic CMYK Profile로 설정해 주세요.

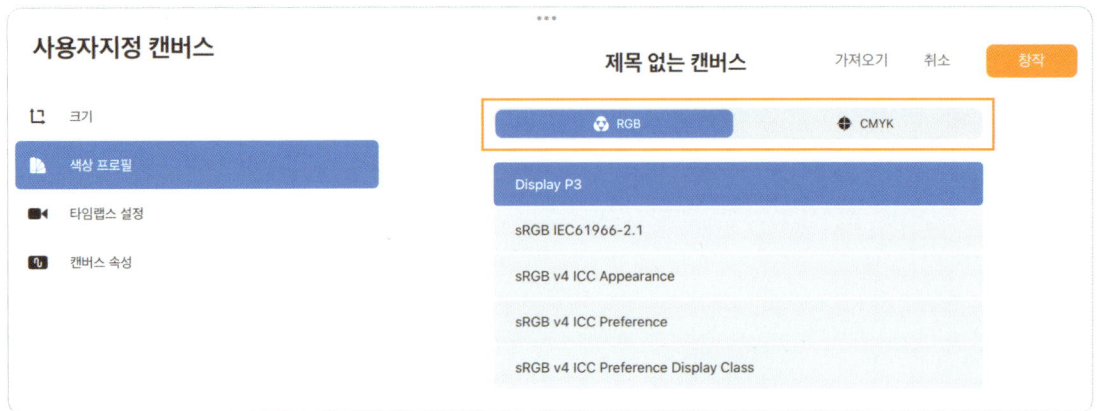

타임랩스 설정과 캔버스 속성은 기본 설정 그대로 두어도 괜찮습니다. 캔버스 설정이 끝났다면 우상단의 **[창작]** 버튼을 눌러 캔버스를 생성할 수 있습니다.

우리의 작업 공간, 캔버스

캔버스의 기능은 크게 3가지 파트로 나뉩니다. ❶ 상단 좌측 툴바, ❷ 상단 우측 툴바, ❸ 사이드바입니다.

❶ 상단 좌측 툴바

1) 갤러리: 캔버스에서 첫 화면인 갤러리로 돌아갈 수 있습니다.

2) 스패너 툴: 동작

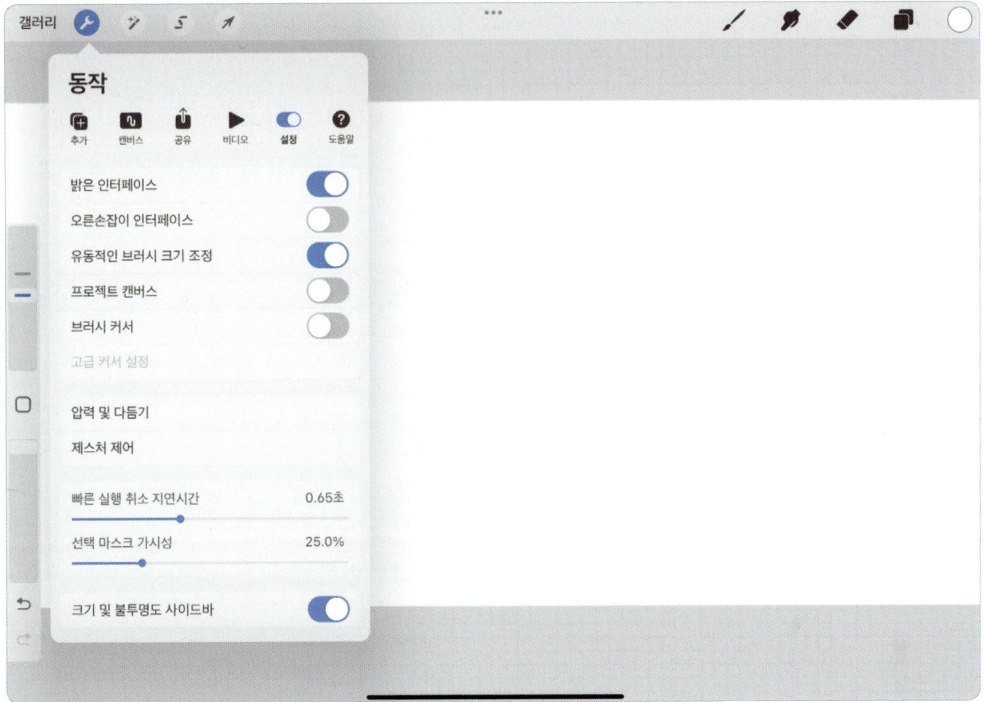

- **추가:** 이미지나 파일을 가져오거나 텍스트를 추가할 수 있습니다.
- **캔버스:** 캔버스의 크기를 변경하거나, 그리기 가이드, 레퍼런스를 추가할 수 있습니다. 또한 현재 캔버스의 정보도 확인할 수 있습니다.
- **공유:** 캔버스를 다양한 확장자로 저장, 공유할 수 있습니다. 주로 PSD와 PNG 확장자로 저장합니다. 여러 개의 레이어를 여러 개의 이미지로 저장할 수도 있습니다.
- **비디오:** 캔버스의 작업 과정을 기록한 타임랩스를 다시 보거나 저장할 수 있습니다. 두 번째 항목의 '타임랩스 녹화'를 끄면 용량을 줄일 수 있습니다.
- **설정:** 밝기를 조절하거나 사이드바의 유무, 위치를 설정할 수 있습니다. 펜슬 감도와 제스처를 수정하거나 추가할 수 있습니다.
- **도움말:** 프로크리에이트에서 제시하는 사용설명서를 확인할 수 있습니다. 이외의 기능은 잘 활용하지 않습니다.

3) **마법봉 툴:** 레이어에 색감 및 효과를 줄 수 있는 항목입니다. 특히 색조, 채도, 밝기를 통해 색감을 조절하거나, 사이즈를 줄여 깨져 있는 부분을 올가미 툴로 선택해 다듬을 수 있습니다.

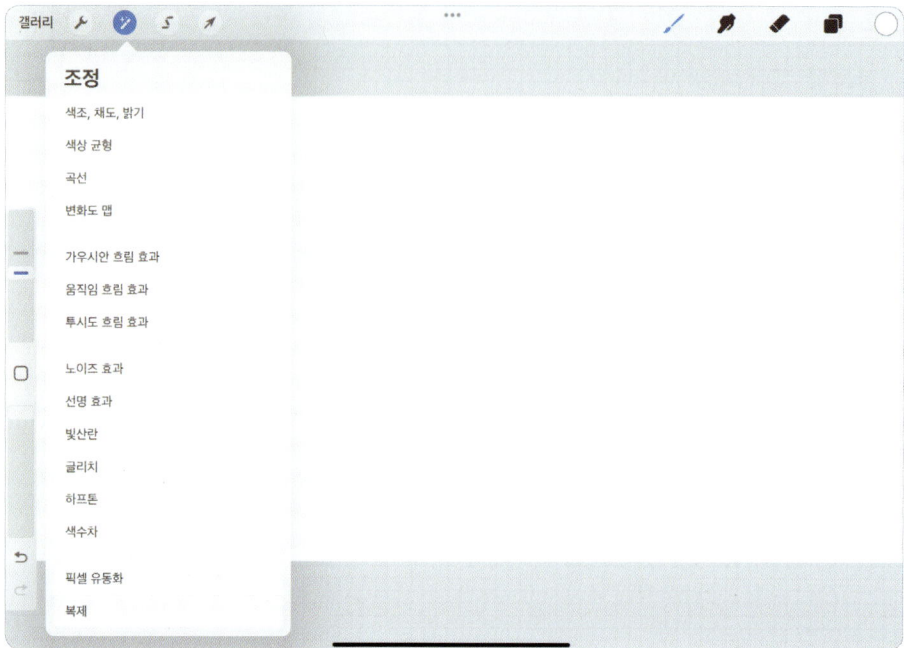

4) **올가미 툴:** 특정 부분을 따로 선택하는 기능입니다. 올가미 툴을 선택한 후, 수정하고 싶은 구역을 선으로 안에 가둡니다. 이때 시작점과 끝점이 같아야 영역이 선택됩니다. 올가미로 선택된 이미지를 화살표 툴로 옮기거나 크기를 수정할 수 있습니다.

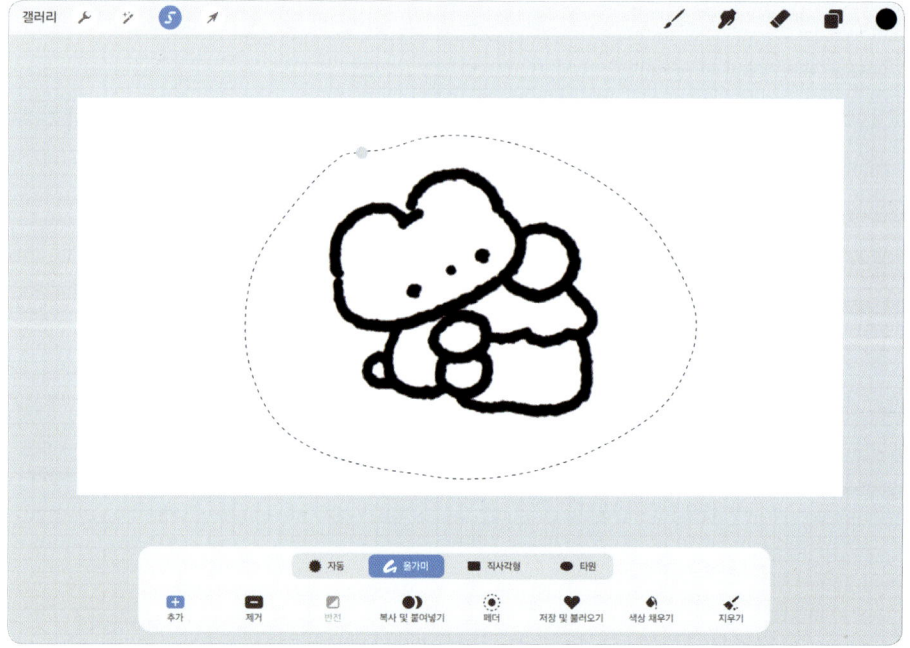

5) 화살표 툴: 이미지 크기나 위치를 변경하거나, 모양을 왜곡하고 뒤틀 수 있습니다.

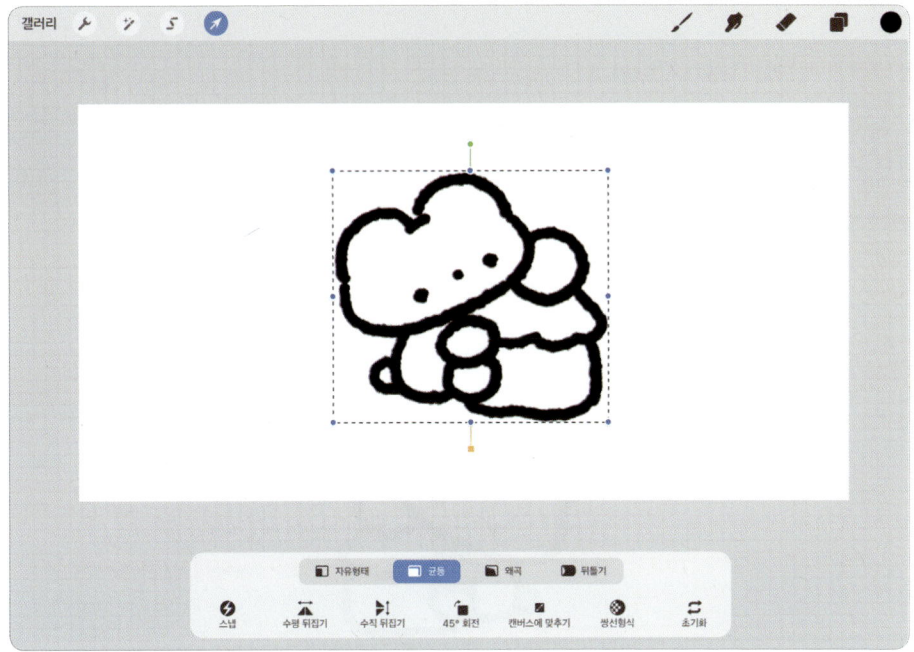

❷ 상단 우측 툴바

1) **브러시:** 캔버스에 사용할 브러시를 선택하는 곳입니다. 다양한 브러시들 중 지금 작업에 맞는 브러시를 사용해 보세요. [+] 버튼을 누르면, 나만의 브러시를 커스텀할 수도 있습니다.

2) **손 번짐:** 손으로 뭉개진 것 같은 느낌을 줄 수 있습니다. 번짐을 줄 브러시도 선택할 수 있습니다. 다만, 다른 도구보다 덜 사용합니다.

3) **지우개:** 그려진 것들을 지울 수 있습니다.

4) **레이어:** 작업 캔버스 내 레이어들을 생성하고 수정할 수 있는 항목입니다. [+] 버튼을 눌러 새로운 레이어를 만들거나, 기존 레이어를 터치하여 다양한 수정을 할 수 있습니다. 레이어를 선택한 후 오른쪽으로 슬라이드하면, 레이어를 잠그거나, 복제, 삭제할 수 있습니다.

5) **색상 도구:** 색상표에서 원하는 색을 고를 수 있고, 자주 쓰는 색은 팔레트로 저장하여 편리하게 사용할 수 있습니다. [+] 버튼을 눌러 이미지에서 색감을 뽑아 낼 수 있습니다.

TIP 색상 툴 상단의 바를 잡아 캔버스 쪽으로 드래그하면 작업 중에도 색상표를 고정할 수 있습니다.

③ 사이드바

- 사이드바에서는 브러시 사이즈와 불투명도를 조절할 수 있습니다.
- 하단의 첫 번째 화살표는 현재 작업의 이전 단계로 돌아갈 수 있습니다.
- 두 번째 화살표는 다시 현재 작업 단계로 돌아올 수 있습니다.

※ 사이드바가 안 보인다면, 좌측 상단의 **[스패너 툴]** → **[설정]** → '최하단 크기 및 불투명도 사이드바'가 활성화되어 있는지 확인해 보세요!

오찌 작가의 추천 기능 몇 가지!

1. 색 드롭

'선택 영역선이 닫혀 있는 상태'에서 색상표 동그라미를 끌어 내려놓으면 채색을 한 번에 할 수 있습니다. 드래그 앤 드롭 후 동일한 채색이 들어가는 부분은 터치만으로 채색 채우기를 계속할 수 있습니다.

※ 다만, 선이 조금이라도 닫혀 있지 않거나, 닫히지 않는 스케치 느낌의 브러시들은 해당이 되지 않습니다.

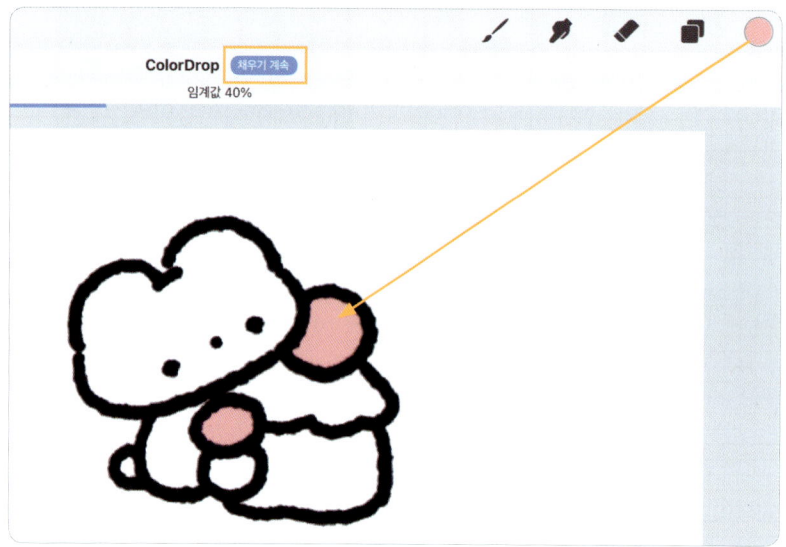

2. 모양 편집

선이나 도형을 그린 뒤 손을 떼지 않고 꾹 누르면 편집 메뉴가 나타납니다. 메뉴를 통해 그린 선이나 도형의 꼭짓점을 조절하거나 형태를 세세하게 수정할 수 있습니다.

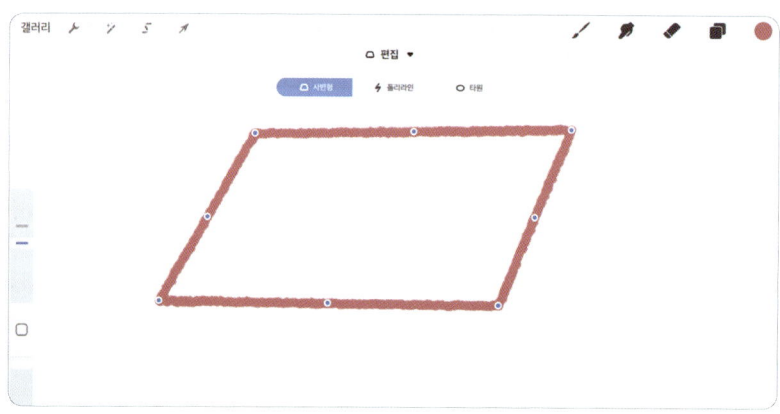

3. 알파 채널 잠금

레이어에서 이미 그려진 부분에만 채색이나 효과를 줄 수 있도록 제한하는 기능입니다. 레이어를 터치하여 왼쪽의 '알파 채널 잠금'을 선택하여 기능을 on/off 할 수 있습니다. 기존 채색에 음영과 하이라이트를 더할 때 유용하게 사용됩니다.

4. 그리기 가이드와 그리기 도우미

그리기 가이드는 격자 모양의 가이드라인을 표시하여 정확한 선이나 대칭 구조를 만들 때 유용한 기능입니다. [스패너 툴] → [캔버스] → [그리기 가이드]로 활성화합니다. 가이드 디테일은 '그리기 가이드 편집'에서 수정할 수 있습니다.

그리기 도우미는 선을 그리드에 맞춰 그릴 수 있도록 도와주는 기능입니다. '레이어 터치' →[그리기 도우미]를 선택해 기능을 활성화할 수 있습니다. 자동으로 맞춰진다는 점이 그리기 가이드와 차별화되어 있습니다.

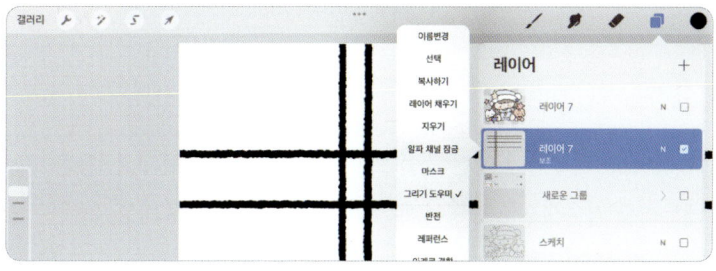

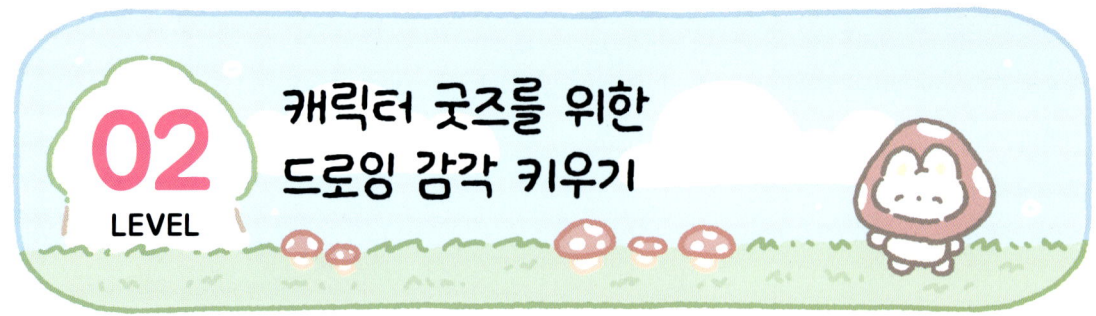

색감에 대해 알아보기

디지털 드로잉을 시작할 때 가장 먼저 고려해야 할 것은 바로 색감입니다. 특히 채도와 명도를 어떻게 활용하느냐에 따라 그림의 분위기가 극적으로 달라지죠.

파스텔(Pastel)

파스텔 색상은 낮은 채도와 부드러운 명도를 지니고 있어 따뜻하고 차분한 분위기를 연출하는 데 제격입니다. 편안하고 포근한 이미지와 잘 어우러져, 온라인 굿즈나 감성적인 디지털 콘텐츠에 탁월한 선택이 됩니다.

비비드(Vivid)

비비드한 색상은 밝고 선명하며 강렬한 채도를 지니고 있어 시각적으로 한눈에 들어옵니다. 작품에 활력과 에너지를 불어넣고, 오프라인의 수많은 굿즈 가운데에서도 시선을 강하게 사로잡을 수 있답니다.

Pastel 파스텔   Vivid 비비드

테두리에 따른 색감의 차이

같은 색상으로 채색했더라도, 테두리에 어떤 색을 쓰느냐에 따라 그림 전체의 분위기가 전혀 달라질 수 있습니다. 예를 들어, 테두리를 검은색으로 선명하게 그리면 그림이 더 눈에 띄고, 활기찬 느낌을 주게 되죠.

반면, 파스텔 톤의 부드러운 테두리를 사용하면, 한결 따뜻하고 차분한 이미지를 만들 수 있습니다. 이렇게 내부 색상이 같음에도, 테두리 색감만 바꾸는 것만으로 충분히 다른 이미지를 만들 수 있습니다.

유테? 그리고 무테?

유테(테두리가 있는) 그림과 무테(테두리가 없는) 그림은 각각 전혀 다른 분위기를 표현합니다. 유테는 시각적으로 구조적이고 정돈된 이미지를 강조하여, 캐릭터의 윤곽이 또렷하고 명확하게 구분됩니다. 이러한 특성 덕분에 만화나 그래픽 디자인 같은 분야에서 핵심 요소를 선명하게 보여주고 싶을 때 유용하죠.

무테는 선 대신 색과 명암만으로 형태를 표현하기 때문에, 부드럽고 자연스럽게 배경과 조화를 이룹니다. 이는 사실적이거나 감성적인 분위기를 표현하기에 탁월하며, 색상의 번짐이나 빛의 흐름 등을 더 섬세하게 살려내어 관찰자의 몰입도를 높일 수 있습니다.

테두리의 유무는 그림에서 주고자 하는 분위기와 주제에 따라 정하는 것이 좋습니다. 굿즈 시장은 트렌드가 정말 빨리 변하는 편입니다. 3년 전까진 무테 그림과 스티커가 유행했지만, 최근엔 유테의 인기가 많습니다. 이런 트렌드에 따라 유무를 결정해 주는 것도 방법입니다.

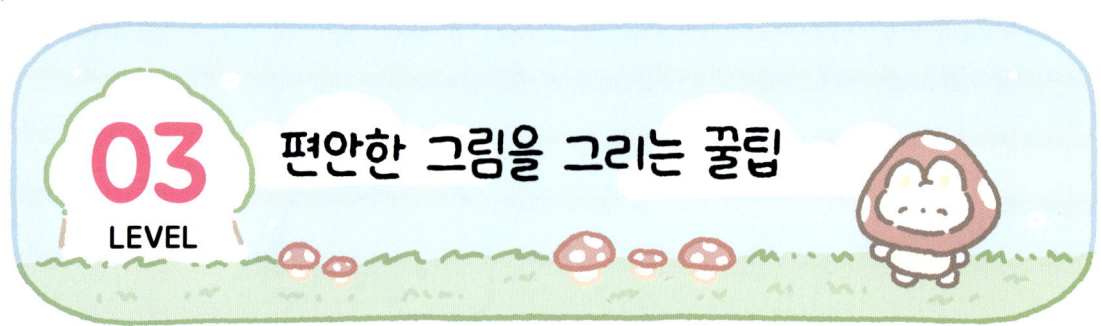

03 LEVEL 편안한 그림을 그리는 꿀팁

 그림의 균형이 중요해!

그림이나 디자인에서 무게 배치는 작품의 전체적인 인상과 분위기에 큰 영향을 미칩니다.

균형적으로 무게를 배치하면 양쪽 면적이 고르게 분포되어 안정되고 평온한 느낌을 줍니다. 이는 전통적인 회화나 정적인 풍경을 표현할 때 자주 사용되는 기법입니다. 양쪽이 균등하게 시각적 무게를 나눠 가질 때, 보는 사람은 편안함과 조화로움을 느끼게 되죠.

불균형적으로 무게를 배치하면 한쪽으로 시선이 집중되어 역동적이고 긴장감이 있는 장면을 연출할 수 있습니다. 이러한 구도는 창의적이고 파격적인 이미지를 원하는 현대미술이나 광고 디자인 등에 활용되며, 그림에 생동감을 선사하여 작품에 대한 호기심과 흥미를 높입니다. 결국 무게 배치의 방식에 따라 작품이 전달하는 감정과 메시지가 크게 달라지므로, 의도에 맞게 균형과 불균형을 적절히 활용하는 것이 중요합니다.

 **난색과 한색!**

색채를 활용할 때, 난색과 한색을 어떻게 사용하느냐에 따라 작품 전체의 분위기가 크게 달라집니다.

빨강이나 주황처럼 따뜻한 느낌의 난색은 활기차고 에너지가 넘치는 느낌을 만듭니다. 특히 햇빛이 강하게 내리쬐는 장면이나 신나는 무드를 연출할 때 탁월한 선택이 됩니다.

파랑이나 초록처럼 차가운 느낌의 한색은 차분하고 안정적인 느낌을 만듭니다. 특히 그림자나 심리적 깊이를 표현하는 데 효과적이죠. 원하는 테마와 감정에 맞춰 난색과 한색을 적절히 배합하면, 빛과 그림자 같은 중요한 요소를 더욱 극적으로 살려 인상적인 장면을 완성할 수 있습니다.

04 LEVEL 귀여운 그림을 그리는 꿀팁

 주제 정하기

귀여운 그림들을 그릴 때, 꼭 귀여운 사물이나 동물을 그려야만 귀여울 것으로 생각하는 분들이 많더라고요. 하지만 귀여움은 바로 옆에 있는 마우스, 내 휴대폰 등 모든 것이 대상으로 될 수 있습니다! 단순하게 주변 사물부터 그리기 시작해 보세요. 귀여움은 언제나 우리 곁에 있다는 것을 느낄 수 있을 거예요.

그릴 대상을 정해 특징 파악하기

무엇을 그릴지 정했다면, 먼저 그 대상의 특징을 파악하는 것이 좋습니다. 파악한 특징들을 키워드로 간단하게 정리해 보세요. 여기서 말하는 특징은 대상의 외적인 모습일 수도 있고, 성격적 특성일 수도 있습니다. 너무 디테일하게 파고들 부담을 느낄 필요는 없습니다. 혹시 막막하다면, 다른 사람에게 이 대상을 어떻게 설명할지 상상해 보면서, 자연스럽게 떠오르는 단어나 이미지를 메모해 보세요. 이런 방식으로 접근하면 '어떤 부분이 핵심인지' 한눈에 파악하기 쉬워지고, 훨씬 빠르게 주제를 잡아 나갈 수 있습니다.

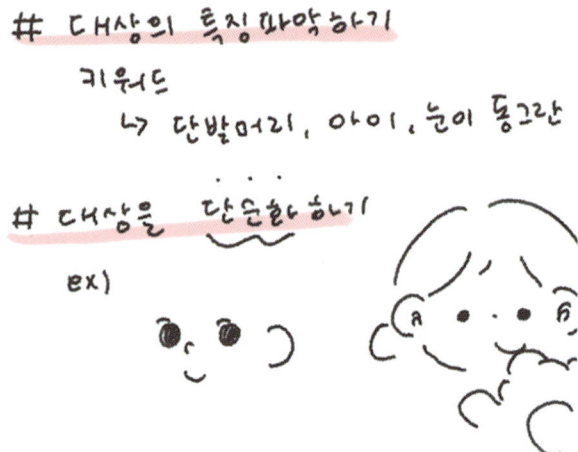

 ## 객체 단순화하기

귀여운 캐릭터를 만들기 위해 대상을 단순화하는 과정이 매우 중요합니다. 사물, 동물, 사람 모두 간결한 형태로 표현할수록 귀엽고 친근한 인상을 줄 수 있기 때문이죠. 이를 위해 먼저 대상의 핵심 특징을 찾아내고, 가장 눈에 띄는 큰 외형만 살려서 그려 봅니다. 그리고 디테일한 부분 중 꼭 필요한 몇 가지를 남기고 과감히 생략함으로써, 전체적인 이미지를 깔끔하게 만들 수 있습니다. 또한 비율을 의도적으로 짧고 두껍게 잡아 주면, 조금 더 앙증맞고 발랄한 느낌이 살아나죠. 마지막으로, 원이나 사각형, 삼각형 같은 기본 도형으로 형태를 풀어내면, 더욱 간단하고 일관된 스타일로 정리되어, 누구나 봐도 귀여움을 느낄 수 있는 매력적인 형태가 완성됩니다.

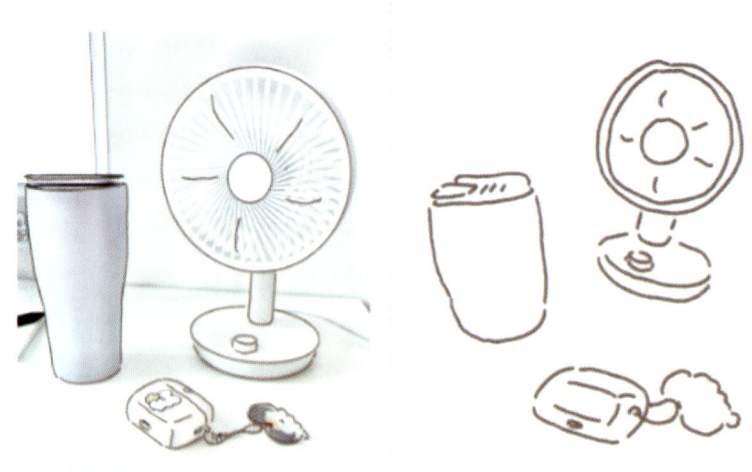

 깔끔하게 그려야 한다는 생각 버리기

그림을 그릴 때, 종종 선과 비율을 최대한 깔끔하고 정확하게 맞추려는 강박이 생기기 마련입니다. 하지만 귀엽게 표현하고 싶다면, 먼저 '정갈하게 그려야 한다'라는 생각을 잠시 내려놓아 보세요. 가끔은 삐뚤빼뚤하고 서툰 듯한 선이 오히려 친근하고 사랑스러운 분위기를 만듭니다. 또한, 각이 진 부분을 최소화하고 전체적으로 동글동글한 형태로 잡아주면, 그림 전체가 한층 더 부드럽고 귀여운 이미지를 갖게 되죠. 결국 완벽한 깔끔함을 추구하기보다는, 약간의 어긋남과 둥그스름함을 살려주는 것이 귀여운 분위기를 연출하는 핵심이라고 할 수 있습니다.

Stage 03

굿즈 제작에 들어가기 앞서

Level 01. 굿즈 제작 기초와 용어 알아보기
Level 02. 굿즈의 종류
Level 03. 작가의 시크릿 노트 - 제작 업체 리스트
Level 04. 제작 노하우와 발주 시 유의사항
Level 05. 제작에 필요한 프로그램 기초 다지기

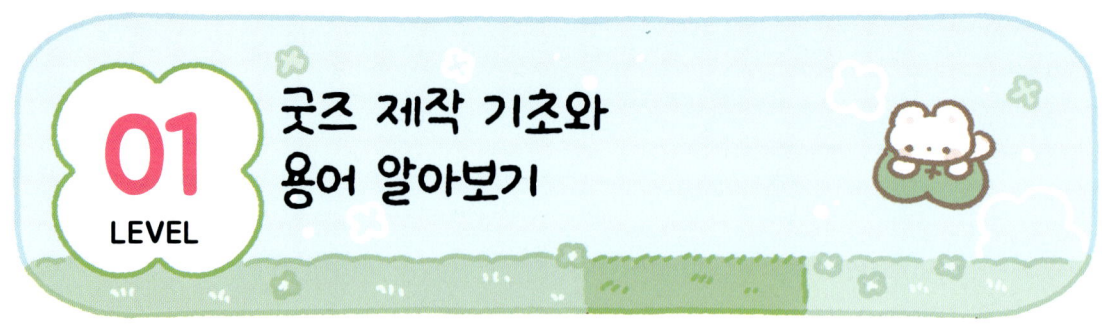

01 LEVEL 굿즈 제작 기초와 용어 알아보기

굿즈 제작을 시작하면 처음 접하는 인쇄, 제작 용어들이 낯설게 느껴지고, 예상치 못한 실수를 겪기도 합니다. 저 역시 수많은 시행착오를 겪으며, 이를 통해 배운 경험을 바탕으로 여러분의 시간과 비용을 아껴 줄 팁을 정리해 보았습니다. 굿즈 제작에 들어가기 전에 이 내용들을 꼭 숙지해 둔다면, 처음 만들어도 전문가처럼 퀄리티 높은 결과물을 완성할 수 있을 거예요!

굿즈 제작 단위는 mm!

굿즈 제작 시에는 cm보다 mm 단위를 훨씬 많이 사용합니다. 특히 스티커, 키링, 엽서처럼 작은 굿즈는 1~2mm 차이만으로도 디자인 밀림이나 재단 오류가 발생할 수 있기 때문이에요. 앞으로는 mm 단위에 익숙해져요!

어떤 후가공 있을까?

후가공은 인쇄가 완료된 후 추가로 진행하는 가공 작업을 의미합니다. 디자인에 특별한 느낌을 더하거나 실용성을 높이는 중요한 과정이에요.

- **귀도리:** 직각으로 재단된 용지의 모서리를 둥글게 깎아 내는 가공입니다. 보통 네 귀퉁이를 모두 깎으며, 곡선의 둥근 정도를 정할 수 있습니다.
- **오시:** 종이를 접기 쉽도록 무딘 칼날로 접는 선을 미리 가공하는 작업입니다. 팜플릿, 카드 등에 많이 사용됩니다.
- **미싱:** 점선을 따라 쉽게 뜯을 수 있도록 가공하는 방식입니다. 티켓, 쿠폰, 입장권 등에 자주 사용됩니다.
- **형압:** 종이를 볼록하게(엠보싱) 혹은 오목하기(디보싱) 눌러 입체감을 주는 가공입니다. 시각적, 촉각적 포인트를 주기 위해 사용됩니다.
- **지류:** 일반적인 종이를 사용하는 제품을 의미합니다. Ex) 엽서, 포스터, 종이 재질 스티커 등

- **지제류:** 합성지, 특수지 등 종이 외의 소재로 제작된 제품을 의미합니다.
- **평량(g):** 종이의 두께를 나타내는 단위입니다. 모조지 80g, 아트지 120g처럼 g 단위로 표시됩니다. 종이의 뒤가 비치는 것을 방지하려면 120~150g 평량의 종이를 사용하는 것이 좋습니다.
- **인쇄 도수:** 인쇄에 사용된 색의 수를 의미합니다. 1도는 단색을 사용하며 4도는 C(Cyan), M(Magenta), Y(Yellow), K(Black) 4개의 색상을 사용합니다.
- **돔보 마크:** 인쇄 작업 시 인쇄판이 정확한 위치에 인쇄되는 지와 CMYK 색상 값이 정상적으로 인쇄되는지 확인하는 마크입니다.

- **합판 인쇄:** 다양한 디자인을 모아 한 번에 인쇄하여 비용을 절감하는 인쇄 방식입니다. 엽서, 명함 등의 인쇄 단가가 유독 저렴하다면 합판 인쇄일 가능성이 높습니다.
- **별색 인쇄:** CMYK가 아닌 특정 색 팬톤(PANTONE) 컬러 등 특정 색상을 별도로 사용하는 인쇄 방식입니다.
- **오프셋 인쇄(옵셋 인쇄):** 가장 일반적인 인쇄 방식으로, 고무 롤러를 통해 잉크를 종이에 전사하는 방식입니다. 대량 인쇄에 가장 적합합니다.
- **UV 인쇄:** 자외선을 이용하여 잉크를 즉시 경화시키는 방식입니다. 색이 선명하고 광택감이 있어 고급스러운 느낌을 줄 수 있습니다.
- **실크 인쇄:** 망사(스크린)를 통해 잉크를 눌러 넣는 방식으로, 특수 소재나 불투명한 재료에 적합합니다.
- **도무송:** 제품을 원하는 특정 모양대로 재단하는 작업을 의미합니다.
- **목형:** 도무송을 위한 칼선 틀입니다. 나무판에 칼날이 칼선 모양대로 박혀 있습니다.
- **칼선(재단선):** 제품을 재단하거나 커팅을 위해 디자인 파일에 설정해두는 선입니다.
- **박:** 은박, 금박 등 금속 필름을 열과 압력으로 눌러 붙이는 가공입니다. 고급스럽고 반짝이는 효과가 있습니다.
- **타공:** 종이나 제품에 구멍을 뚫는 가공입니다.
- **샘플링:** 본격적인 제작에 들어가기 전에, 1~2개의 제품을 테스트로 만들어 보는 과정입니다. 색감, 재단, 재질 등을 미리 확인할 수 있습니다.

자주 쓰이는 실전 용어

- **포카**: '포토 카드'의 줄임말입니다. 아이돌이나 캐릭터 사진이 카드 사이즈로 인쇄되어 수집용으로 사용됩니다.
- **공굿**: '공식 굿즈'의 줄임말입니다. 브랜드에서 공식으로 제작한 정식 굿즈를 의미합니다.
- **마테**: '마스킹 테이프'의 줄임말입니다.
- **다꾸**: '다이어리 꾸미기'의 줄임말입니다. 스티커나 마테로 다이어리나 플래너 등을 꾸미는 과정입니다. 요즘은 스꾸(스마트폰 꾸미기), 카꾸(카카오톡 꾸미기) 등 다양한 확장 표현으로도 사용됩니다.

02 LEVEL 굿즈의 종류

문구 그리고 굿즈는 다양한 형태와 목적으로 제작되며, 소비자와 브랜드를 연결하는 중요한 매개체로 자리 잡고 있습니다. 특히 캐릭터 시장에서의 실물 굿즈는 크게 문구 굿즈와 생활 굿즈로 나뉩니다.

문구류 굿즈들?

가장 기본적인 형태로, 실용성과 디자인 요소를 함께 갖춘 제품군입니다. 브랜드나 캐릭터의 개성이 잘 드러나면서도 자주 활용할 수 있는 것이 특징입니다. 스티커, 마스킹 테이프, 메모지, 엽서 등 지류 기반의 제품들이 많고, 실용성이 높아 소비자층이 가장 넓습니다.

생활 굿즈들!

브랜드의 노출과 실용성을 동시에 잡을 수 있는 생활형 제품입니다. 텀블러, 유리잔, 마우스패드, 인테리어 소품 등 일상에서 자주 사용하는 아이템입니다. 로고나 캐릭터를 자주 접하게 되어 브랜드를 꾸준히 상기시켜줄 수 있으며, 티셔츠, 모자, 에코백 등도 꾸준히 수요가 있는 제품들입니다. 키링, 휴대폰 케이스, 핀 버튼, 금형 배지 등 작고 수집하기 쉬운 액세서리 굿즈들도 많은 사랑을 받고 있습니다!

실물 굿즈 이외에도 디지털 굿즈

최근에는 디지털 기기를 활용한 굿즈의 수요도 점점 늘고 있습니다. 디지털 스티커, 아이패드 굿노트용 속지, 노션 템플릿, 온라인 강의 및 전자책 등이 그 예입니다. 파일 형태로 제작되며, 실물 발주 없이 제작할 수 있기 때문에 가격면에서 부담이 적습니다. 소비자로서는 접근성이 좋고 활용도가 높은 것이 장점입니다.

지류 굿즈와 생활 굿즈, 뭐가 다를까?

제작 단가 차이

지류 굿즈는 제작 단가가 낮고 소량 제작도 가능합니다. 또한 발주량이 많아질수록 단가가 크게 낮아지는 구조입니다.

반면에 생활 굿즈는 재료비와 제작 공정이 복잡하여 단가가 높고 초기 제작비용 부담이 큽니다. 소량 제작 시 객단가가 올라갈 수밖에 없어 대량 생산이 요구되는 경우가 많습니다.

제작 공정 차이

지류 굿즈는 공정이 단순하고 소통도 비교적 간단합니다. 인쇄 방식, 재단 정도, 후가공 정도만 정하면 진행이 쉬운 편입니다.

생활 굿즈는 제품마다 재질과 형태가 다르고 고려할 사항이 많아 샘플링, 품질 검수, 상세 협의가 필수입니다. 업체와의 소통도 많아지고, 예상보다 제작 기간이 늘어날 수 있다는 점을 유의해야 합니다.

03 LEVEL 작가의 시크릿 노트- 제작 업체 리스트

지금까지 캐릭터 문구 브랜드를 운영하며 직접 이야기하고 애용해 온 업체 리스트입니다. 소개하는 제품은 대표 제품이며 들어가면 더 다양한 아이템을 취급하는 곳이 많으니, 사이트를 확인해 보시길 추천해 드립니다.

무엇보다 중요한 건, 나에게 맞는 업체를 직접 부딪치며 찾는 것입니다. 소개한 업체 이외에도 조사를 통해 본인에게 맞는 곳을 발굴해 보세요!

📌 스티커

- **모다82:** https://smartstore.naver.com/moda82
- **킨스샵:** https://smartstore.naver.com/kensshop
- **애즈랜드:** https://www.adsland.com/shop/order.php?IC=IC00031
- **레드프린팅:** https://www.redprinting.co.kr/ko/product/item/ST/STTHUSR
- **성원애드피아:** https://www.swadpia.co.kr/goods/goods_view/CST2000/GST2001
- **오프린트미:** https://www.ohprint.me/
- **쁘띠팬시:** http://petitworld.co.kr/index.html
- **출력이:** https://smartstore.naver.com/presswork
- **스프몰:** https://smartstore.naver.com/soupprinting
- **스티키랩:** https://stickylab.co.kr/shop/item.php?it_id=1623746319
- **까치팩토리:** https://smartstore.naver.com/ggachi-factory

📌 메모지

- **애즈랜드:** https://www.adsland.com/
- **레드프린팅:** https://www.redprinting.co.kr/ko
- **성원애드피아:** http://www.swadpia.co.kr/

📌 엽서, 명함

- 레드프린팅: https://www.redprinting.co.kr/ko
- 애즈랜드: https://www.adsland.com/

※ 엽서와 명함은 나열된 업체 이외에도 대부분 다양한 인쇄소에서 가장 쉽게 제작할 수 있습니다.

📌 아크릴, 말랑키링

- 워킹맘상점: https://smartstore.naver.com/the-daham
- 이지굿즈: https://smartstore.naver.com/ez-goods
- 휴앤고: https://www.hueandgo.com/
- 바스탄: https://smartstore.naver.com/glovesmall/products/4784100173
- 킨스샵: https://smartstore.naver.com/kensshop

📌 에폭시 키링, 집게

- 토끼공장: https://rabbit-factory.site/ - 중국공장

📌 스마트톡

- 제이팩: http://jfack.com/ jfack106@gmail.com
- 인터젠코리아: https://smartstore.naver.com/interzen

📌 폰케이스, 케이스

- 제이팩: http://jfack.com/ jfack106@gmail.com
- 모다82: https://smartstore.naver.com/moda82
- 굿픽: https://goodpic.co.kr/

📌 마스킹 테이프

- 디테마테: http://detemate.co.kr/
- 마테스토리: https://www.matestory.com/main/index.php
- 로이프린팅: https://www.roiprinting.co.kr/
- 이룸테이프: http://www.2ruumtape.com/
- 캐릭터스토리: https://blog.naver.com/codebintl/223128854205 - 국내 키스컷 제작
- 크래프트와시: https://www.craftswashi.com/ - 키스컷, 글리터, 은박 마테 제작 (중국공장)
- 와시메이커스: https://www.washimakers.com/ - 은박, 키스컷 마테 (중국공장)

📌 패키지

- 오마이패키지: http://ohmypackage.co.kr/

📌 노트

- 노트천국: http://xn—3e0br0ftz4azsf.com/
- 자주기프트: https://smartstore.naver.com/jajugift

📌 유리컵

- 포유기프트: http://www.4ugift.net/
- 다이렉트기프트: https://smartstore.naver.com/directgift

📌 폼보드, 시트지

- 홍애드: http://www.hong2010.co.kr/
- 포썸: https://www.instagram.com/foursome.kr/

📌 스티커 진열대

- 예담온 아크릴: https://smartstore.naver.com/yedamonacryl/products/5757677996
- 심쿤: https://smartstore.naver.com/shimkoon

📌 봉투, 부자재

- 애즈랜드: https://www.adsland.com/
- 핸즈픽: https://smartstore.naver.com/hanzpick
- 노패키지: https://nopkg.com/index.html
- 애드피아몰: https://adpiamall.com/home
- 나우스팩: https://smartstore.naver.com/naus

📌 자수

- 자수공간: https://www.instagram.com/jasu_gonggan/

📌 인형

- 아인디자인: https://www.ain-design.co.kr/
- 헤이프: https://hape.kr/

📌 파우치

- 아스와이: https://blog.naver.com/assis_y - 아이패드, 노트북 파우치 류
- 솜틀베틀: 02-2267-0402 - 복조리 파우치, 에코백 류

📌 핀, 금속뱃지

- 와우프레스: https://wowpress.co.kr/

- 레드프린팅: https://www.redprinting.co.kr/ko
- 유앤아이: http://u-an-i.com/
- 아이디팩토리: http://www.1dfactory.com/
- 만수금속: https://www.mansumetal.com/

📌 스탬프

- 매드스탬프: https://smartstore.naver.com/mad_stamp
- 스탬프 스토리: https://smartstore.naver.com/1000wells
- 스탬프 하우스: https://www.stamp-house.co.kr/main/index.php

📌 지비츠

- 모다82: https://smartstore.naver.com/moda82

📌 띠부씰

- 모다82: https://smartstore.naver.com/moda82
- 출력이: https://smartstore.naver.com/presswork

📌 피규어, 키캡 - 소량제작

- 숨숨굿즈: https://smartstore.naver.com/sumsumarttoy

04 LEVEL 제작 노하우와 발주 시 유의사항

업체별 다른 제작 가이드

굿즈 제작 시 업체별로 사이즈, 해상도, 파일 형식 등 요구하는 제작 가이드가 조금씩 다르므로, 디자인이 끝난 뒤 업체를 찾을 때 추가 수정이 필요할 수 있어요. 디자인 작업 전에 제작 가이드를 먼저 확인하는 것이 시간과 비용을 절약하는 방법입니다.

 대부분 업체 홈페이지나 직접 문의를 통해 제작 가이드를 받을 수 있으며, 많은 업체에서 일러스트레이터(AI)용 템플릿을 제공하니 꼭 확인해 보세요!

OSMU(One Source Multi Use)

하나의 잘 만든 디자인 소스는 다양한 굿즈에 적용할 수 있는 자산이 됩니다. 예를 들어 반응이 좋았던 스티커 디자인의 일부를 포토카드, 키링, 마스킹 테이프 등으로 확장할 수 있어요. 이런 OSMU(One Source Multi Use) 개념은 디자인 작업 효율성을 높입니다. 또한 브랜드 전체에 일관된 아이덴티티를 부여하고, 비슷한 디자인의 제품들이 하나의 패키지처럼 보여 소비자의 연쇄 구매를 유도하는 효율 높은 아이템이 될 수 있어요.

인쇄는 꼭 CMYK 색상 모드!

인쇄물 굿즈는 꼭 CMYK 모드로 작업해야 합니다. RGB 형식으로 인쇄할 경우 원하는 색감과 다르게 나올 수 있습니다. 최근에는 RGB 기반으로도 인쇄가 가능한 특수 인쇄 방식이 존재하지만, 취급하는 업체도 적고 단가가 높은 편이기 때문에, 기본적인 인쇄물 굿즈 제작을 위해 꼭 CMYK 모드인지 확인해야 합니다.

 **CMYK 색감 팁**

C(Cyan), M(Magenta), Y(Yellow), K(Black) 색상 4개 중 1~2개만 사용할 때 더 색감이 맑게 나옵니다. 파스텔 톤의 경우 전체적인 퍼센트가 50% 넘지 않을 때 예쁘게 구현되며 또렷한 색감의 경우 색상 값 합이 50-150% 사이일 때 색감이 예쁘게 출력됩니다. 비비드한 색감은 150% 프로가 넘어도 색상 값 4개 중 3개 이하로 사용할 때 가장 색상이 예쁘게 나옵니다.

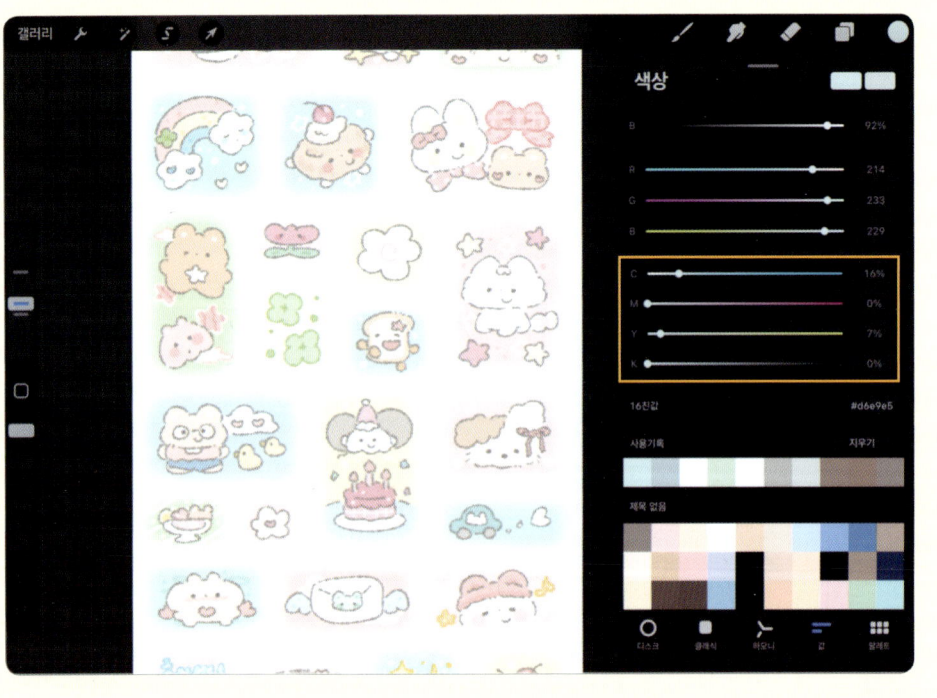

🐻 오프라인의 색감 차이

CMYK로 작업 시 RPG보다 화면 색상이 탁하게 보일 수 있습니다. 특히 프로크리에이트, 포토샵 등에서 작업 후 PNG나 JPG 등의 이미지로 넘길 경우 색감 톤이 더 탁해지는 경우가 있습니다. 따라서 발주 시에는 되도록 PSD, AI 확장자의 원본 파일을 사용하며, 발주 전에 포토샵에서 색감 보정을 하는 것이 좋습니다. 제품과 조건이 같더라도, 프린터기나 잉크의 상태에 따라서도 색감 차이가 미묘하게 나올 수 있습니다. 이 역시 디자이너가 유의해야 할 포인트입니다.

규격과 재단에 관하여

대부분의 인쇄물 굿즈는 최종 규격을 위한 재단이 들어가기 때문에 여유 공간 설정이 필요합니다. 단순히 색 배경만 들어가면 여유 영역에는 색상만 채워도 충분하지만, 디자인 요소가 재단선(칼선)와 밀접하게 구성되면 여유 영역까지 디자인을 확장해 작업해야 합니다. 또한 재단 안전선은 실제 재단이 규격보다 밀릴 상황을 대비한 기준선입니다. 여유 영역과 재단선보다 2~3mm 안쪽으로 재단이 들어갈 수 있다는 점을 염두에 두고, 중요한 텍스트나 요소는 이 안에 배치해 주세요.

다양한 후가공과 주의 사항

앞서 소개한 후가공 외에도 굿즈 제작에는 박, 타공, 유광/무광 코팅, 금/은박, 형압, 도무송 등 다양한 후가공이 있습니다. 후가공을 넣을 때 업체 가이드에 따라 꼭 후가공 전용 레이어를 만들어 주세요. 후가공이 들어가면 추가 비용이 발생하므로, 단가 확인도 꼭 필요합니다.

 ## 인쇄물 단가

높은 퀄리티를 위해 재질이나 마감에 더 비용을 들이면 단가가 올라갈 수 있습니다. 패키지 제작까지 포함하면 부담이 커질 수 있으니, 디자인 단계에서부터 예산과 수익률을 함께 고려하는 것이 중요합니다.

지류 굿즈는 대체로 단가가 낮은 편이며, 특히 칼선이나 목형 작업이 필요한 제품은 대량 발주할수록 단가가 더 낮아집니다. 그만큼 소비자 판매가도 낮아지는 경우가 많습니다.

 ## 온라인 판매와 오프라인 판매의 수요 차이

온라인 구매자들은 색감이 연하고 감성적인 색감의 굿즈를 선호하는 경향이 있으며, 상세 페이지, 후기 등을 고려하여 구매합니다. 반면 오프라인에서는 수많은 제품과 경쟁하며 내 제품이 노출되는 시간이 짧기 때문에 제품의 디자인과 재질 등 직관적인 요소가 큰 영향을 미칩니다. 다시 말해 '굿즈가 눈에 띄는가?'가 핵심이에요. 우리가 굿즈를 판매할 장소의 특성을 파악하고 판매 전략과 디자인을 병행하는 것이 성공 확률을 높이는 지름길입니다.

다양한 대상을 고려하기

굿즈를 제작할 때는 기본적으로 캐릭터 문구를 좋아하는 소비자층을 떠올리지만, 그 안에서도 다양한 대상들이 있습니다. 파스텔톤의 러블리한 제품을 좋아하는 분, 감성적인 문구와 실제 이미지가 들어간 제품을 좋아하신 분, 유니크한 콘셉트를 좋아하는 수집가 등 정말 다양한 대상이 존재합니다. 처음 브랜드를 운영할 때 좁은 대상에 집중하지 말고, 다양한 취향과 대상을 고려하며 디자인하는 것이 좋습니다. 추후 인사이트가 쌓인다면, 판매 데이터를 확인하며 특정 대상을 겨냥한 굿즈를 제작하는 것이 좋습니다.

샘플은 필수! 다양한 샘플비용

초기 제작 시에 샘플 제작은 필수입니다. 특히 처음 거래하는 업체라면 더욱 필요하죠. 샘플을 통해 추후 들어갈 불필요한 공정과 비용을 아낄 수 있습니다. 제품마다 제작 방식이 다르고 단가가 다르기 때문에 샘플비용 또한 제품마다 천차만별입니다. 동일한 스티커를 만들더라도 어떤 업체는 얇은 바늘 같은 칼로 칼선을 넣고, 어떤 업체는 도무송(톰슨 칼)을 사용하여 제작합니다. 도무송의 경우 한번 만들어두면 계속 사용이 가능하기 때문에, 이후엔 단가가 낮아지지만 처음 샘플의 경우에는 단가가 비쌉니다. 샘플 문의 시에는 반드시 샘플비도 함께 문의해 주세요!

해상도

해상도는 이미지의 선명도를 나타내는 기준입니다. DPI는 1인치당 인쇄되는 점의 수, PPI는 1인치당 포함된 픽셀(작은 사각형의 형태)을 뜻합니다. 두 가지는 픽셀이냐 점이냐 차이 말고는 동일한 해상도의 단위라고 생각하면 됩니다. 인쇄의 퀄리티를 위해 300DPI/PPI 이상으로 꼭 설정해 주세요.

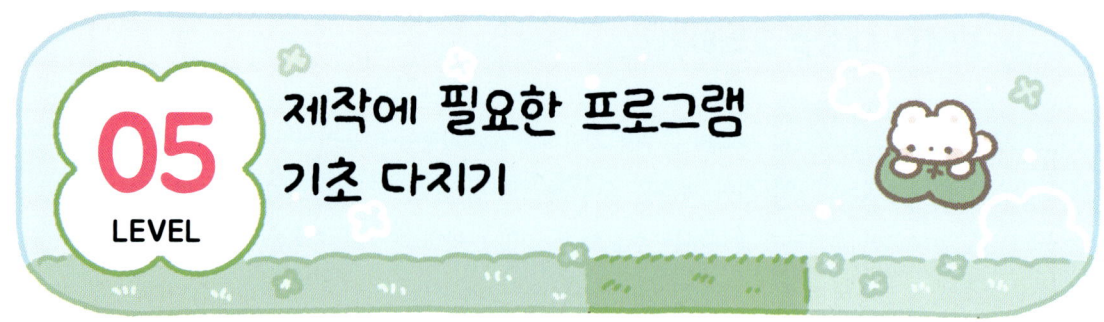

제작에 필요한 프로그램 기초 다지기
05 LEVEL

굿즈 제작에 들어가면 어도비 포토샵과 일러스트레이터를 많이 사용하게 됩니다. 한 번도 다뤄보지 못했더라도 어렵지 않은 기능들로 굿즈 제작이 가능하니 걱정마세요! 이번 레벨서는 실습으로 포토샵과 일러스트레이터의 기능을 익혀보겠습니다.

 포토샵에서 많이 사용되는 툴 BEST 5

1. 발주 색감을 더 예쁘게! 이미지 조정 툴

인쇄용 굿즈를 더 예쁜 색감으로 만들기 위해 가장 중요한 작업이 바로 색감 보정입니다! 특히 포토샵에서 보정하였을 때 가장 디자인이 인쇄 결과물과 비슷하게 나오기 때문에, 번거롭더라도 이 과정을 거치는 걸 추천드립니다.

상단의 [이미지] → [조정] → [색조/채도]에서 채도를 10~30% 사이로 높여 주세요. 또한 인쇄물에 노란빛이 강하다면 색조를 오른쪽으로 '1~5%', 파란빛이 도는 경우엔 왼쪽으로 '-1~-5%'로 수정한 뒤 발주해 주세요.

- **단축키:** Ctrl/⌘ + U
- **TIP:** [이미지] → [조정] → [밝기/대비], [노출], [색상 균형] 또한 추천하는 기능입니다.

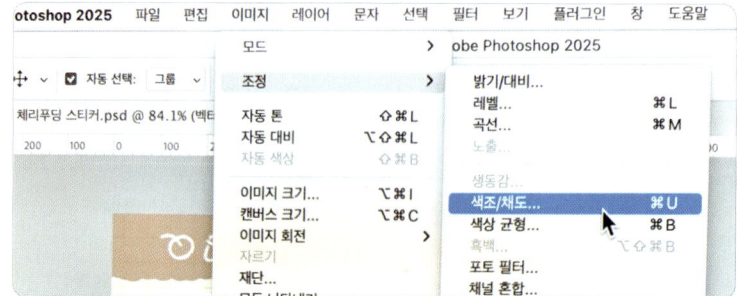

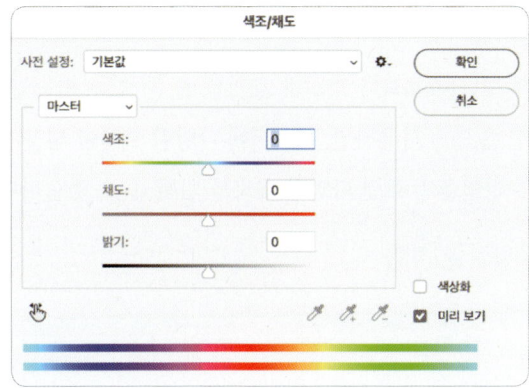

2. 내가 디자인한 텍스트가 깨지지 않도록!

내가 사용한 글꼴이 인쇄소에 없다면 기본 폰트로 변경될 수 있습니다. 따라서 디자인에 사용된 텍스트들은 '문자 레이어 래스터화'를 해주어야 원하는 글꼴로 출력할 수 있습니다. 문자 레이어 래스터화는 흔히 '텍스트 깨기'라고도 합니다.

- **위치:** [문자] → [문자 레이어 래스터화]
- **단축키:** Shift + Ctrl/⌘ + O
- **TIP:** 일러스트레이터에도 이 기능이 있어요! [문자] → [윤곽선 만들기]

3. 더욱 힙한 디자인은 광선과 그림자로!

레이어 스타일(fx)은 디자인에 빛나는 효과나 그림자 효과를 줄 수 있는 기능입니다. 제품 소개용 인포메이션을 만들 때 사용됩니다. 혼합 옵션을 사용하면, 레이어에 다양한 효과를 넣을 수 있는 팝업창이 뜹니다. 여기에서 원하는 효과 선택한 후 확인을 누르면 다양한 효과를 입혀 줄 수 있습니다.

- **위치:** '레이어 선택' → 하단의 [fx] 버튼

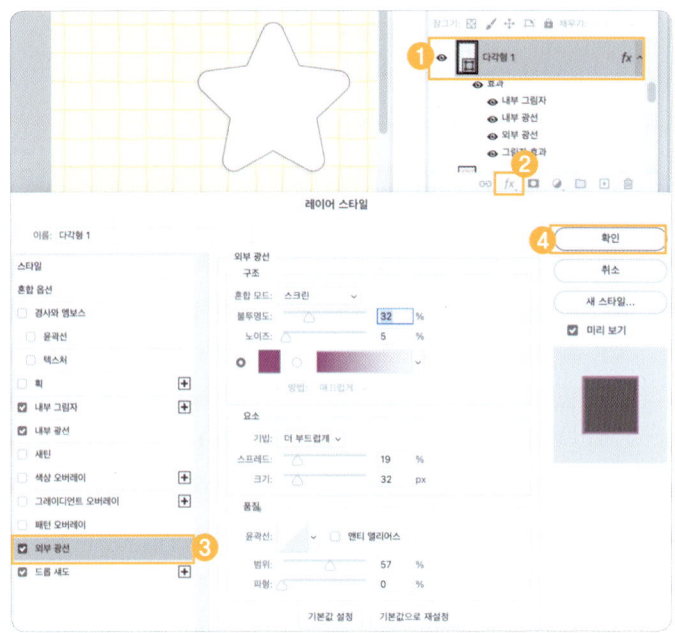

4. 단순 수정이 급할 때? 스탬프야 도와줘!

색감 보정 중에 작은 실수가 확인되었다면, 다시 프로크리에이트로 돌아가 수정하지 않아도 포토샵에서 빠르게 수정할 수 있습니다. 좌측 툴바에서 스탬프 툴을 활성화한 후 [Alt] / [opction]을 눌러 복제할 영역을 지정합니다. 그 후 수정하고 싶은 부분을 클릭하면 도장을 찍듯 선택한 부분으로 대체되어 수정할 수 있습니다. 제품 사진에 미세한 먼지 보정 시에도 많이 사용됩니다.

- **단축키:** [S]

5. 분명 CMYK로 작업한 줄 알았는데… 색상 모드 변경이 필요해!

완료한 작업물을 포토샵으로 가져왔는데 색상 모드가 RGB…? 다시 작업할 수도 없고 난감한 상황이 꼭 생깁니다! 이럴 땐 이미지 탭의 '모드'를 통하여 색상 모드를 변경할 수 있습니다.

- **위치:** [이미지] → [모드]
- **TIP:** CMYK로 변경되며 바뀐 색상들은 [이미지] → [조정]을 통해 다시 수정해 주세요!

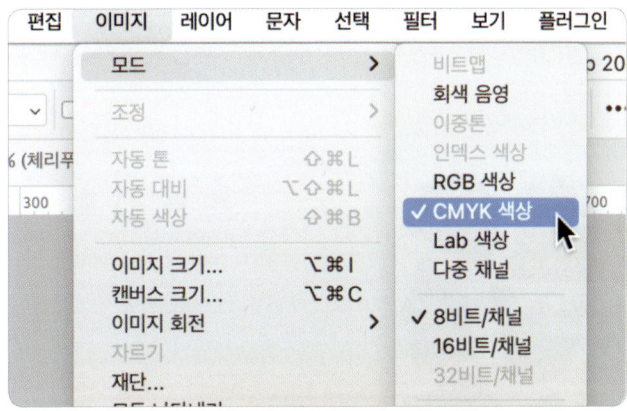

일러스트레이터에서 많이 사용되는 툴 BEST 5

1. 재단 사이즈와 편집 사이즈를 편하게!

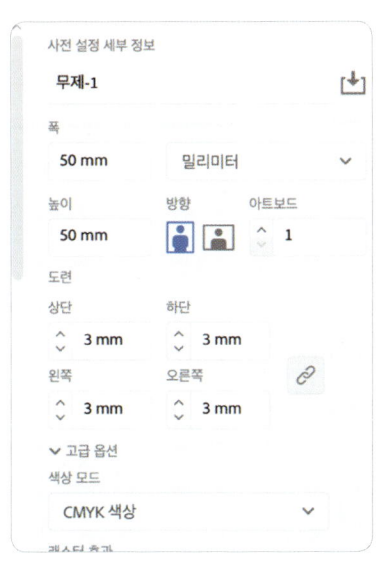

새 문서를 만들 때 하단의 '도련' 설정을 활용하면 여유분을 쉽게 확보할 수 있습니다.

예를 들어 재단 사이즈가 50*50mm이고 업체에서 작업 사이즈를 56*56mm로 작업해 달라는 요청을 받았다면, 6mm의 여유 도련이 필요합니다. 도련 설정에서 상/하, 좌/우로 나눠 3mm씩 설정해 주세요.

2. 칼선도 3초 컷 가능! 이미지 추적하기

칼선의 작업은 까다로운 경우가 많습니다. 하지만 '이미지 추적'을 활용하면 훨씬 빠르게 작업할 수 있습니다. 정확한 추적을 위해 이미지 파일을 블랙으로 처리한 후 **[이미지 추적] → [사전 설정: 윤곽] → [자동 그룹화: 확장]**으로 설정한 후에 칠과 색을 바꿔주면 바로 칼선이 만들어집니다. 단, 퀄리티 향상을 위해 이후 수정은 꼭 거쳐 주세요!

- **위치:** [오브젝트] → [이미지 추적] 또는 이미지 클릭 후 상단의 [이미지 추적]
- **TIP:** 좀 더 자세한 방법은 Stage 04 – Level 02 '칼선 스티커 만들어 보기'를 확인해 주세요.

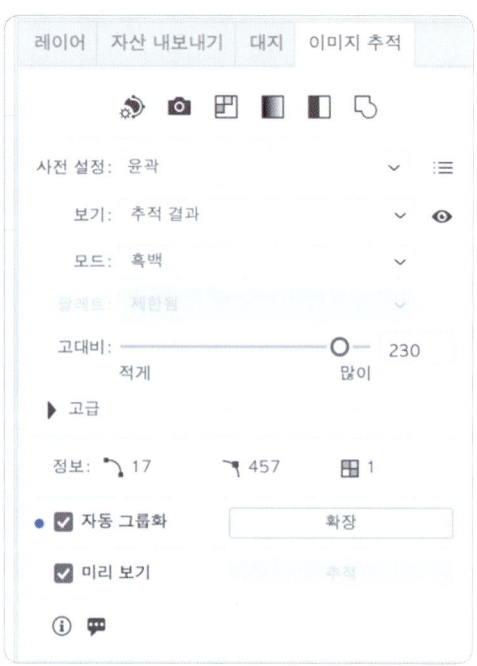

3. 두 개의 도형을 하나로, 패스파인더

패스파인더는 두 개 이상의 도형을 하나로 합치거나, 나누는 기능입니다. 예를 들어, 키링의 칼선을 만들 때, 기존 칼선과 키링 고리용 원형을 배치한 후 패스파인더 기능을 활용하면 두 개의 칼선을 하나로 합칠 수 있습니다. 패스파인더의 종류에는 여러 가지가 있지만, 아이콘을 확인하면 쉽게 이해할 수 있습니다.

- **위치:** [효과] → [패스파인더] → [합치기]
- **TIP:** 좀 더 자세한 방법은 Stage 04-Level 03 '아크릴 키링 만들어 보기'를 확인해 주세요.

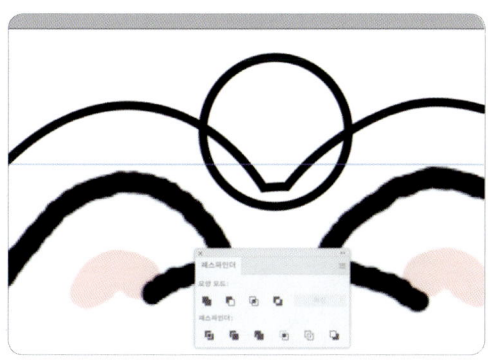
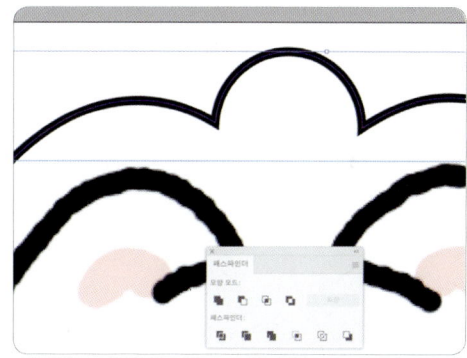

4. 화이트 레이어 작업을 효율적으로! 오프셋 패스

오프셋 패스는 기존 패스(선)를 기준으로 일정한 거리만큼 조정된 새로운 패스를 만들어 주는 기능입니다. 화이트 레이어는 디자인보다 조금 작아야 깔끔하기 때문에, 오프셋 패스를 사용하여 2mm 등 필요한 수치를 적용한다면 쉽게 화이트 레이어를 만들 수 있습니다.

- **위치:** [오브젝트] → [패스] → [오프셋 패스]

5. 일러스트레이터는 패스를 어떻게 다루냐의 문제! 단축키 A와 P

직접 선택 툴(A)과 펜 툴(P)로 패스를 세세하게 수정할 수 있습니다. 직접 선택 툴(A)은 패스의 각도와 위치를 수정하여 각진 부분을 동그랗게 수정할 수 있습니다. 펜(P) 툴은 패스에 고정 점(패스)을 추가하거나 삭제할 수 있습니다.

Stage 04

나만의 굿즈 만들고 발주하기!

Level 01. 엽서 만들어 보기
Level 02. 칼선 스티커 만들어 보기
Level 03. 아크릴 키링 만들어 보기
Level 04. 마스킹 테이프 만들어 보기
Level 05. 그 외의 굿즈 제작 팁
Level 06. 발주 시 주의할 점
Level 07. 업체와 소통하기 노하우

01 LEVEL 엽서 만들어보기

엽서는 굿즈 중에서 가장 쉽게 제작할 수 있는 아이템입니다. 담백하게 디자인과 종이로만 완성되는 제품이죠. 예쁘게 그려졌거나, 디자인이 잘 나온 이미지가 있다면 무엇이든 엽서로 제작할 수 있습니다.

엽서 제작에 들어가기 전! 고려해야 할 사항 두 가지

첫 번째, 엽서의 쓰임새별 디자인

엽서는 소식을 전하고 기억을 남기는 용도로 시작했지만, 지금은 다양한 디자인, 재질과 쓰임새로 발전했습니다. 엽서를 제작하기 전에 유형을 먼저 정해두면 디자인 기획이 훨씬 수월해질 거예요!

편지용 엽서

이름 그대로 앞면이나 뒷면에 글씨를 쓸 수 있도록 구성된 엽서입니다. 편지로 사용되도록 빈 부분이 많게 디자인하는 것이 좋습니다.

레터링 엽서

축하나 감사 등의 메시지를 간결하고 인상적으로 전달하기에 좋습니다. 어버이날, 크리스마스, 생일 등 기념일에 사용되며, 문구 자체가 엽서의 메인이 되도록 디자인하는 것이 특징입니다. 메시지를 큼직하게 배치하고, 일러스트는 메시지와 잘 어울리도록 디자인해 주세요.

일러스트 엽서

작가나 디자이너의 그림이 돋보이는 엽서입니다. 메인 이미지를 크게 배치하거나, 배경을 포함한 일러스트로 엽서 전체를 가득 채워 예술적인 느낌을 극대화할 수 있습니다. 소비자들은 다이어리를 꾸미거나 포스터처럼 방에 붙여 두는 용도로 많이 사용합니다. 포함된 일러스트로 엽서 전면을 가득 채워 예술적인 느낌을 극대화할 수 있습니다. 소비자분들은 일러스트 엽서를 다이어리 꾸미기에 사용하거나 포스터처럼 방에 붙여 두는 식으로 사용합니다.

두 번째, 엽서의 재질과 규격

엽서에서 많이 사용되는 규격과 재질을 정리해 보았습니다. 이 외에도 원하는 디자인에 따라 다양한 사이즈와 재질을 선택할 수 있습니다.

지류의 재질

- **아트지:** 표면이 매끄럽고 선명한 색 표현에 좋습니다.
- **스노우지:** 밝은 백색감으로 깔끔하고 무난한 엽서를 제작하기에 좋습니다.
- **몽블랑화이트:** 부드러운 질감과 약간의 아이보리색으로 따스한 느낌을 연출하기 좋습니다.
- **랑데뷰:** 광택이 있고 몽블랑보다 종이의 결이 잘 느껴집니다.
- **띤또레또:** 스케치북과 비슷한 질감입니다. 글씨를 쓰기에 적합합니다.
- **반누보화이트 :** 은은한 노란색의 미색을 띠는 고급스러운 무광택 용지입니다.

규격

90*140 / 100*150 / 100*100mm 또는 4*6인치가 기본으로 많이 사용됩니다.

발주할 업체를 정하고 규격과 재단 사이즈를 확인해 주세요!

실물 제작에서 가장 중요한 요소는 재단 사이즈와 디자인 영역 설정입니다. 업체에서 제공하는 재단 사이즈를 확인하고, 그에 맞는 사이즈로 캔버스를 만드는 것이 좋습니다. 완성된 엽서 크기가 재단 사이즈이며, 이 사이즈에 맞춰 인쇄 후 재단이 진행됩니다. 그리고 재단 과정에서 미세한 오차나 이미지 밀림이 발생할 수 있으므로, 이를 대비해 편집 사이즈와 안전 사이즈를 설정해 둡니다.

우리는 '레드프린팅'에서 발주할 거예요.

레드프린팅은 10장부터 극소량 제작이 가능하며, 색감이 예쁘게 나옵니다. 만약 판매용으로 생산할 경우 단가가 낮은 '애즈랜드'를 추천드립니다.

엽서 제작에 들어가 봅시다!

프로크리에이트에서 디자인하기

01 프로크리에이트에서 **[+] 버튼 → [폴더 아이콘]**으로 새 캔버스 만들어 주세요. 발주할 업체에서 미리 확인한 작업 사이즈 규격으로 캔버스를 설정하고, 단위는 [밀리미터], 해상도는 [DPI 300], 색상 모드는 [CMYK]로 설정해 주세요!

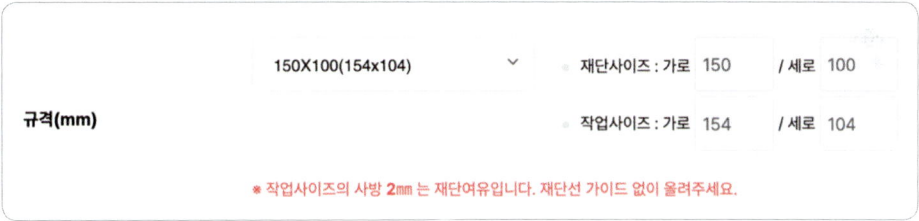

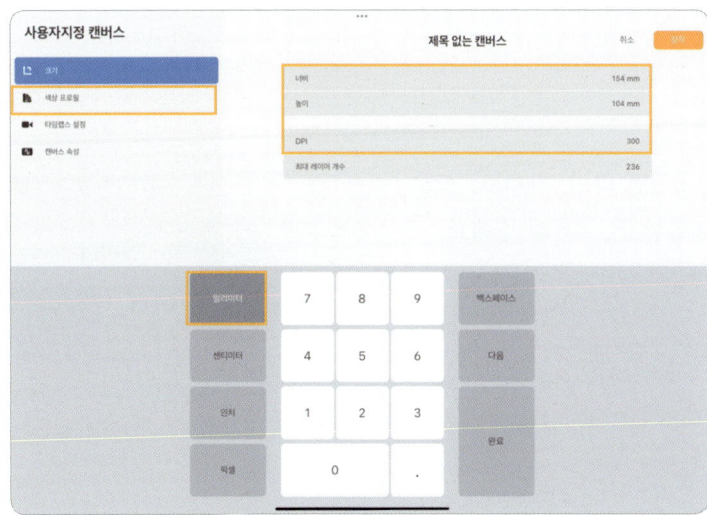

02   캔버스에 원하는 디자인을 해주세요. 어떤 디자인을 해야 할지 고민이라면, 제공된 엽서 일러스트를 활용해도 괜찮습니다.

03   디자인이 완성되면 라인, 가이드, 스케치 레이어를 모두 병합한 뒤, 복제해 주세요.

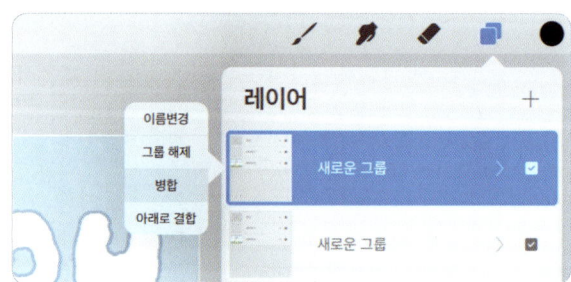

04 완성된 디자인은 발주 파일로 만들기 위해 컴퓨터로 옮기겠습니다. PNG나 JPEG보다 PSD 파일로 저장하는 것이 작업한 색감과 가장 비슷하므로 PSD로 저장하는 것을 추천합니다. 저장 확장자를 선택하면 파일 옮기는 방법에 대한 창이 나옵니다.

05 MAC 사용자는 에어드롭을 통해 파일을 아이패드 → 아이맥(또는 노트북)으로 옮겨 주세요. 윈도우 사용자는 카카오톡 나에게 보내기를 통해 파일을 옮겨주세요.

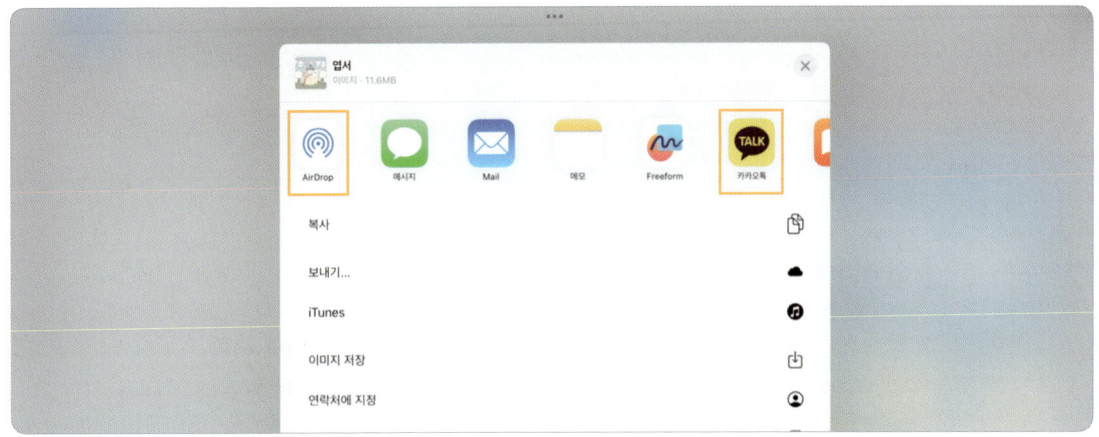

PSD 파일로 저장하니까 미리보기 속 파일 색이 어두워 보여요!

CMYK로 제작된 파일이기 때문에 모니터 화면에서는 어두워 보일 수 있습니다. 절대 파일 내의 색상이 바뀐 것이 아니니 걱정마세요! 오히려 PNG나 JPEG 파일로 인쇄할 경우, CMYK가 이중으로 적용되기 때문에 색감이 많이 탁해집니다.

포토샵에서 발주 파일 만들고 발주하기

06 PSD 파일을 컴퓨터로 옮겼다면, 포토샵 실행 후 Ctrl + O를 통해 파일을 열어 주세요. 예쁜 색감의 실물 엽서를 위해 어도비 포토샵에서 색감 보정을 하겠습니다.

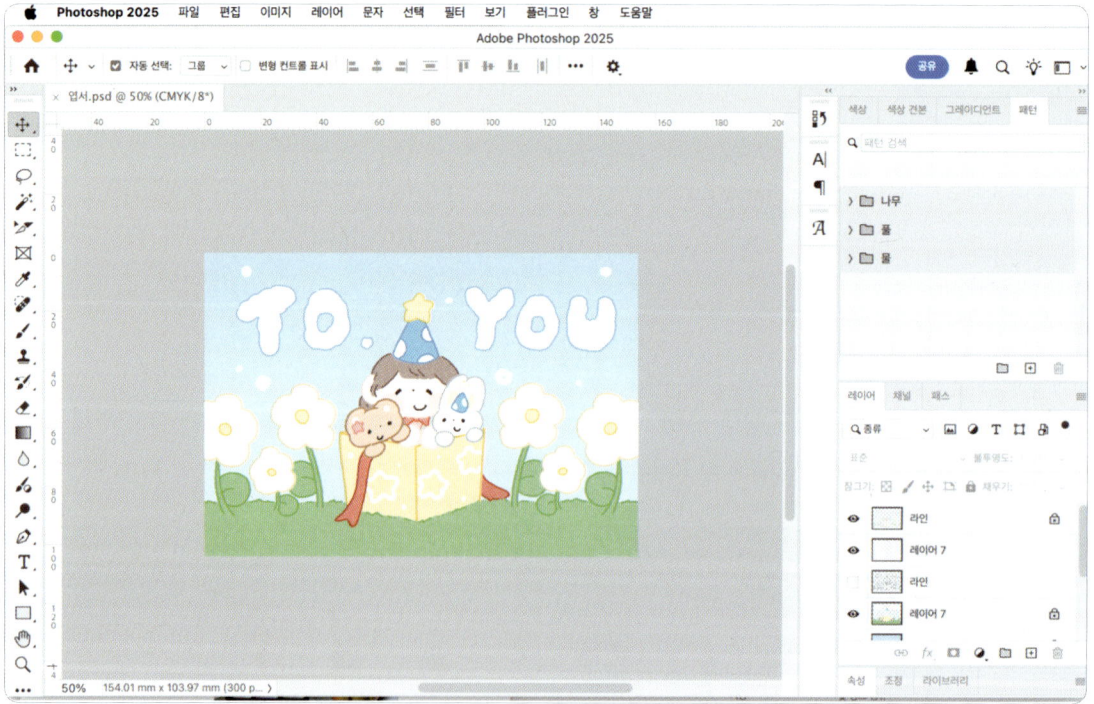

Q 아이패드용 포토샵과 일러스트레이터로 작업하면 안되나요?

A 아이패드용 포토샵 앱은 컴퓨터 기능을 축소한 라이트 버전으로 컴퓨터에 비해 작업할 수 있는 기능이 한정적입니다. 뛰어난 결과물을 원한다면 컴퓨터용 버전으로 작업을 완료해 주세요!

 **어도비 포토샵이 없으면 어떻게 하나요?**
바로 다음 10단계로 넘어가 컴퓨터 파일에서 PSD 확장자를 AI로 바꿔 주세요.

07 인쇄할 레이어를 레이어 창에서 선택합니다. 인쇄 시 지금보다 채도가 조금 낮아지기 때문에, 더 선명하고 예쁜 결과물을 위해 색감을 보정하겠습니다. [이미지] → [조정] → [색조/채도]를 선택해 주세요.

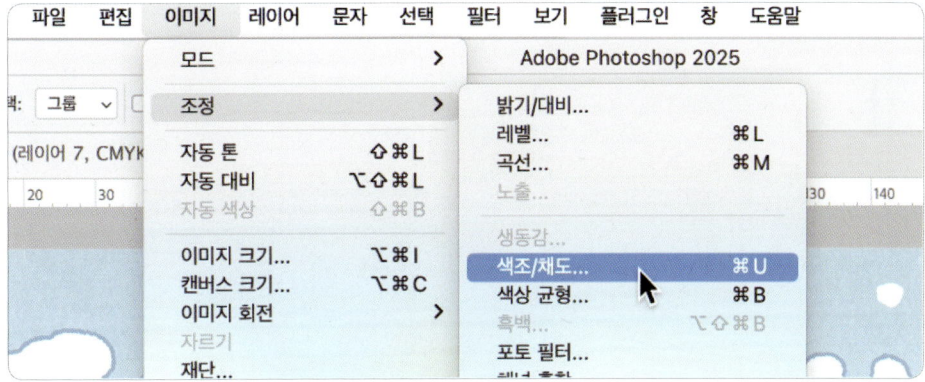

 레이어 창이 안 보인다면 단축키 F7 혹은 상단의 [창] → [레이어]를 통해 우측 패널 속 레이어 창을 활성화할 수 있습니다.

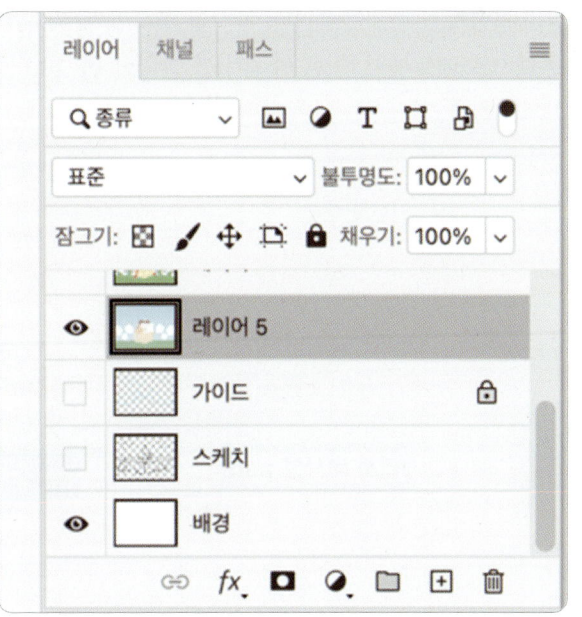

8 '색조/채도'에서 채도 값을 높여줍니다. 미리보기를 활성화하면 값에 따라 변하는 값을 미리 확인할 수 있습니다. 인쇄소의 샘플에 따라 색조 및 색상 균형을 추가해 색감 보정을 해주세요.

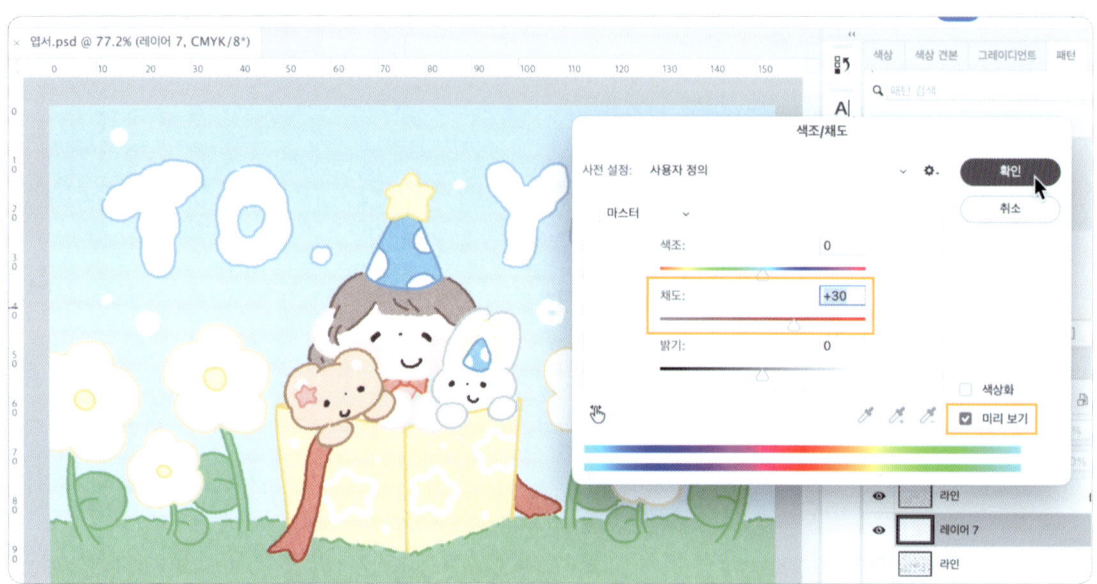

9 색감 보정이 완료되었다면 ⌘/Ctrl+S를 통해 저장합니다. 일러스트레이터에서 사용하기 위하여 파일의 확장자를 바꾸겠습니다. 파일을 복사한 뒤 파일명을 '더블 클릭' 혹은 '마우스 오른쪽 버튼 클릭' → 콘텍스트 메뉴에서 [이름 바꾸기]를 클릭한 뒤 '.psd'를 '.ai'로 바꾼 뒤 엔터를 눌러 줍니다.

 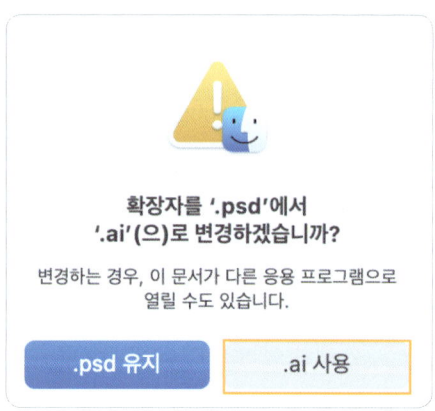

Q 윈도우 사용자인데 파일의 확장자가 보이지 않아요.

A 폴더의 오른쪽 상단 […]을 누른 뒤 폴더 [옵션] → [보기]→ '고급 설정'에서 '알려진 파일 형식이 파일 확장명 숨기기' 해제 후 [확인]을 눌러 주세요. (윈도우 11기준)

 포토샵 레이어에서 노출(눈동자 표시)이 해제된 레이어는 확장자를 바꿀 시 바뀐 파일에 포함되지 않습니다.

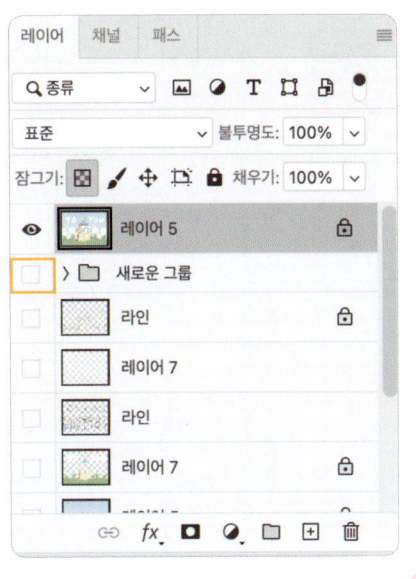

일러스트레이터에서 재단 사이즈에 맞춘 발주 파일 만들기

10 어도비 일러스트레이터를 실행합니다. ❶ **[새 파일]** 선택 ❷ 폭, 높이, 도련을 입력 후 '색상모드', 'CMYK', '래스터 효과', '고(300ppi)'로 설정합니다. ❸ 설정이 끝났으면 **[만들기]** 버튼을 눌러 주세요.

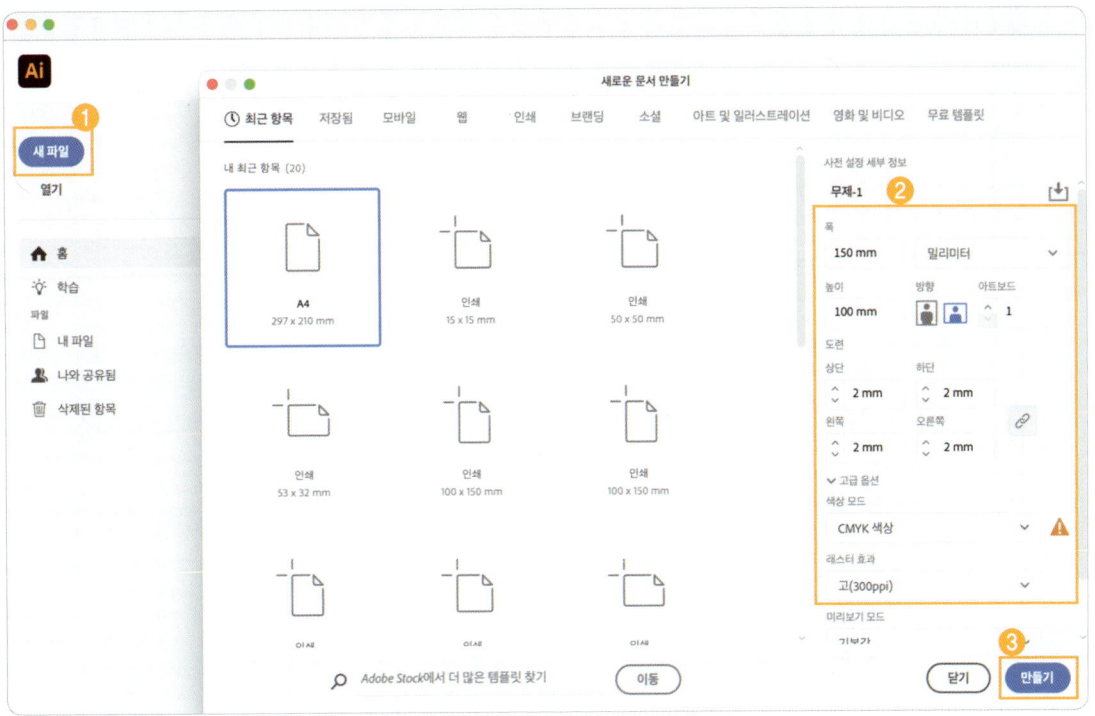

Stage 04 _ 나만의 굿즈 만들고 발주하기!

11 [만들기]를 클릭하면 대지가 나옵니다. 빨간 선은 도련선, 하얀 대지는 재단 후 완성될 엽서의 영역입니다.

12 09 단계에서 '.ai'로 확장자로 바꾼 파일을 열면 '불러오기 옵션' 창이 뜹니다. '레이어를 오브젝트로 변환'을 선택 후 [확인] 버튼을 눌러 주세요.

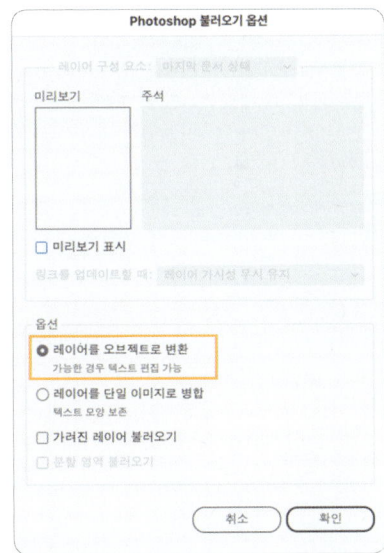

포토샵 파일에서 일러스트레이터로 가져오는 빠른 방법!

포토샵의 디자인 파일과 일러스트레이터의 새 파일을 나란히 배치한 뒤, 포토샵 디자인 파일 선택하여 일러스트레이터 쪽으로 드래그 앤 드롭합니다.

에러가 생긴다면, 기존의 확장자를 바꾸는 방법을 추천드립니다.

13 새 창이 열렸다면 이미지를 ⌘/Ctrl + C로 복사한 뒤 발주할 파일 대지에 ⌘/Ctrl + V로 붙여넣기합니다.

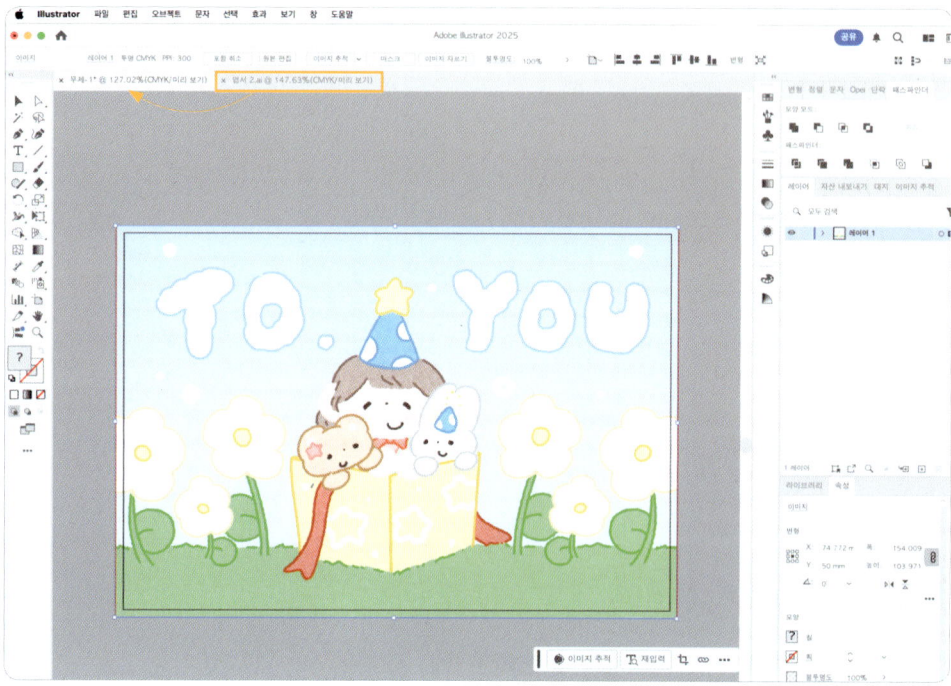

14 옮긴 이미지를 정중앙에 배치하기 위해 오브젝트 정렬에서 다음의 아이콘 두 개를 클릭합니다. 정렬 창은 Shift + F7로 활성화할 수 있습니다.

 파일의 정확한 사이즈를 확인하려면, 일러스트레이터 좌측 최하단에 대지를 100% 사이즈로 선택해 주세요. 실제 사이즈를 확인할 수 있습니다.

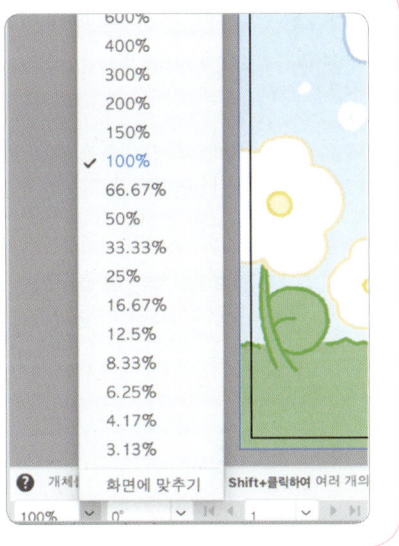

15 추후 수정이 필요할 경우 헷갈리지 않기 위해 레이어 이름을 '프린트'로 바꿔 줍니다.

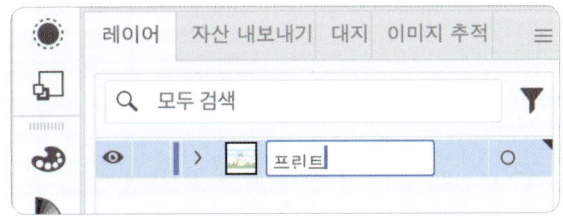

16 ⌘/Ctrl + S로 파일을 저장합니다. 업체에서 원하는 파일 확장자가 AI 파일인지 어도비 PDF 파일인지 확인해 주세요. 우리는 '레드프린팅'에서 발주하기 위해 PDF로 저장하겠습니다. 파일명과 저장할 위치를 지정한 후, **[저장]** 버튼을 눌러 줍니다.

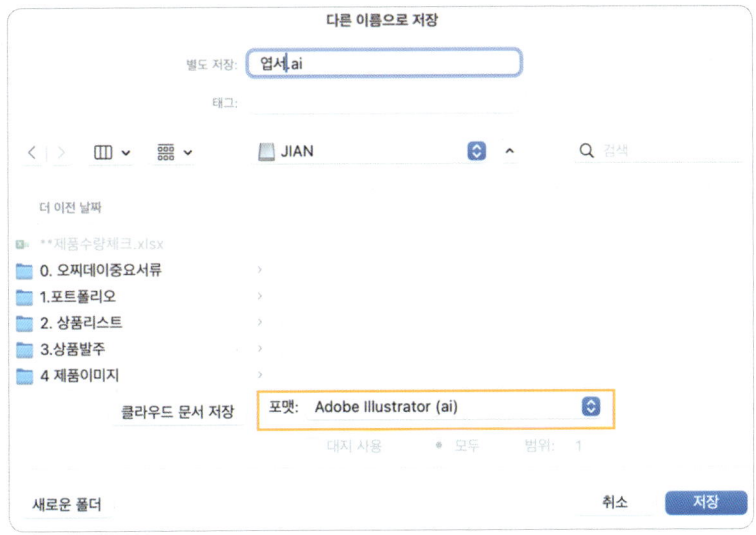

 AI 파일로 저장할 때, 일러스트레이터 옵션 창에서 버전을 꼭 CS6 버전으로 선택해 주세요. 대부분의 업체는 최신 버전이 아닌 이전 버전을 사용하기 때문에 최신 버전으로 파일을 저장하면, 확인 시 오류가 생길 수 있습니다.

간혹 CS5 버전을 요구하는 곳도 있으니 발주 업체에서 확인해 주세요.

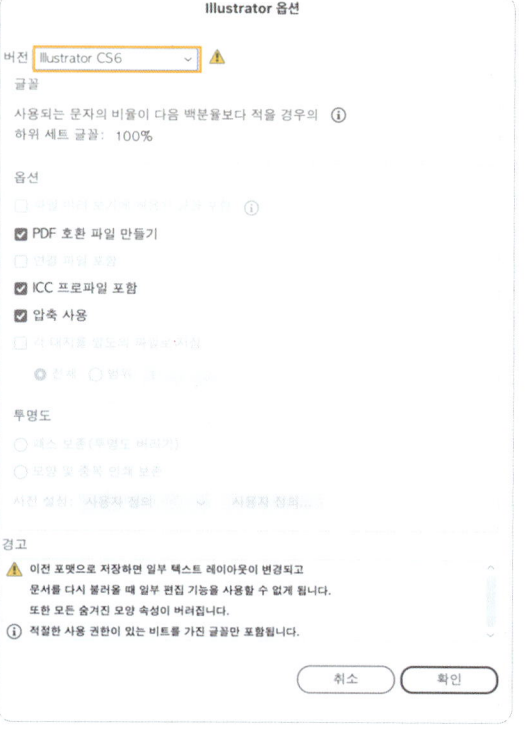

마지막으로 PDF 파일로 저장했을 때, PDF 설정 창에서 사전 설정 **[illustrator 초기값]**으로 설정한 후 저장합니다.

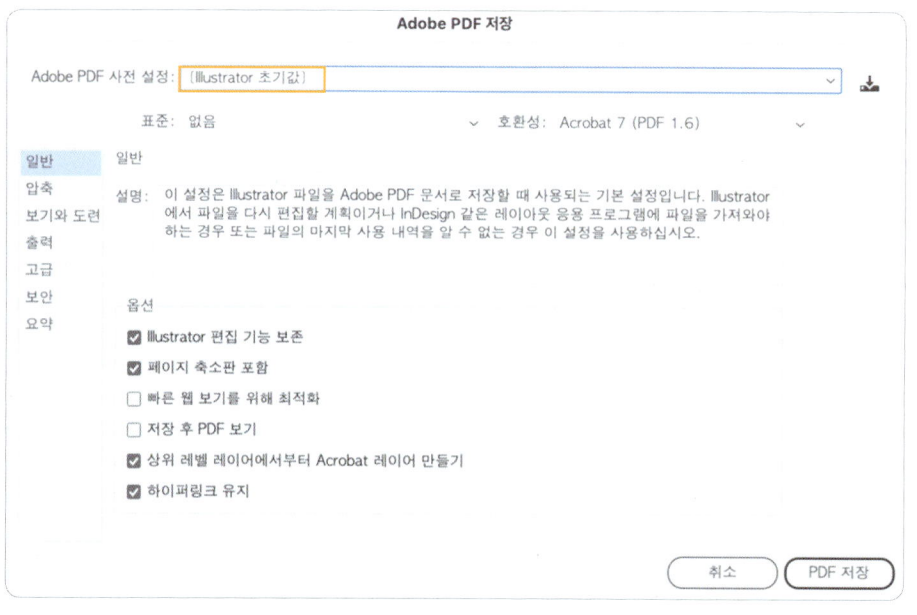

인터넷을 통해 발주 넣기

17 레드프린팅 → 스테이셔너리 → 특가엽서를 통해 발주하겠습니다.

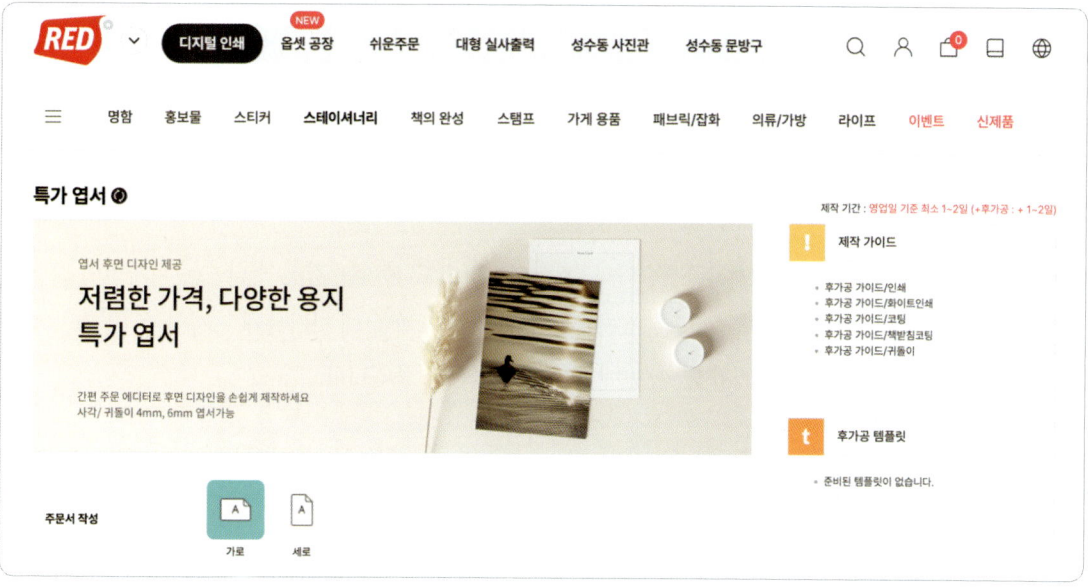

18 기획한 옵션들로 잘 선택이 되었는지 확인해 주세요.

- **용지:** 발주하고자 하는 용지
- **용지/g수:** 용지의 두께
- **인쇄 도수:** 디자인이 한 쪽만 있다면 단면, 양 쪽 모두 있다면 양면 선택
- **규격:** 엽서 사이즈
- **수량:** 원하는 수량

옵션이 잘 선택되었다면 [**파일 업로드**]에 디자인한 파일을 업로드합니다. 한 번 더 내역들을 확인 후 주문하면 엽서 발주 완료입니다-!

02 LEVEL 칼선 스티커 만들어 보기

이번 레벨에서는 칼선 스티커를 제작하겠습니다. 씰스티커라고도 불리는 칼선 스티커는 디자인이 포함된 스티커로, 한 장씩 떼어내어 사용할 수 있는 스티커입니다. 처음 제작할 때 까다롭게 느껴질 수 있지만, 캐릭터 문구 브랜드 시장에서 특히 인기가 많아, 판매율이 가장 높은 상품입니다.

칼선 스티커 종류에 대하여

칼선 스티커도 겉보기엔 비슷해 보이지만, 종류가 많답니다. 편한 기획을 위하여 어떤 용도와 디자인으로 나눠지는지 알아보도록 해요.

사용 용도에 따른 분류

- **먼슬리(달력)용:** 조각이 작으며 달력에 활용하기 좋습니다.
- **다꾸(다이어리 꾸미기)용:** 다양한 크기의 조각이 있으며 스토리가 담겨 있습니다.
- **데코(데코레이션)용:** 아이돌 포토 카드나 휴대폰 등 소품을 꾸미는 데 사용됩니다.

좌측부터 1 먼슬리용 / 2, 3 다꾸용 / 4, 5 데코용

디자인에 따른 분류

- 네잎클로버와 같은 하나의 주제로 스티커 전체를 획일화하여 구성
- 스티커 전체가 하나의 일러스트처럼 보이되, 칼선을 넣어 분리가 가능한 구성
- 캐릭터가 돋보이도록 주제부는 작게, 캐릭터는 크게 디자인하는 구성
- 텍스트를 포함하여 스티커의 주제가 한눈에 보이도록 하는 구성

재질에 따른 분류

칼선 스티커는 종이, PVC, 투명, 에폭시 등 다양한 재질로 제작할 수 있어 후가공의 종류가 많습니다. 주로 사용되는 재질은 유포지와 PVC 캘지입니다. 디자인에 따라 선호도가 다르기 때문에 직접 샘플을 제작해 보고 결정하는 것이 좋습니다. 판매를 시작한 후에는 매출이 높은 재질을 중심으로 제작하는 것이 유리합니다.

> **용도 따라 다른 선호도**
> 다꾸용 스티커는 무광 코팅이 선호도가 높습니다. 글리터(반짝이)가 들어가는 경우 스파클링 코팅을 추가하면 매력이 배가 됩니다. 디자인마다 어울리는 코팅이 다르므로 기획할 때 재질과 함께 코팅도 고려해 주세요.

씰스티커의 규격

씰스티커 제작 시, 자주 사용되는 규격은 크게 먼슬리(달력용) 50*150mm 또는 60*130mm 사이즈와 다이어리 90*150mm 또는 100*140mm 사이즈가 있습니다. 각 규격은 브랜드 특성과 소비자의 취향을 고려해 선택하는 것이 좋습니다. 트렌드마다 빠르게 변화하기 때문에, 제작 시기의 트렌드를 고려해 인기 있는 규격으로 제작해 보는 것도 좋습니다.

디자인을 하기 전에 무슨 테마를 정해야 할까?

씰스티커의 테마는 시즌성, 음식, 여행·일상·판타지, 브랜드 스토리를 담은 테마 등으로 분류해 접근할 수 있습니다.

- **시즌성 테마**: 벚꽃, 청량한 여름, 크리스마스, 할로윈과 같이 특정 계절에 적합한 디자인으로 제작합니다. 시즌이 지나면 판매가 어려워질 수 있으니 재고를 적절히 조절하는 것이 중요합니다.
- **음식 테마**: 소비자들에게 익숙하고 친근하게 다가갈 수 있어 꾸준히 인기 있는 테마 중 하나입니다.
- **여행과 일상**: 많은 사람들이 공감하는 테마로 다이어리 꾸미기에 적합합니다. 여기에 캐릭터나 판타지적 요소를 추가하면, 독창적인 스토리와 함께 매력을 더할 수 있습니다.

하나의 키워드로 다양한 주제를!

한 가지 키워드를 활용해 다양한 주제를 전개하면 패키지 판매에 유리합니다. 예를 들어, 네잎클로버라는 키워드로 행운을 주제로 한 디자인을 시작으로, 클로버 요정들, 클로버를 찾아 떠나는 여행, 클로버 티타임, 클로버 서점과 같은 다양한 스토리를 전개할 수 있습니다. 이처럼 하나의 키워드를 다양하게 활용하면 구성하면 스티커의 주제를 잡기가 훨씬 수월해집니다.

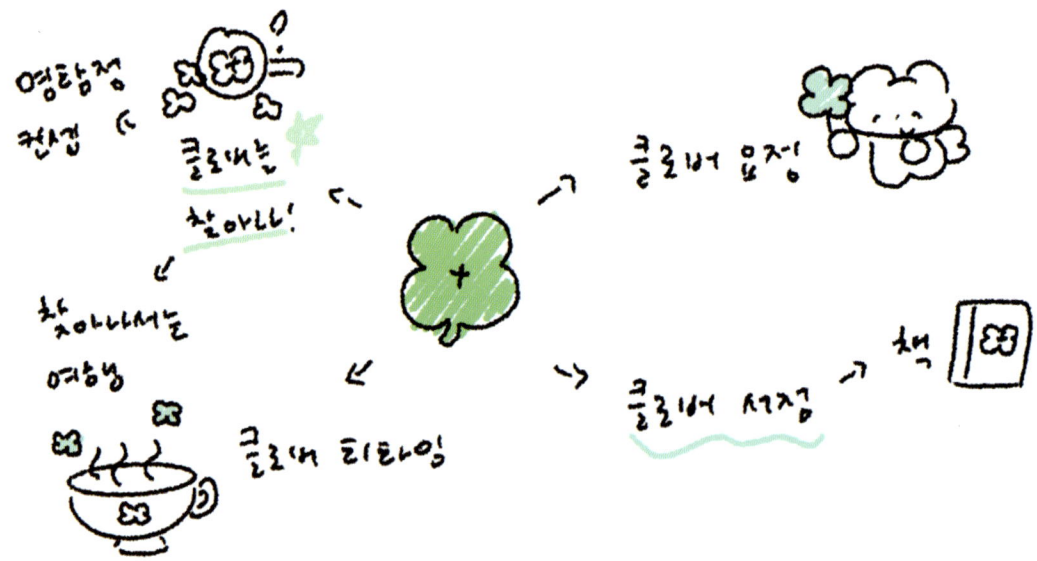

언제나 사랑받는 스티커 테마들!

오랜 판매 경험과 주변 작가님들의 의견을 종합해 보면 꾸준히 사랑받는 인기 테마들이 존재합니다. 행운을 상징하는 네잎클로버 테마, 모두가 좋아하는 요소인 별, 일상의 소소한 행복을 담은 집순이 테마, 다꾸러 분들이 공감하는 다이어리 꾸미기 테마, 어른들이 공감하는 퇴사 혹은 텅장 테마, 계절 중에선 특히 크리스마스 테마가 있습니다.

이런 테마들은 대중적이면서도 활용도가 높아 판매율이 잘 나오는 테마입니다. 다만, 유행에 따라 변화할 수도 있기 때문에 참고만 해주세요!

 **테마 아이디어는 늘 정리해 두자!**
스티커 테마뿐 아니라 좋은 아이디어는 갑자기 떠오르는 경우가 많습니다. 이럴 때 휴대폰이나 노트 등 가까운 곳에 바로 기록해 두면 아이디어를 놓치지 않고, 나의 것으로 만들기 좋습니다. 이 습관은 꼭 만들기 바랍니다!

칼선 스티커 제작 전 꼭 확인하자!! 제작 가이드

칼선 스티커는 다른 제품보다 업체별 요구하는 가이드가 천차만별입니다. 제대로 확인하지 않으면 디자인부터 다시 들어가거나, 추후 수정해야 하는 번거로운 상황이 생길 수 있기 때문에 제대로 확인하고 작업을 진행해 주세요.

제작 가이드 첫 번째

칼선 스티커 내의 조각(피스)들끼리의 간격이 가까우면, 업체 제작 시 칼선에 오류가 생길 수 있습니다. 보통 2~3mm 간격을 요구하는 경우가 많습니다.

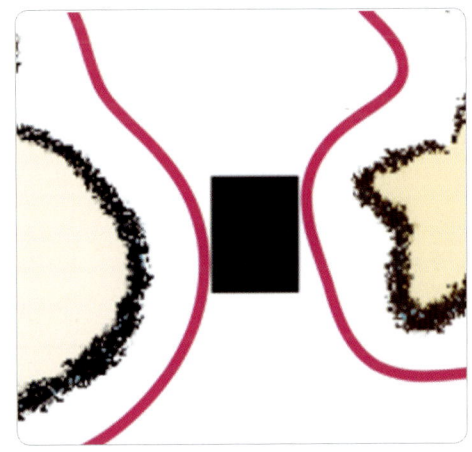

제작 가이드 두 번째

조각의 간격뿐 아니라 칼선과 재단 사이의 간격이 가까울 경우도 스티커가 불량이 될 수 있습니다. 꼭 작업 사이즈가 아닌 재단 사이즈에서의 안전 사이즈를 확인해 주세요.

제작 가이드 세 번째

보통의 업체는 M(마젠타) 색상 100%로 칼선 색을 요구하나, 간혹 K(검정)로 요구하는 경우도 있으니 칼선의 색을 확인해 주세요.

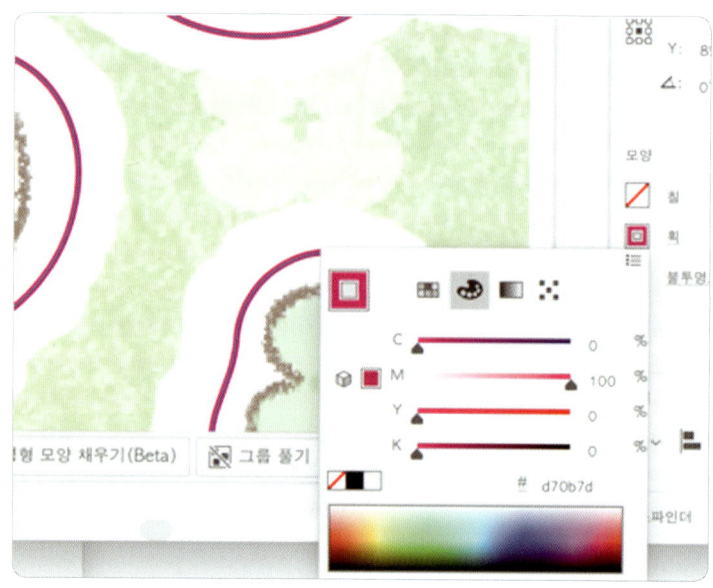

제작 가이드 네 번째

스티커 하나의 조각(피스) 크기가 너무 작으면 칼선 오류가 생길 수 있습니다. 조각의 최소 크기가 어느 정도인지 확인 후에 작업에 들어가 주세요.

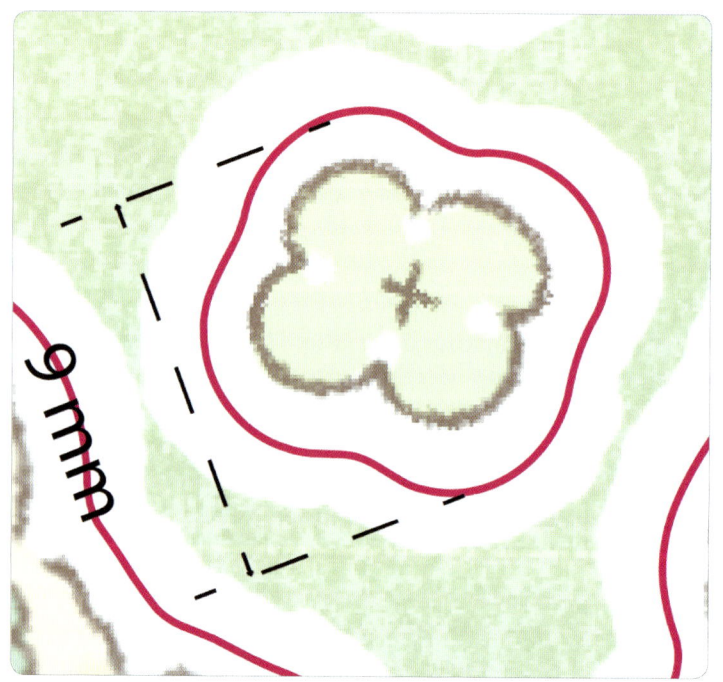

칼선 스티커 제작 전 꼭 확인하자!! 디자인 팁

디자인 팁 첫 번째

주제를 구상할 때 먼저 떠오르는 색감 3~7가지를 먼저 정해 둡니다. 상단에 작은 팔레트를 만들어 준 후 작업에 들어가면 전체적인 스티커의 톤을 통일할 수 있습니다. 색감이 주는 조화로움은 스티커가 눈에 띄게 하여 구매까지 이어질 수 있는 포인트입니다.

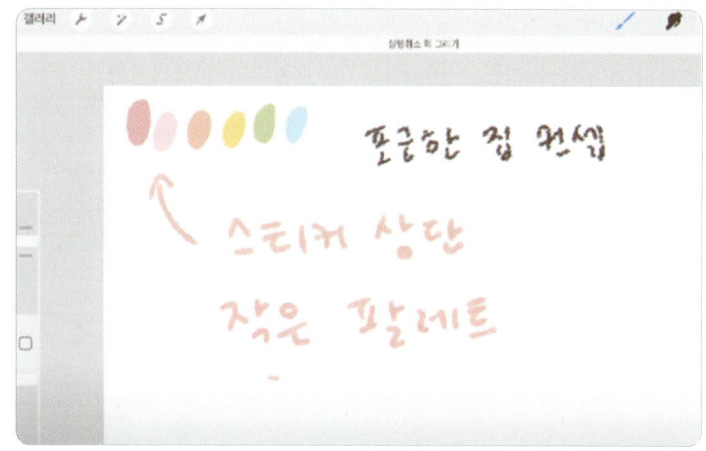

디자인 팁 두 번째

메인 주제를 먼저 그리고 남은 공간에 주제가 연상되는 3~4개의 주변 사물을 그려주세요. Stage 02 - Level 03에서 배운 '그림의 무게'를 적용하면 좋습니다. 예를 들어, 주제가 '딸기'라면 메인 주제부로 딸기 케이크, 딸기 밀크, 딸기밭 등을 배치하고, 주변에 작은 딸기 아이콘이나 잎사귀를 추가하여 디자인을 풍성하게 만듭니다.

디자인 팁 세 번째

주제에 적합한 하나의 오브젝트를 조각(피스)마다 넣어 줍니다. 동일한 형태와 패턴을 반복적으로 사용하면 디자인의 조화로움을 높이고, 소비자에게 직관적으로 주제를 전달할 수 있습니다.

디자인 팁 네 번째

스케치 단계에서 꼼꼼하게 작업해야 이후 디자인, 채색, 발주 파일 작업의 시간이 줄어듭니다. 칼선 스티커는 도안이 매우 중요하기 때문에 스케치가 잘 어우러지도록 꼼꼼하게 작업해 주세요.

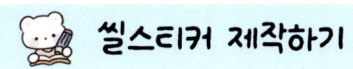 **씰스티커 제작하기**

프로크리에이트에서 디자인 작업

01 새 캔버스를 제작하고 사이즈는 90*150mm를 입력하겠습니다. 이번엔 '출력이'라는 업체에서 발주를 할 겁니다. 이 외의 업체를 사용할 땐 꼭 업체가 요구하는 작업 사이즈를 확인해 주세요.

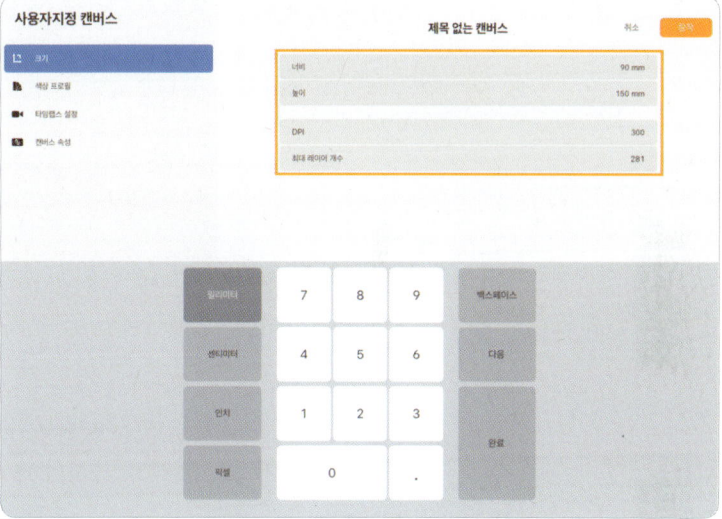

02 미리 정해 둔 주제를 스케치합니다. 구성이 어렵다면 제공한 스티커 가이드를 참고해 보세요. 스케치 단계에서 스티커 간격이 너무 가깝지 않은지 꼭 확인해 주세요!

03 꼼꼼하게 스케치를 완료했다면 스케치 레이어의 불투명도를 낮춰 주세요. 스케치 레이어 위에 라인용 레이어를 만들고 깔끔한 라인을 그리겠습니다.

04 스케치 레이어와 라인 레이어 사이에 채색을 위한 새로운 레이어를 만들어 주세요. 스케치 레이어는 [off]로 설정한 뒤 채색 레이어에서 채색을 완료합니다.

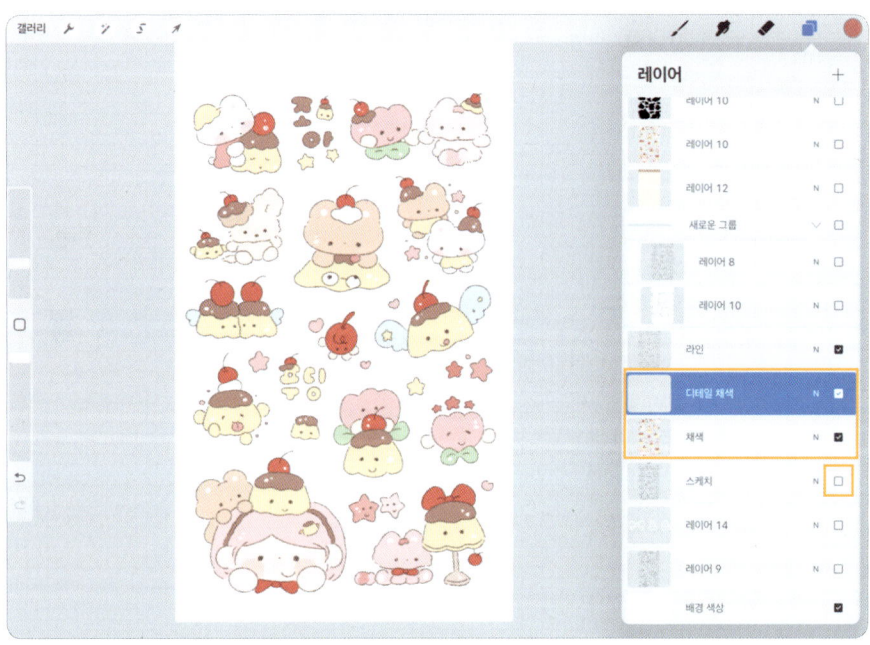

05 이번에 만들 유테 스티커는 1차 여유분이 필요합니다. 배경 색상은 체크 해제한 후, 채색 레이어 아래에 유테용 레이어를 추가해 주세요. 그 후 레이어에 스티커 라인 브러시 (사이즈 6%)를 사용해 유테 라인을 따라 1차 여유선을 그려 주세요.

Q 여유선이 뭐예요?

A 칼선 스티커는 이름처럼 디자인에 칼선이 들어가기 때문에, 인쇄 과정에서 디자인이 안전하게 잘려 나갈 수 있도록 '여유선'을 설정해야 합니다. 여유선은 칼선을 기준으로 앞뒤에 두어 디자인을 보호하는 역할을 합니다.

1차 여유선은 칼선과 캐릭터 사이를 안전하게 확보해 주는 역할을 하며, 2차 여유선은 칼선과 배경 사이를 안전하게 확보해 주는 역할을 합니다. 배경색과 여유선의 색상이 다를 경우 필수로 들어가야 합니다. 무테 스티커의 경우 1차 여유선이 필요 없이 바로 2차 여유선 작업만 진행하면 됩니다.

유테 스티커 제작 시 2차 여유선 작업 방법

06 유테 스티커의 2차 여유선은 조금 더 복잡합니다. 라인, 채색, 여유선이 완성된 상태에서 2차 여유선 작업을 시작하겠습니다. 다음에 보이는 이미지가 칼선 스티커를 떼어 냈을 때의 스티커 모습입니다.

07 네 개의 레이어를 선택해 하나의 그룹으로 묶어 주세요. 그런 다음, 그룹을 복제한 후 복제한 그룹을 병합하여 하나의 이미지로 만들어 줍니다.

08 스티커 조각 간의 간격이 너무 좁다면, 올가미 툴로 조각 부분을 선택하고, 화살표 툴로 조금씩 이동하며 간격을 조절합니다.

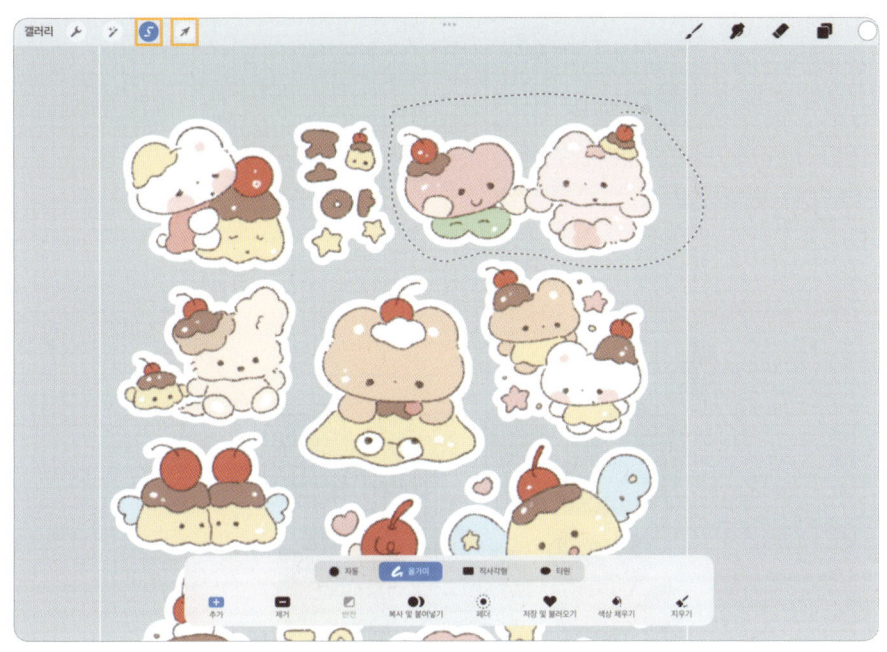

 만약 3mm 등 반드시 지켜야 하는 간격이 있다면, 해당 규격의 이미지를 만들고, 화살표 기능으로 간격을 확인할 수 있습니다.

09 간격 조정이 완료되었다면, 현재 사용 중인 유테용 채색 레이어를 복제해 주세요. 복제한 레이어를 선택 후, '마법봉 툴' → '색조, 채도, 밝기'에서 '밝기를 없앰'으로 만들어 주세요.

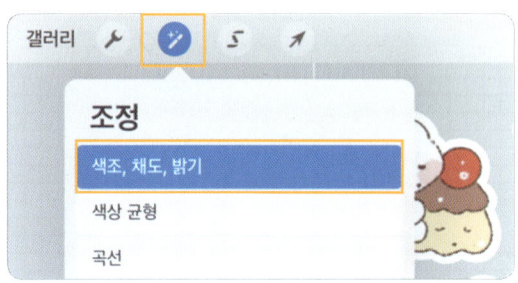

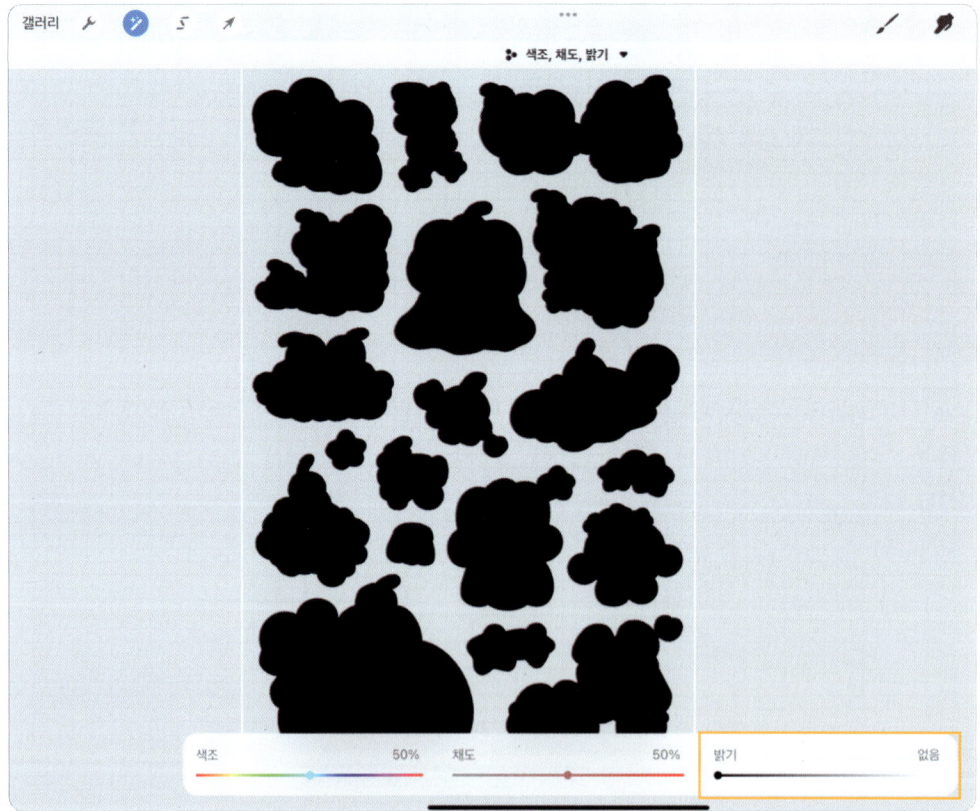

10 밝기를 없앤 검정색 레이어는 추후 일러스트레이터에서 칼선 작업에 사용할 것이므로, 체크를 해제하고 잠시 꺼두겠습니다. 이때 레이어 이름을 '칼선용'으로 변경해 두면 헷갈리지 않습니다.

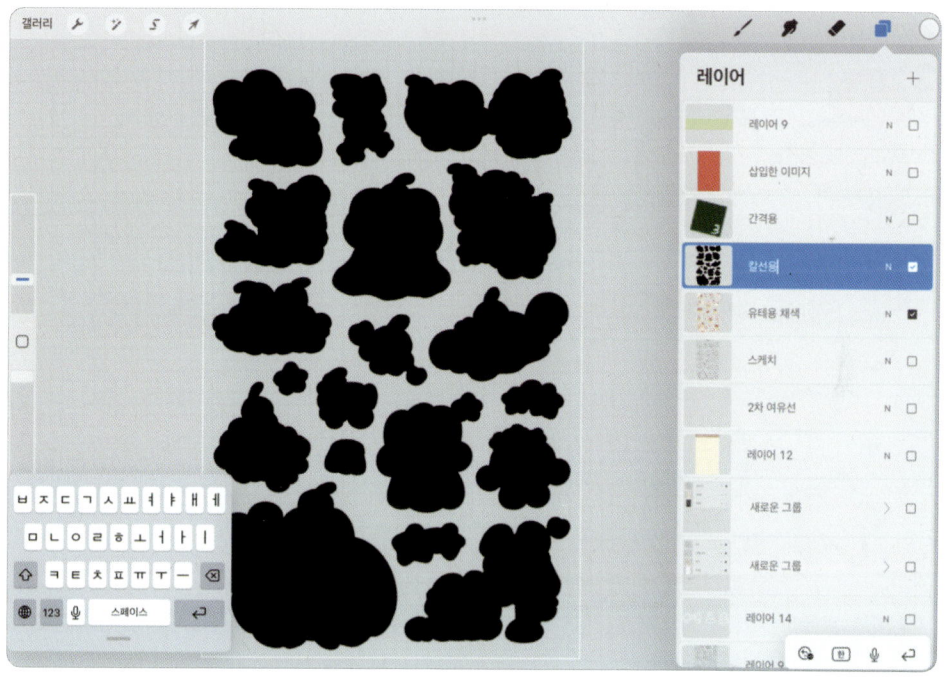

11 다시 유테용 채색 레이어로 돌아와 '2차 여유선'용 레이어를 밑에 만들어 줍니다.

12 2차 여유선 레이어에서 스티커 라인 브러시의 불투명도를 낮춘 뒤, 외곽을 따라 그려 줍니다. 색상은 여유선 색상과 동일한 색으로 설정해 주세요.

13 2차 여유선을 모두 그렸다면 색상 드롭을 사용해 내부를 채워 주고, 불투명도를 100%로 높여 주세요. 이때 2차 여유선 레이어와 칼선용 레이어를 함께 확인하면 전체적으로 이상이 없는지 파악할 수 있습니다.

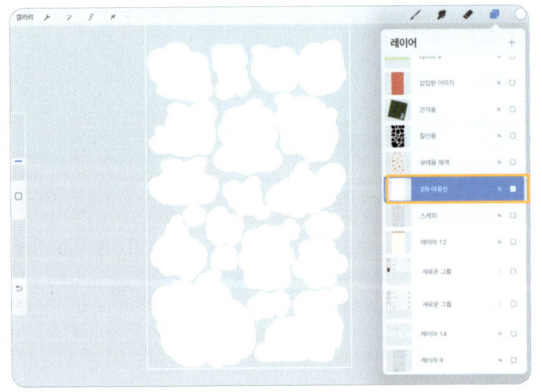 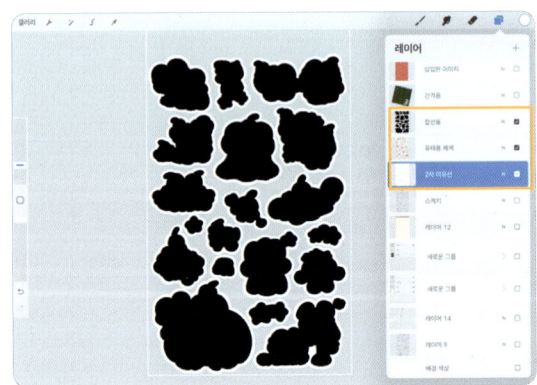

14 2차 여유선 작업이 끝났다면 밑에 배경용 레이어를 새로 만들고, 스티커와 어울리는 배경을 그려 줍니다.

15 배경 레이어까지 완성되었다면, 유테용 채색 레이어, 2차 여유선 레이어, 배경 레이어 세 개를 그룹화한 뒤 복제하여 하나의 배경 레이어로 만들어 줍니다.

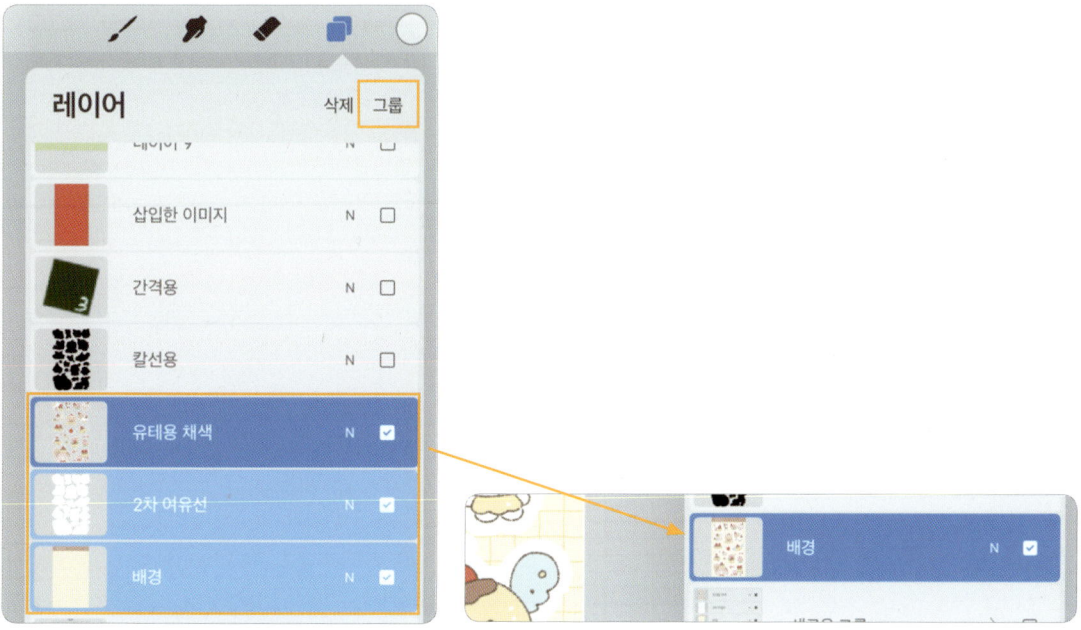

16 칼선용 레이어와 병합한 배경 레이어, 두 개의 레이어만 보이도록 설정한 뒤 PSD파일로, 컴퓨터로 옮겨 보정 작업을 하겠습니다. 옮기는 방법은 Stage 04-Level 01의 '엽서 만들어보기'에서 가져온 방법과 동일하게 옮겨 주세요.

Q 스티커 위의 갈색 부분은 뭔가요?

A 뒷대지를 생략하여 제작할 때, 스티커의 이름을 쓰는 영역입니다. 취향에 따라 넣거나 생략할 수 있으며, 엽서 제작과 마찬가지로 별도의 뒷대지를 따로 만들 수도 있습니다. 뒷대지가 있으면 완성도가 높아지지만, 제작 단가가 조금 늘어납니다.

무테 스티커 제작 시 2차 여유선 작업 방법

01 무테 스티커는 기존 그림보다 넓은 테두리의 그림이 필요합니다. 먼저 2차 여유선을 화이트 색상으로 그린 후 알파 채널 잠금을 해주세요.

02 디자인된 부분의 색을 손가락으로 꾹 눌러 선택한 뒤, 2차 여유선 레이어에 동일한 색을 채워줍니다.

03 무테 스티커는 색과 색이 만나는 지점을 잘 연결하는 것이 핵심입니다. 이 부분을 주의하며 채색하면 2차 여유선 완성입니다!

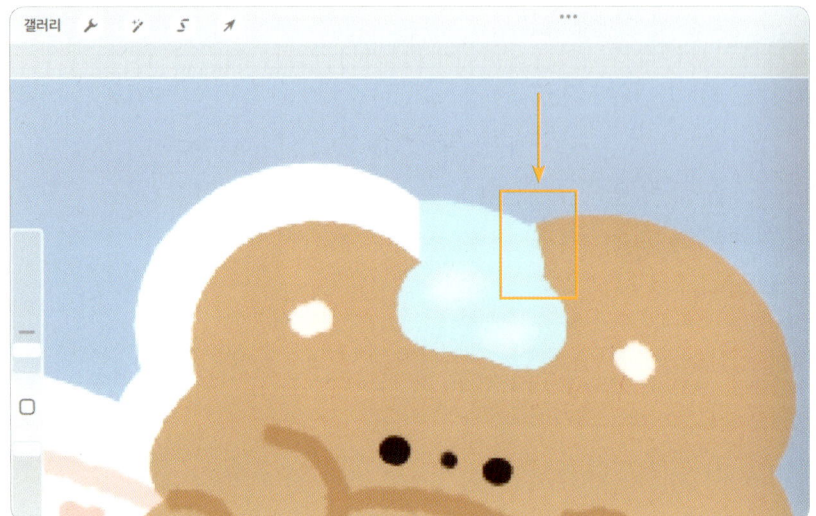

포토샵에서 색감 보정하기

17 가져온 파일을 포토샵에서 열어 주세요. 칼선용 이미지를 해제하여 실제 스티커 이미지가 보이도록 설정합니다.

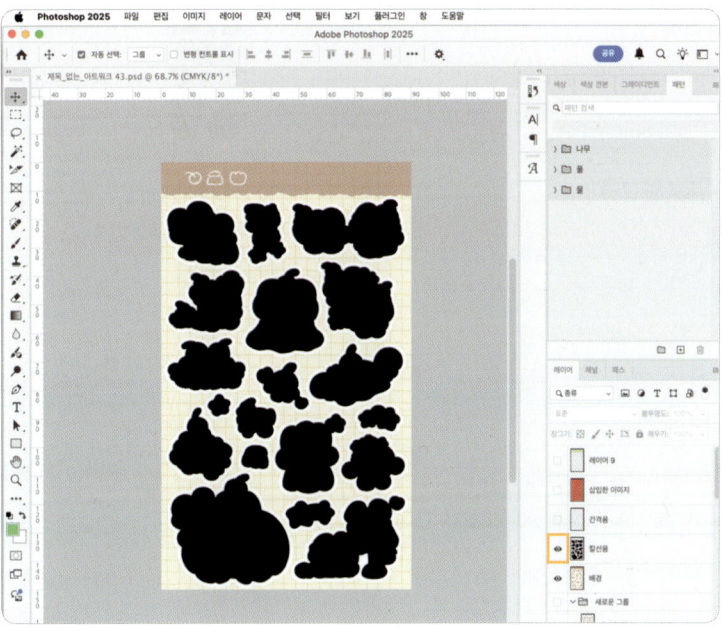

18 배경 레이어 선택한 후 상단의 [이미지] → [조정] → [색조/채도](⌘/Ctrl+U)에서 채도를 25 정도 높여 줍니다. 발주 업체에 따라 조금 더 조정해도 됩니다.

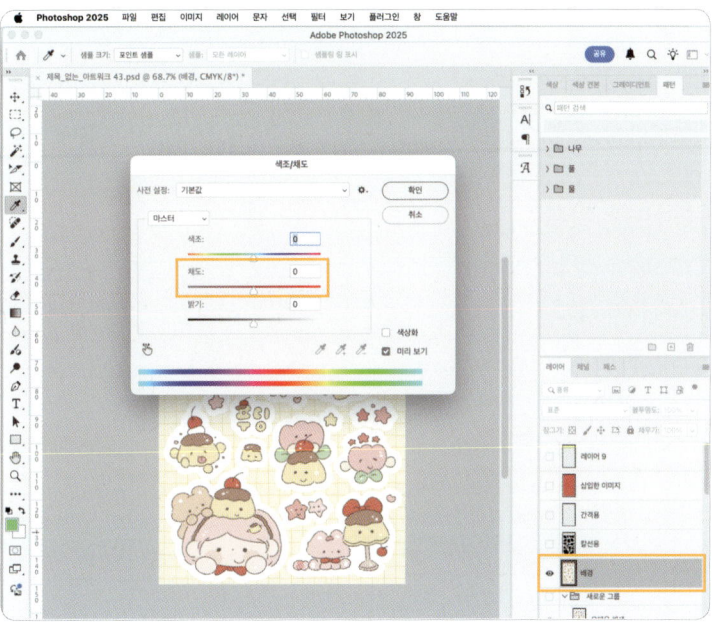

Stage 04 _ 나만의 굿즈 만들고 발주하기!

19 색감 보정이 끝이 났다면 다시 칼선용 레이어를 켜준 후 파일을 저장해 주세요. 추후 수정이 필요할 경우를 대비해 '.psd' 파일을 복사한 후, 파일의 확장자를 '.ai'로 변경해 일러스트레이터에서 작업하겠습니다.

일러스트레이터에서 칼선 작업하기

20 확장자를 변경한 '.ai' 파일을 일러스트레이터에서 열어 주세요. 이때 '레이어를 오브젝트로 변환' 옵션을 선택한 후 열어 줍니다.

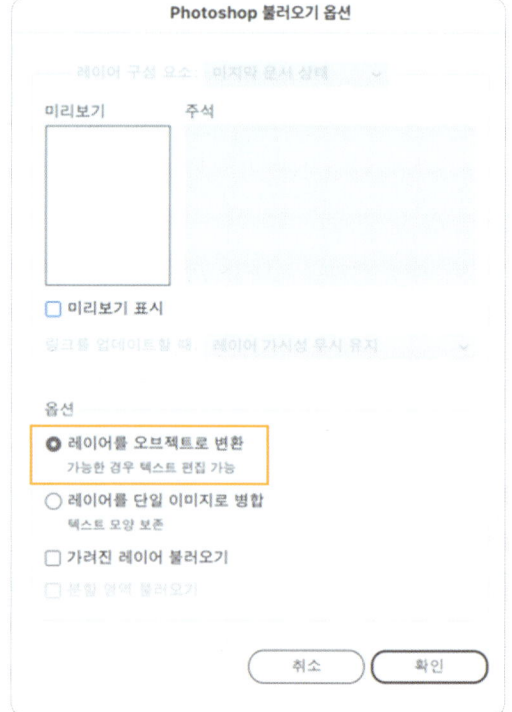

21 칼선용 이미지와 배경 이미지가 포함된 레이어가 함께 열렸으면, 칼선용 이미지를 활용해 칼선 작업을 진행하겠습니다.

22 '칼선용 레이어'를 선택한 후 상단의 [이미지 추적 상세 설정 표시(∨)] → [윤곽]을 누른 후 [확장]을 눌러 검정색으로 보이는 부분을 추적하여 패스로 인식시킵니다. 이미지 추적이 보이지 않는다면, [창] → [이미지추적]을 통해 패널을 불러와 주세요.

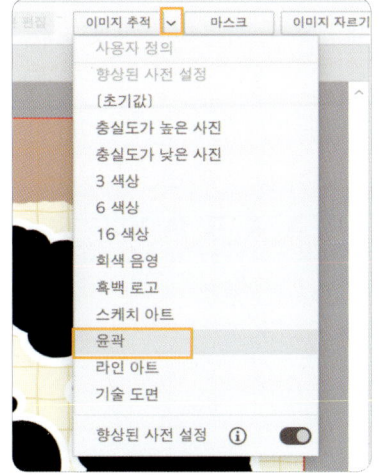
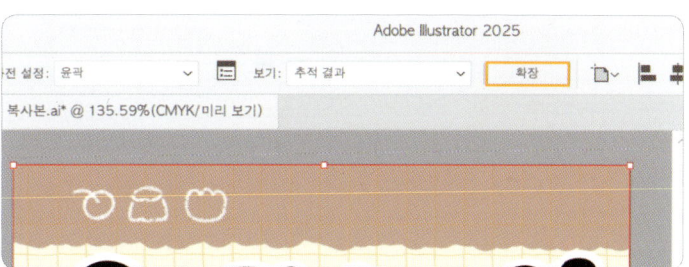

23 색상 변경을 통해 칠과 획의 색상을 바꾸면, 칠은 없어지고 칼선 모양으로 획이 생깁니다.

24 오른쪽의 속성 패널에서 '획'을 클릭한 뒤, 색상은 M(마젠타) 100%, 두께는 0.5pt로 설정합니다.

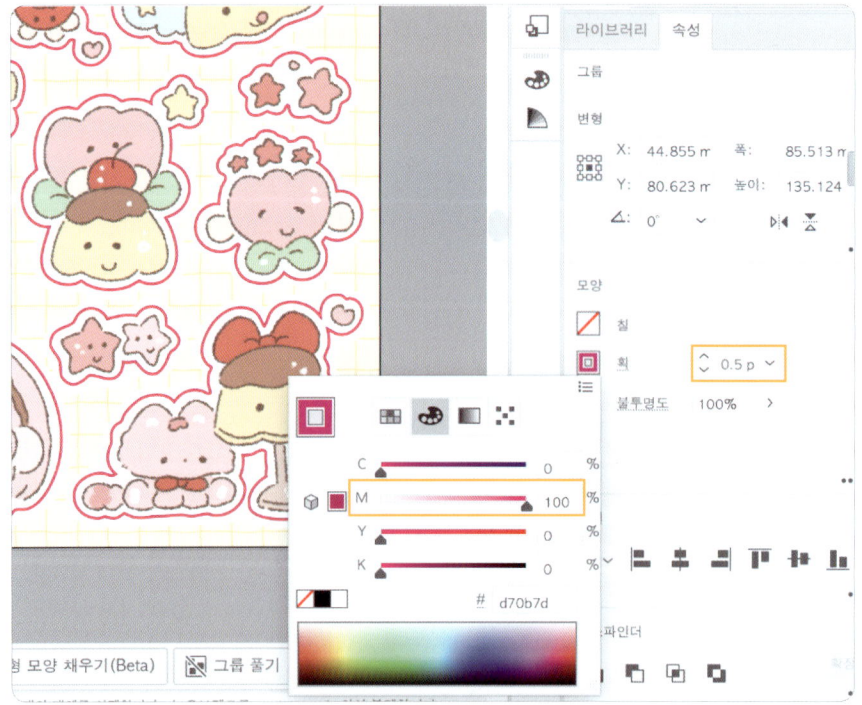

25 만약 한 가지 색상만 보인다면 칼선을 선택한 후, 스포이드 도구로(단축키 I) 색이 있는 영역을 눌러주세요. CMYK로 바뀐 것을 확인할 수 있습니다.

26 칼선에 고정점이 너무 많으면 오류가 발생할 수 있습니다. [오브젝트] → [패스] → [단순화]를 통해 고정점 개수를 줄여 줍니다. 너무 뭉개지지 않은 정도로 적용한 뒤 화면을 클릭하면 값이 적용됩니다.

27 또한 칼선이 너무 뾰족하다면, 스티커를 떼어 낼 때 찢어지는 경우가 있습니다. 칼선 레이어를 누른 채 [오브젝트] → [패스] → [부드럽게]를 통해 곡선을 부드럽게 만들어 주세요. 3% 정도만 적용해도 뾰족한 고정점이 거의 사라집니다.

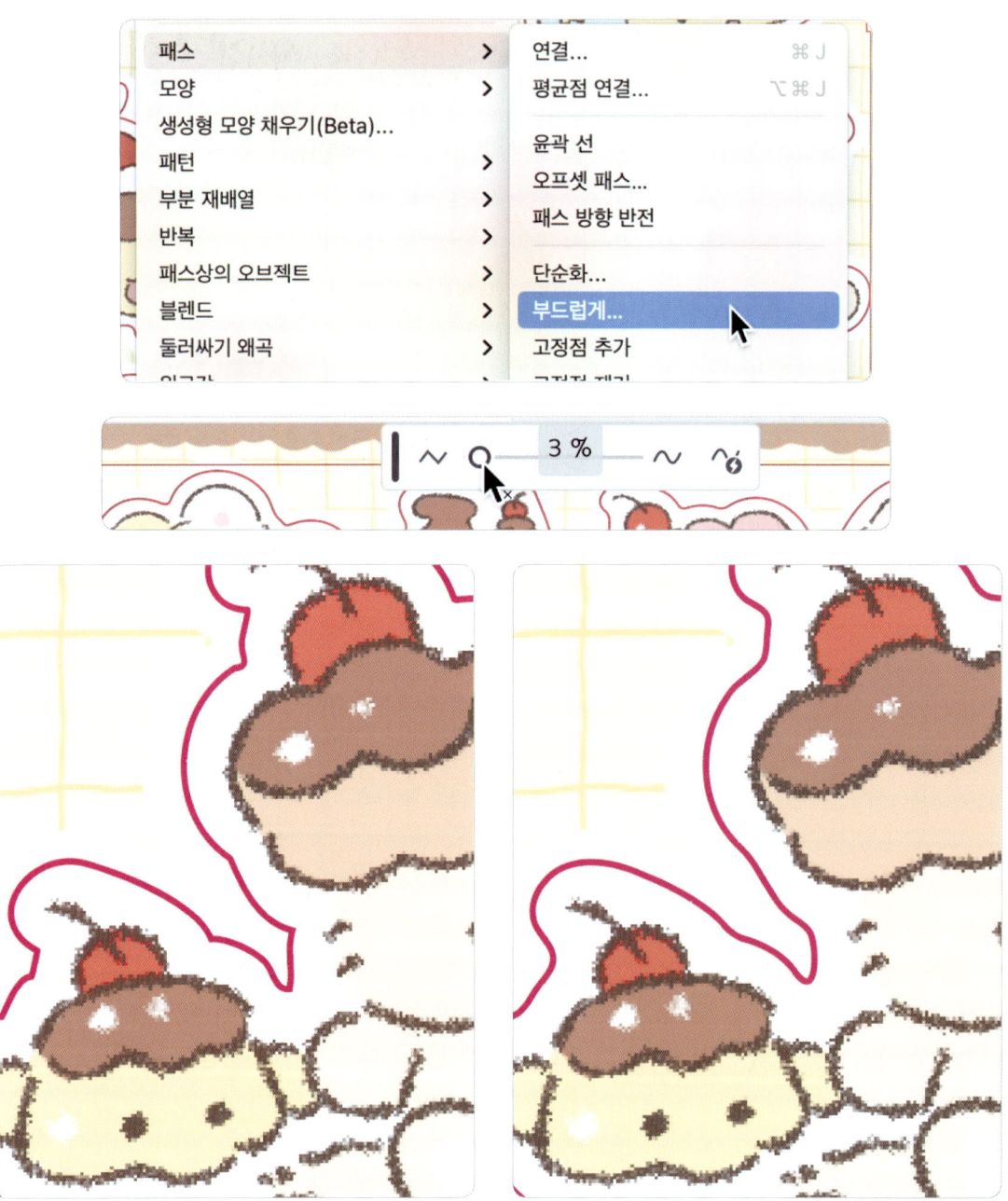

부드럽게 적용 전, 적용 후

28 '패스 단순화'와 '부드럽게'만으로도 충분하지만, 아직 수정해야 하는 부분이 남았다면, [선택 도구(A)]와 [펜 툴(P)]을 이용해 고정점을 수정할 수 있습니다.

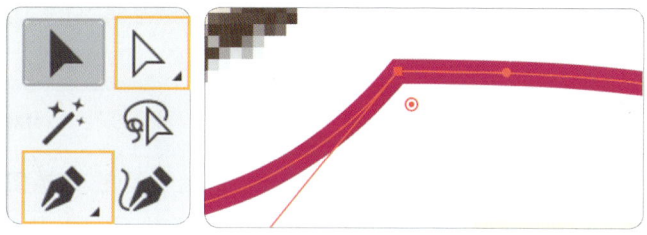

29 칼선 정리까지 완료되었다면 파일을 저장해 주세요.

일러스트레이터에서 개별 재단선 작업하기

30 완성된 파일을 바로 발주할 수 있지만, 판에 직접 배치해야 하는 경우도 있습니다. 직접 배치하는 것은 번거롭지만, 소량으로 원하는 만큼 제작할 수 있다는 장점이 있습니다.

31 '출력이' 업체의 경우 카카오톡 친구 추가를 통해 가이드 파일을 받을 수 있습니다. 가이드 파일을 다운로드하고, 파일을 열어 주세요.

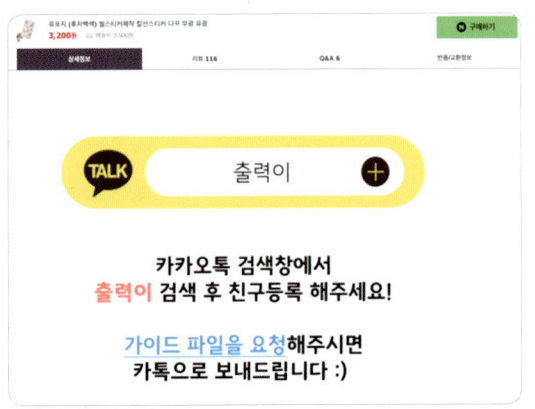
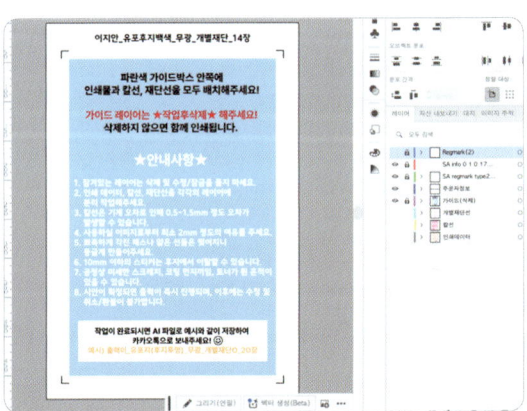

32 가이드 레이어 위에 개별 재단선 먼저 만들어 줍니다. [사각형 도형 툴]을 선택한 후 '화면을 두 번 클릭'하면 정확한 사이즈를 입력할 수 있는 창이 나옵니다. 우리가 제작할 스티커 사이즈를 입력하고 [확인] 버튼을 눌러 주세요.

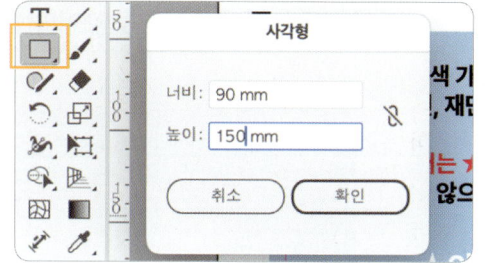

33 사각형 도형은 칠은 '투명', 획은 'M(마젠타) 100%', 두께 '0.5pt'로 설정합니다. 개별 재단용 사각형을 ⌘/Ctrl C+⌘/Ctrl V(복사와 붙여넣기)를 통해 배치합니다.

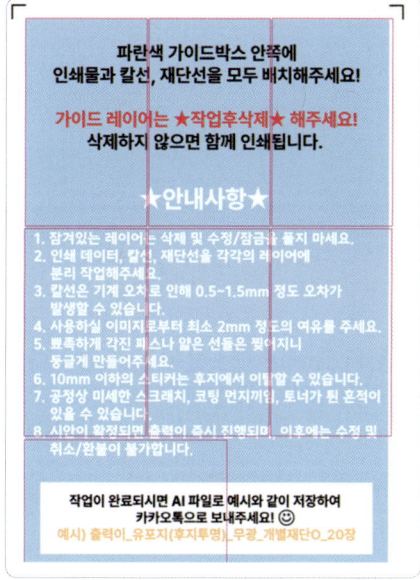
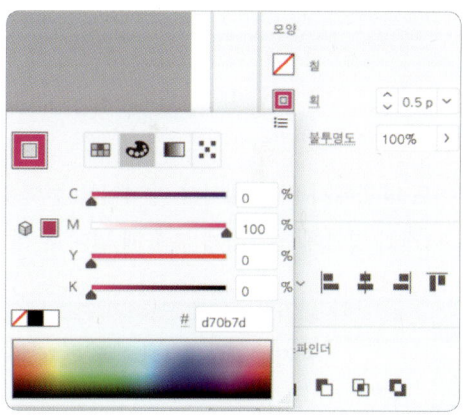

34 개별 재단선 배치가 완료되었다면, 가이드 레이어를 꺼주고 '개별재단선 레이어 잠금'을 클릭합니다.

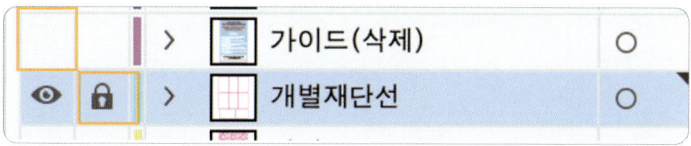

35 작업해 둔 스티커 파일을 두 레이어(칼선, 배경)를 드래그하여 복사합니다.

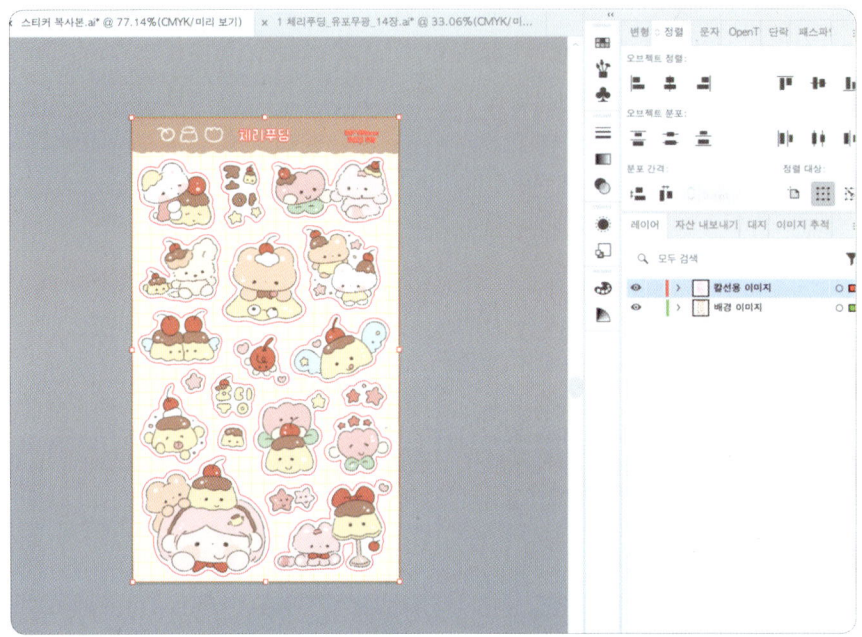

36 가이드 파일에서 인쇄 데이터 레이어를 선택한 후, 복사한 레이어를 붙여 넣어 줍니다. 개별 재단 선이 있는 14개의 영역에 동일하게 복사해 넣어 주세요.

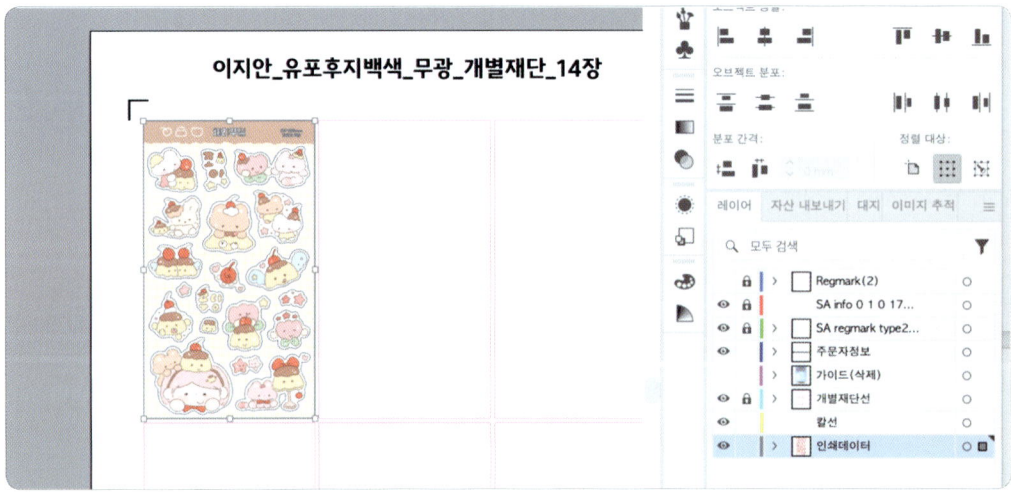

37 인쇄 데이터 레이어에 포함된 칼선 레이어(소그룹)을 가이드 파일의 칼선 레이어(대그룹)으로 옮깁니다. 레이어를 선택 후 '드래그 앤 드롭'하면 옮길 수 있습니다.

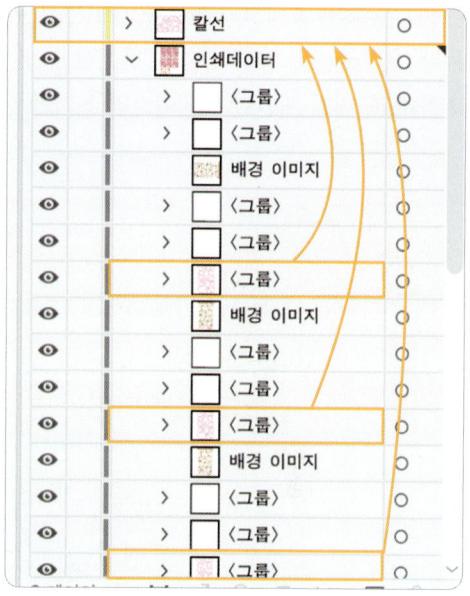

38 마지막으로 개별 재단선, 칼선, 인쇄 데이터가 모두 정확하게 배치되어 있는지 꼼꼼하게 확인한 후, 상단에 주문할 세부 내역을 적고, 파일을 저장해 주세요.

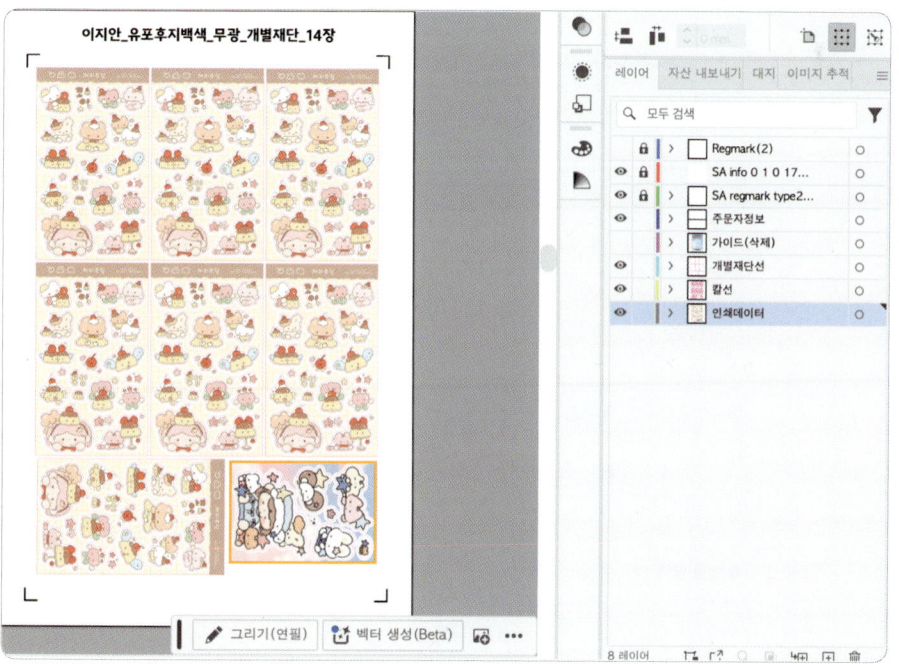

 남은 공간이 있다면, 증정용이나 포장용, 혹은 다른 스티커를 배치하여 자투리 공간을 활용할 수 있습니다.

39 출력이 홈페이지에서 유포지(후지 백색) 스티커를 선택한 후, 용지 종류, 수량, 코팅을 설정합니다. 이때 '한 장'이란 스티커 7개를 배치한 큰 판 하나를 의미합니다. 만약 개별 재단을 했다면 '사각 재단'을 추가하고, 직접 재단할 계획이라면 용지만 선택하여 발주하면 됩니다!

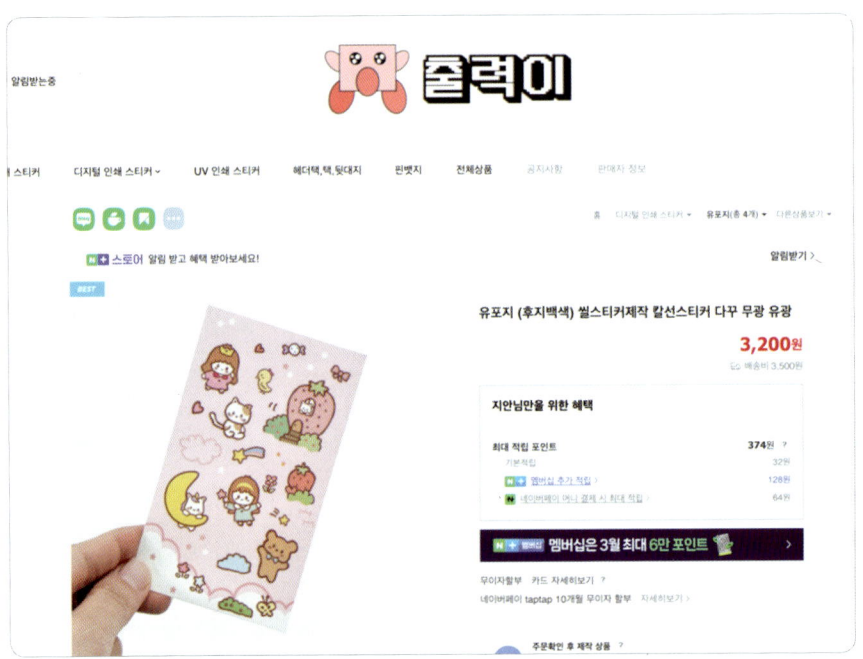

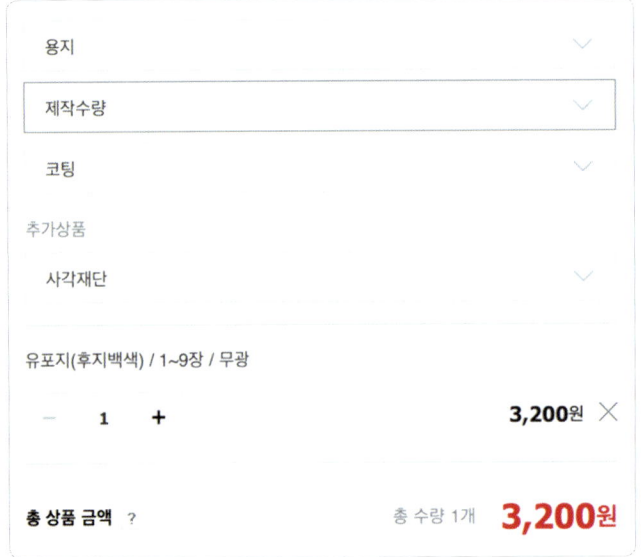

03 LEVEL
아크릴 키링 만들어 보기

이번엔 지류가 아닌 굿즈를 제작해 볼 시간입니다! 아크릴 키링은 투명한 아크릴 소재에 인쇄를 넣어 제작하는 키링입니다! 가볍고 휴대하기 쉬워 가방, 파우치 등 다양한 곳에 포인트로 달 수 있어 꾸준한 수요가 있는 제품입니다. 보통 투명 아크릴 위에 단면으로 인쇄하거나, 양면으로 인쇄하는 방식이 많이 사용되며, 인쇄 앞뒤로 아크릴을 덮는 방식, 글리터, 불투명 재질 등 다양한 공정 옵션들이 확대되고 있습니다.

Stage 04 _ 나만의 굿즈 만들고 발주하기!

아크릴 키링 제작할 때 체크할 부분!

첫 번째, 사이즈에 대한 이해

제작을 기획하고 주문할 때 명시하는 규격은 디자인 크기가 아니라, 키공 타공(구멍)과 외곽 여백이 포함된 칼선 기준의 사이즈를 말합니다. 따라서 주문 사이즈를 정했다면 가로는 4mm 이내 여백을, 세로는 타공이 들어가야 하므로 4+4.5mm, 약 9mm의 간격을 고려해 디자인 작업에 들어가야 합니다. 반드시 발주 사이즈와 실제 디자인 가능 범위를 확인 후 작업에 들어가 주세요!

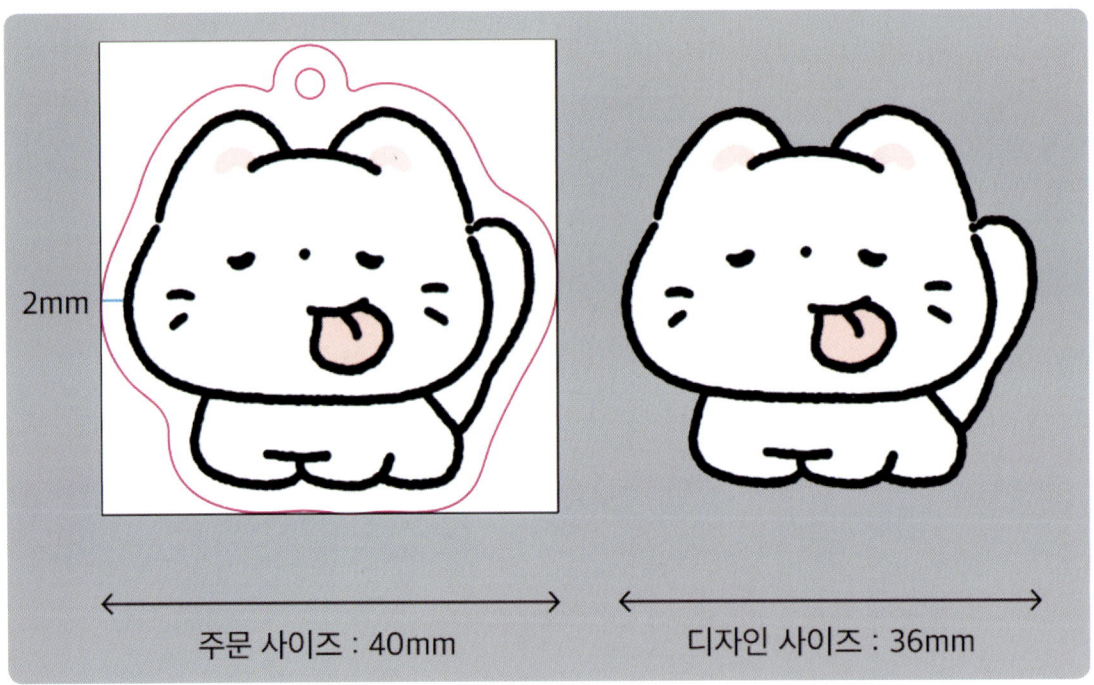

두 번째, 다양한 재질

아크릴 키링에 사용되는 아크릴은 투명, 불투명, 글리터 등 다양한 종류가 있습니다. 기획한 디자인에 따라 어떤 재질이 적합할지 고민해 보고 발주하는 것이 좋습니다. 혹은 재질 자체를 디자인 요소로 살려 칼선과 타공만 넣어 발주하는 방법도 있습니다. 재질에 대한 설명은 업체마다 자세히 설명하고 있습니다. 아크릴 키링은 단가가 높은 편이기 때문에 처음 제작하는 재질이라면 반드시 샘플을 제작한 후에 제작에 들어가는 것을 추천드려요.

세 번째, 키링 부자재 준비하기

아크릴 키링은 타공에 부자재를 연결해야 비로소 키링으로 완성됩니다. 따라서 단가와 디자인을 함께 고려해 부자재까지 준비해야 합니다. 키링 부자재는 인터넷에 '군번줄', 'D링' 등 키링 부자재를 검색하거나, 동대문 종합시장에서 오프라인으로 소량 구매도 가능합니다. 제작 업체에서 추가로 판매하는 경우도 있습니다.

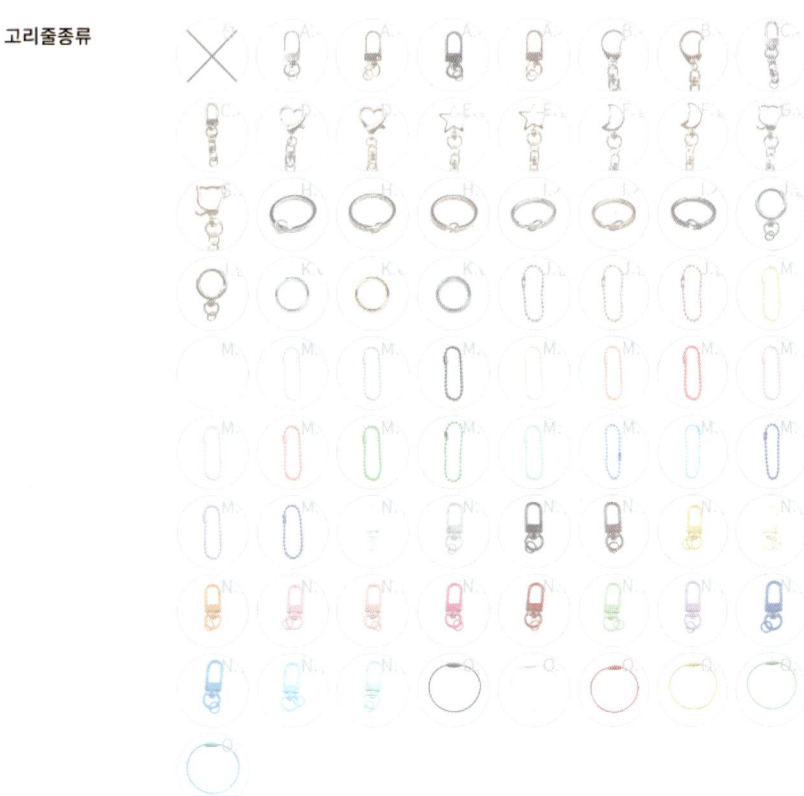

올댓프린팅에서 추가 부자재 예시

네 번째, 인쇄 방식의 차이

기본적으로 키링은 아크릴의 한쪽 면에 인쇄되지만, 양쪽 면에 인쇄되거나, 양쪽 면에 다른 그림이 인쇄되는 방식도 가능합니다. 인쇄 방법에 따라 단가가 달라지지만, 나만의 개성을 나타낼 수도 있기 때문에 고려해서 선택해 주세요.

1) 디자인과 칼선 제작을 마친 뒤, 발주 사이즈를 정하는 방법: 자유로운 디자인이 가능합니다.

2) 발주 사이즈를 정하고, 규격 내에서 디자인하는 방법: 단가를 계획한 뒤 작업에 들어갈 수 있습니다.

판매가 목적이라면 2번 방법으로 단가를 먼저 계산한 후 작업에 들어가는 방법을 추천드립니다!

아크릴 키링을 제작해 볼까요?

프로크리에이트에서 키링 디자인하기

01 먼저 발주할 규격을 정한 후 아크릴 외곽 여백과 키링의 타공 사이즈를 고려해 디자인 사이즈를 설정해 주세요. 이 사이즈에 맞춰 프로크리에이트에서 새 캔버스를 만들어 주세요. 언제나 CMYK 설정은 필수입니다!

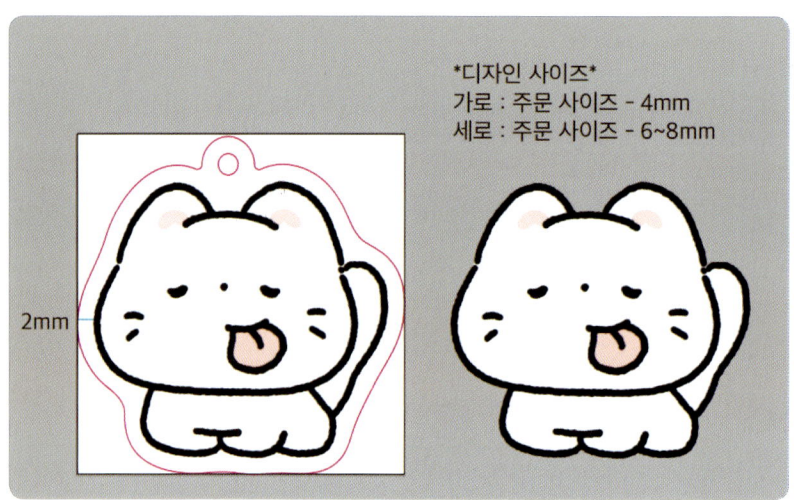

02 레이어에 스케치를 해준 후, 디자인을 시작합니다. 아크릴 키링은 스티커 제품에 비해 단순한 디자인이 적합합니다. 스티커를 제작할 때 작업한 이미지를 활용하는 것도 좋습니다.

03   디자인이 완성되었다면 레이어를 하나로 합친 뒤, 일러스트레이터에서 칼선 작업을 위하여 복제한 뒤, 남은 레이어는 마법봉툴을 이용해 밝기를 최대로 낮추고 검은색 레이어로 만들어 줍니다.

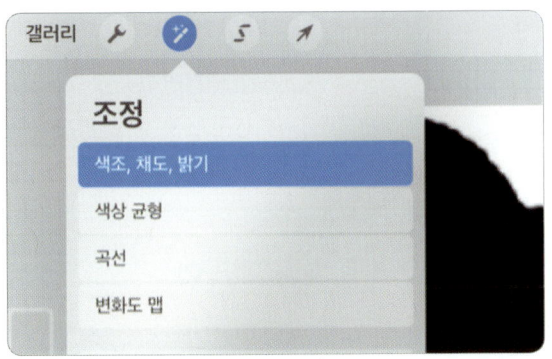 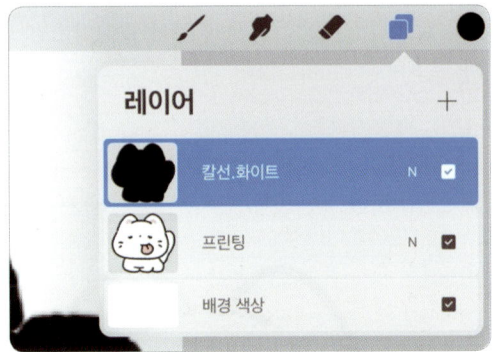

04   프린팅 레이어와 블랙 처리된 레이어, 두 가지가 모두 준비되었다면 PSD 파일로 저장해 컴퓨터로 가져옵니다.

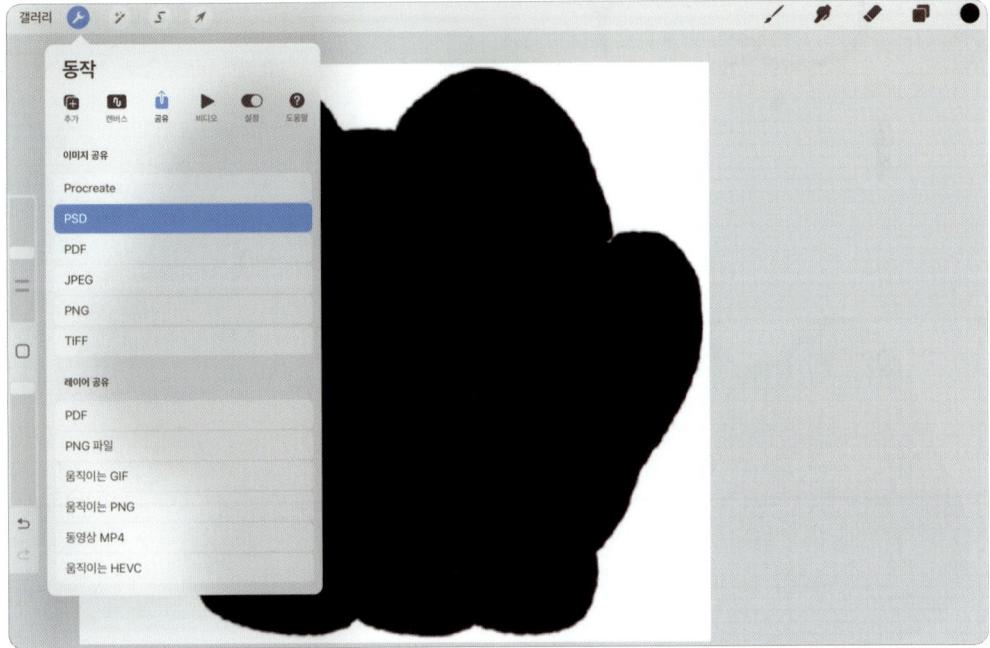

포토샵에서 색감 보정하기

05 엽서와 칼선 스티커에서 했던 것과 마찬가지로 포토샵을 통하여 색감을 보정한 뒤, '.ai'로 확장자를 바꿔 일러스트레이터에서 열어 줍니다.

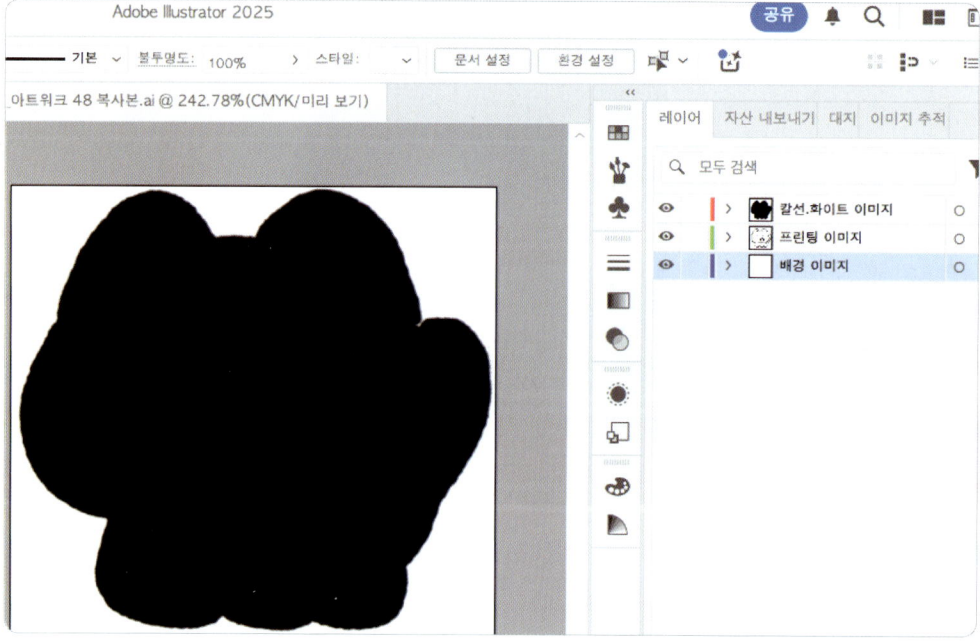

일러스트레이터에서 칼선과 화이트 레이어 제작

Q 화이트 레이어가 무엇인가요?

A 화이트 레이어란 투명하거나 반투명한 재질 위에 컬러를 인쇄할 때, 색상이 더 선명하게 보이도록 흰색 인쇄층을 먼저 입히는 작업입니다. 화이트 레이어가 없다면 색이 흐리게 보이거나, 배경색과 섞이는 문제가 발생할 수 있습니다. 아크릴 키링, 투명 스티커, 투명 부채, 클리어 파일 등 투명 베이스의 제품 제작 시, 완성도를 높이기 위해 화이트 레이어의 적용 범위와 방식까지 고려하는 것이 중요합니다.

06 일러스트레이터에서 발주 사이즈를 적용한 새로운 파일을 만들어 주세요.

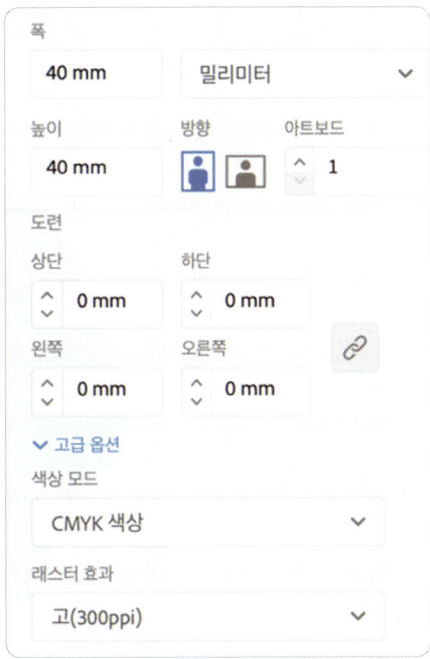

Stage 04 _ 나만의 굿즈 만들고 발주하기! **157**

07 포토샵에서 색감 보정한 파일을 일러스트레이터에서 열어 주세요. 레이어가 두 개인 새 창이 열렸다면, 이동 도구 툴(단축키 Ⅴ)로 드래그하여 두 레이어를 복사한 뒤 발주할 파일 대지에 ⌘/Ctrl + Ⅴ로 붙여넣기 합니다.

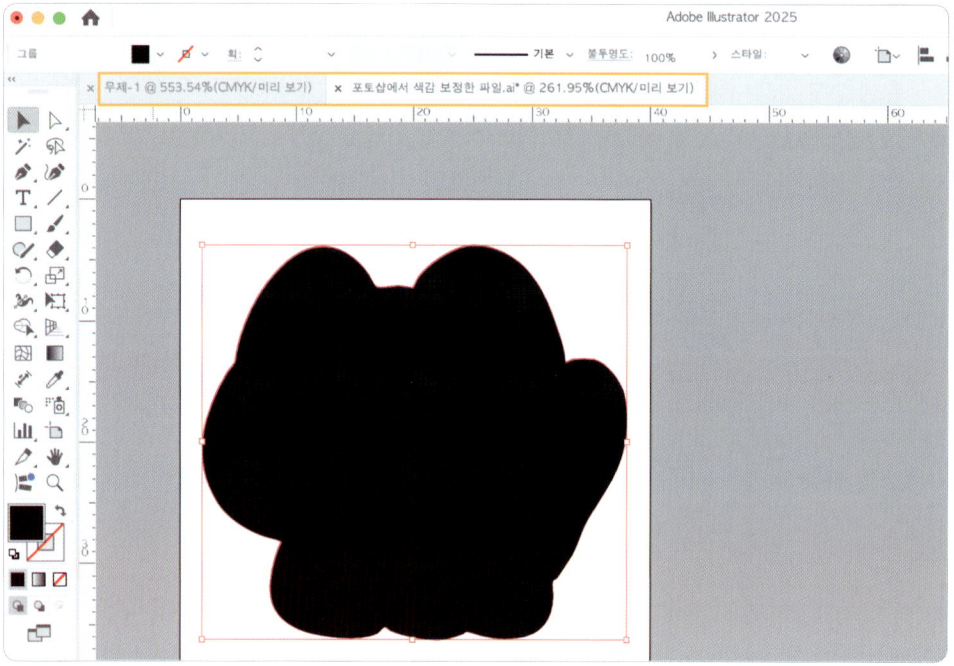

08 옮긴 이미지를 정중앙에 배치하기 위해 오브젝트 정렬에서 다음의 아이콘 두 개를 클릭합니다. 정렬 창은 Shift + F7로 활성화할 수 있습니다.

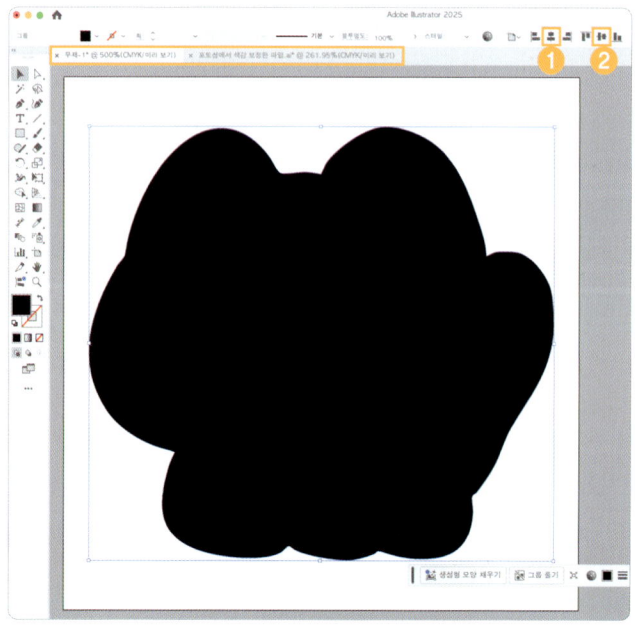

09 레이어를 하나 추가한 후, 칼선 레이어를 클릭해 드래그하여 새 레이어에 넣어 줍니다.

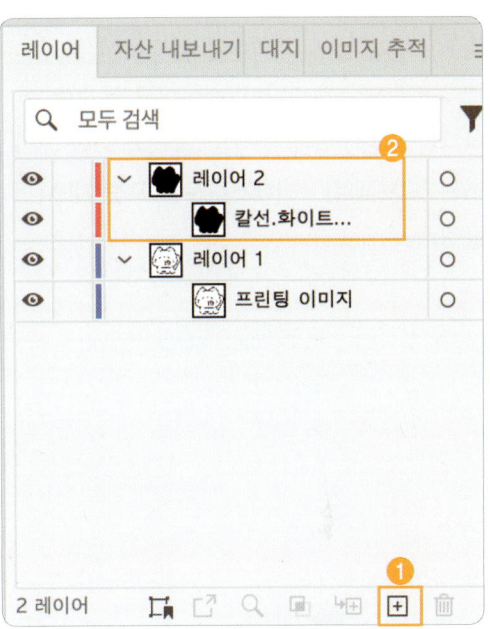

10 칼선 스티커를 만들 때와 마찬가지로 (**[윤곽]** → **[확장]**) 블랙 레이어를 이미지 추적하겠습니다. 단축키 Ⓐ를 눌러 다음의 이미지처럼 고정점이 보인다면, 추적이 완료된 상태입니다.

블랙 레이어는 화이트 레이어와 칼선, 두 가지 용도로 활용됩니다.

11 먼저 블랙 레이어를 활용하여 화이트 레이어를 만들겠습니다. 레이어를 복제한 후, 하나는 비활성화해 주세요. 활성화 중인 레이어는 [오브젝트] → [패스] → [오프셋 패스]를 클릭해 주세요.

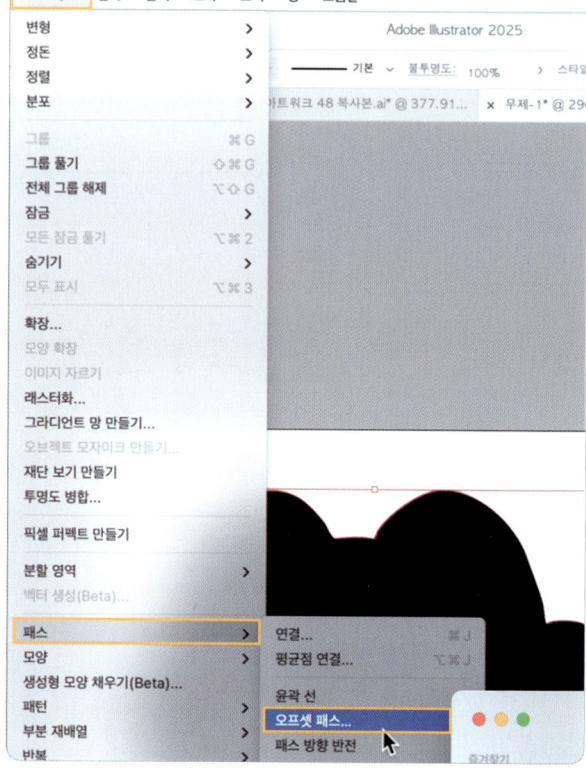

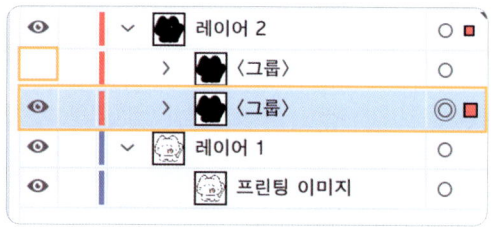

12 화이트 레이어는 인쇄 밀림이 생겼을 때, 바깥으로 튀어나오지 않도록, 프린팅될 부위보다 조금 작게 만들어야 합니다. 패스 이동 값은 '-0.3mm', 연결은 '둥글게'를 설정 후 [확인] 버튼을 누르면 수치만큼 패스의 크기가 줄어듭니다.

13 기존 사이즈에서 0.3mm 작아진 새 패스가 생겼습니다. 바깥의 패스를 더블클릭하여 선택한 후 Delete로 삭제하면, 기존의 패스는 삭제되고 0.3mm만큼 작아진 패스만 남게 됩니다.

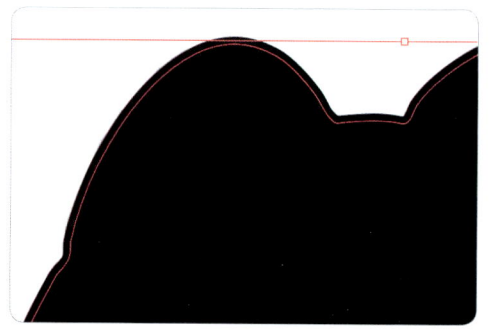

14 패스의 색상을 K 100 → K 0, C 100 → C 0로 변경하면, 화이트 레이어가 완성되었습니다!

15 화이트 레이어가 완성되었으면, 화이트 레이어를 비활성하고 다른 블랙 레이어를 다시 활성화합니다. 화이트 레이어와 동일한 방식으로 오프셋 패스 기능을 통해 칼선을 만들겠습니다. 오프셋 패스 이동은 '+2mm', 연결은 '둥글게'로 설정 후 [확인] 버튼을 눌러줍니다. 이후 내부에 있는 레이어를 삭제해 주세요.
*제작 업체에 따라 외곽 여백은 꼭 2mm가 아닐 수도 있습니다.

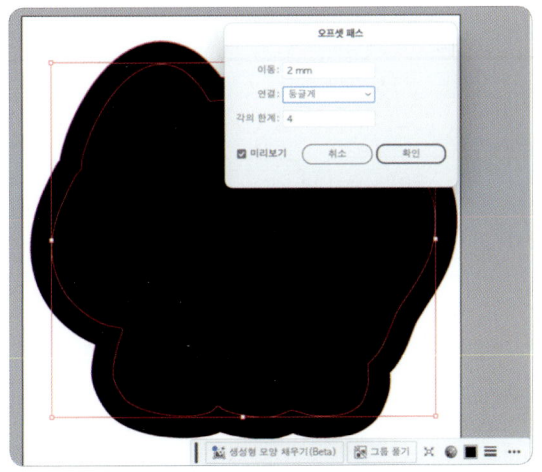 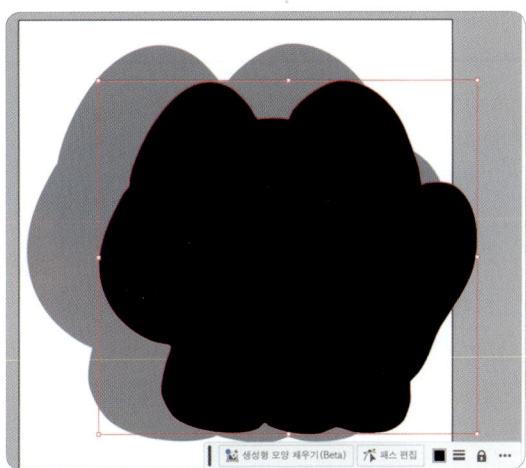

16 블랙 레이어의 칠은 'off', 획은 'M 100'으로 설정하면 칼선이 완성됩니다.

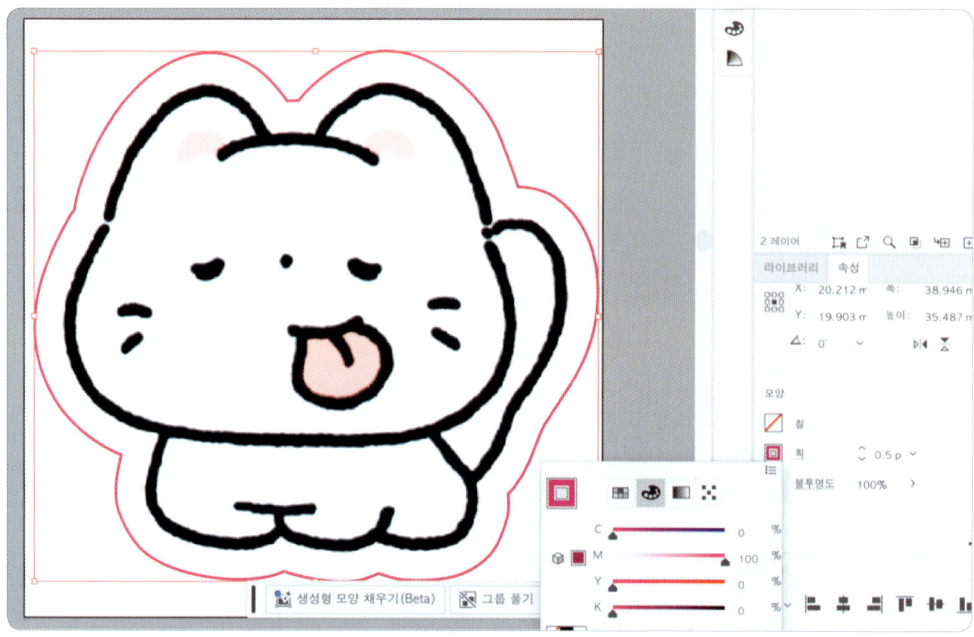

17 이어서 키링의 타공을 만들어 보겠습니다! 도형 툴에서 '원형 도구(L)'를 선택한 뒤 빈 공간에 '더블 클릭'을 하면 사이즈를 설정해 원형을 만들 수 있습니다. 올댓프린팅에서는 군번줄 사용 시 키링 구멍 2.5mm 이상을 요구하기 때문에 너비/높이 2.5mm 사이즈의 원형을 만들겠습니다.
키링 타공 사이즈는 발주 업체에서 확인 후 제작해 주세요!

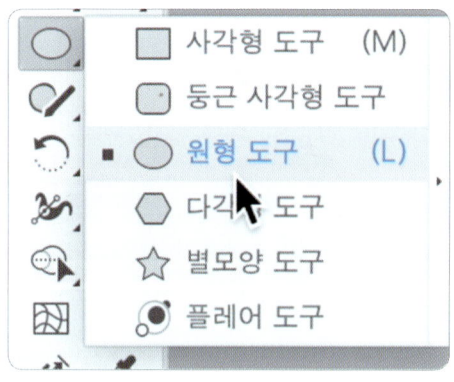 

18 마찬가지로 타공에 여유 공간을 만들기 위하여 2.5mm 원형에 외각 여분 2mm*2를 더해 6.5mm 의 원형을 하나 더 만들어 줍니다.

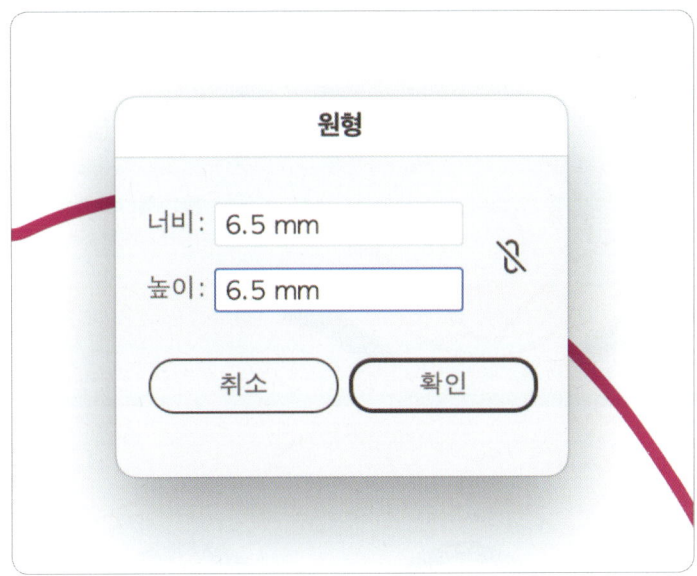

19 두 개의 원형을 [정렬 도구]를 사용해 겹쳐 준 다음, 키링 타공이 들어갈 위치에 배치해 주세요.

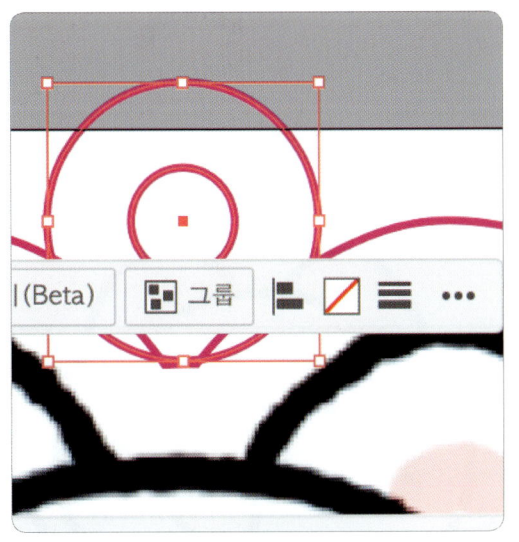 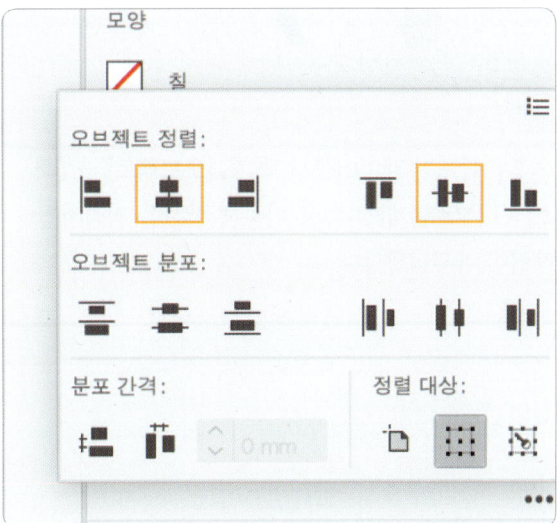

20 칼선 레이어와 키링 타공 레이어를 Shift 로 동시에 선택한 후, **[패스파인더] → [합치기]** 기능으로 하나의 패스로 만들어 주세요.

*패스파인더가 보이지 않는다면 상단 메뉴의 창에서 찾아 선택해 주세요.

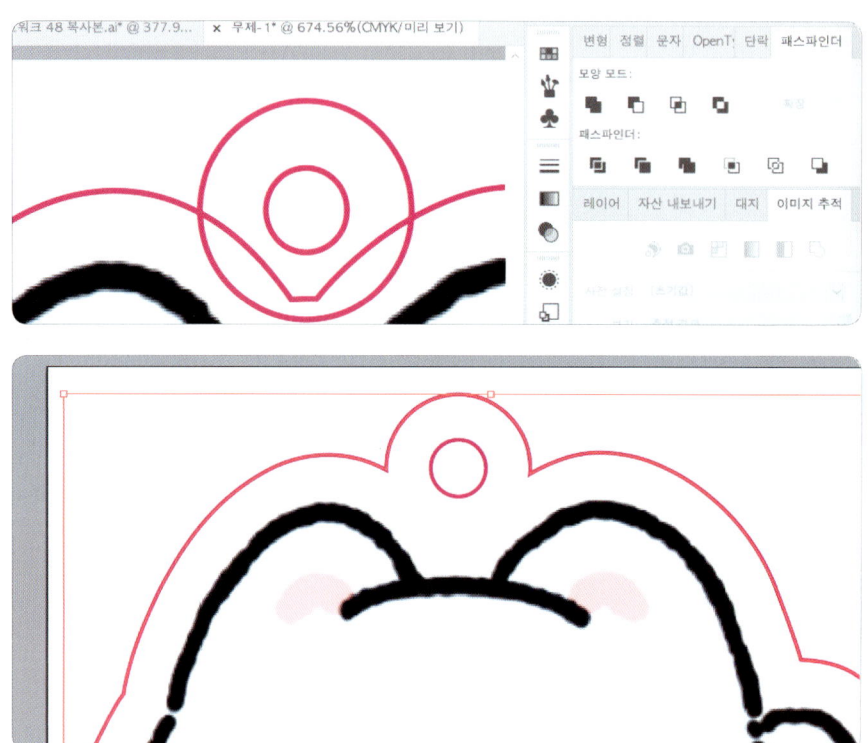

21 합쳐진 레이어를 선택 후, **[오브젝트] → [패스] → [부드럽게]** 기능을 이용해 칼선을 정리하면 작업이 마무리됩니다.

인터넷을 통해 발주 넣기

22 발주 파일을 저장하기 전에 '칼선', '화이트 레이어', '프린팅' 3가지의 레이어로 나누어 정리합니다.

23 발주 업체에서 요구한 확장자로 파일을 저장합니다. 원하는 업체에서 제작 사이즈와 주문 수량을 선택해 주세요. 인쇄 방식은 기본으로 설정합니다. 파일을 업로드하고 [주문]을 누르면 완료입니다!

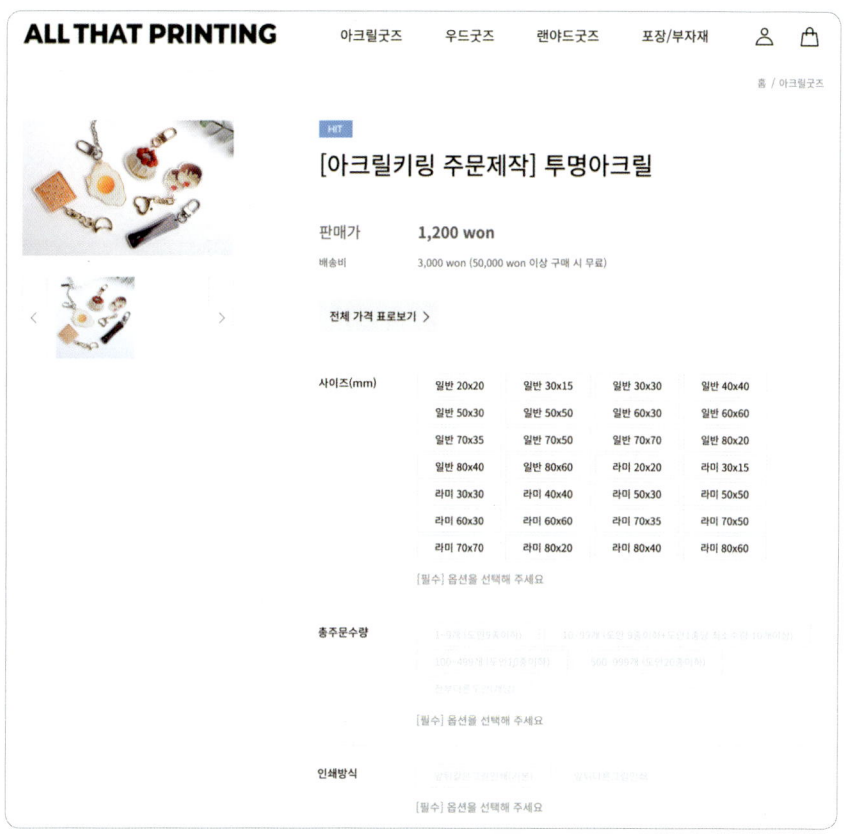

LEVEL 04 마스킹 테이프 만들어 보기

마스킹 테이프는 붙였다가 떼어도 자국이 적게 남는 종이 재질의 디자인 테이프입니다. 주로 화지를 사용하며, 종이 특유의 서정적인 감성을 담고 있는 것이 특징입니다. 최근에는 우표형, 키스컷(스티커처럼 칼선이 들어간 형태)등 다양하게 확장되고 있으며, 카페나 베이커리의 패키지용으로도 많이 사용되고 있습니다.

우리는 가장 기본적인 15mm 두께의 마스킹 테이프를 만들어 볼 겁니다!

마스킹 테이프 제작 시 주의할 점

첫 번째, 마스킹 테이프는 반복 패턴 작업

마스킹 테이프는 일정 구간의 패턴이 반복되는 형태로 제작됩니다. 패턴의 앞과 뒤, 패턴이 만나는 구간이 자연스럽게 연결되도록 디자인하는 것이 매우 중요합니다.

두 번째, 마스킹 테이프의 예쁜 색감을 위해

화지처럼 얇은 종이로 마스킹 테이프를 만들 경우 연한 색이 발색되기 어려운 경우가 있습니다. 따라서 CMYK 중 4개 색상 값 중 2개 값의 합이 15 이상, 전체 값의 합이 250 이하가 되어야 색상이 예쁘게 나오는 경우가 많습니다. 또한 너무 연한 색보다는 채도가 높은 색을 사용하는 것이 좋습니다.

Ex.) C10 M5 Y0 K0 = 2개 값의 합이 15 이상

C50 M70 Y70 K0 = 4개 색상 값이 합이 250 이하

세 번째, 마스킹 테이프의 다양한 제작 방식

마스킹 테이프는 디자인에 따라 재단 방식이 달라집니다. 디자인 파일을 제출하면 업체에서 적합한 재단 방식을 제안해 주지만, 내가 만든 디자인에 어울리는 방식들을 이해하고 있으면 제작 퀄리티가 높아지기 때문에 미리 숙지하는 것이 좋습니다.

① 원터치 정방향

배경이 없거나, 단색 배경처럼 단순한 디자인에 적합한 기본 재단 방식입니다. 위아래로 1.5mm의 공간이 잘려도 무방한 여유분을 확보해야 합니다. 마스킹 테이프를 뜯었을 때 정방향으로 보이는 방식으로, 텍스트가 포함된 디자인에 주로 사용됩니다.

② 원터치 역방향

상하 반전된 디자인이 자연스럽게 이어지는 경우 사용되는 방식입니다. 앞면과 뒷면이 역방향으로 인쇄됩니다. 텍스트가 있다면 이 방식은 피하는 것이 좋습니다.

③ **투터치**

정방향으로 제작되지만, 디자인 하나에 상하 두개의 재단선이 들어가는 방식입니다. 프린팅 제작판이 만들어지고, 재단 밀림이 발생해도 다른 마스킹 테이프에 영향을 주지 않습니다. 여유분은 2.5mm 이상이 필요하며, 여유분이 넓어짐에 따라 제작 단가가 높아질 수 있습니다.

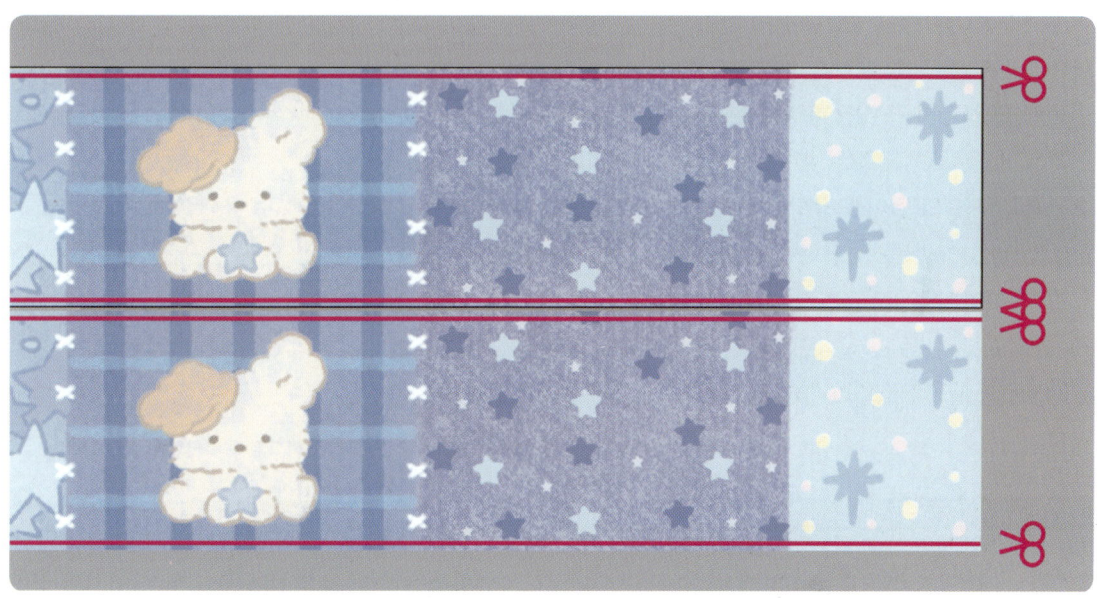

마스킹 테이프 프린팅 제작 판 예시

마스킹 테이프를 만들어 봅시다!

프로크리에이트에서 디자인하기

01 프로크리에이트에서 캔버스를 만들어 줍니다. 마스킹 테이프 세로(높이)는 여유분을 포함하여 제작하려는 두께 사이즈로 설정하고, 가로(너비)는 업체에서 요구하는 패턴의 길이를 작성해 주세요.
Ex) 350mm 패턴을 사용하는 업체에서 복잡한 디자인의 15mm*7000mm 마스킹 테이프를 만들고 싶다면 세로(높이) 20(15+5)mm, 가로(너비) 350mm로 작성하면 됩니다.

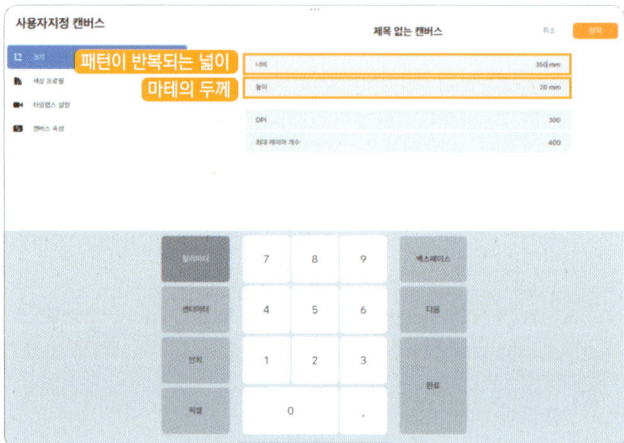

02 가장 먼저 마스킹 테이프가 이어지는 부분을 디자인하겠습니다. 좌우 대칭이 되는 이미지의 절반을 스케치한 뒤, 해당 레이어를 3개로 복제합니다.

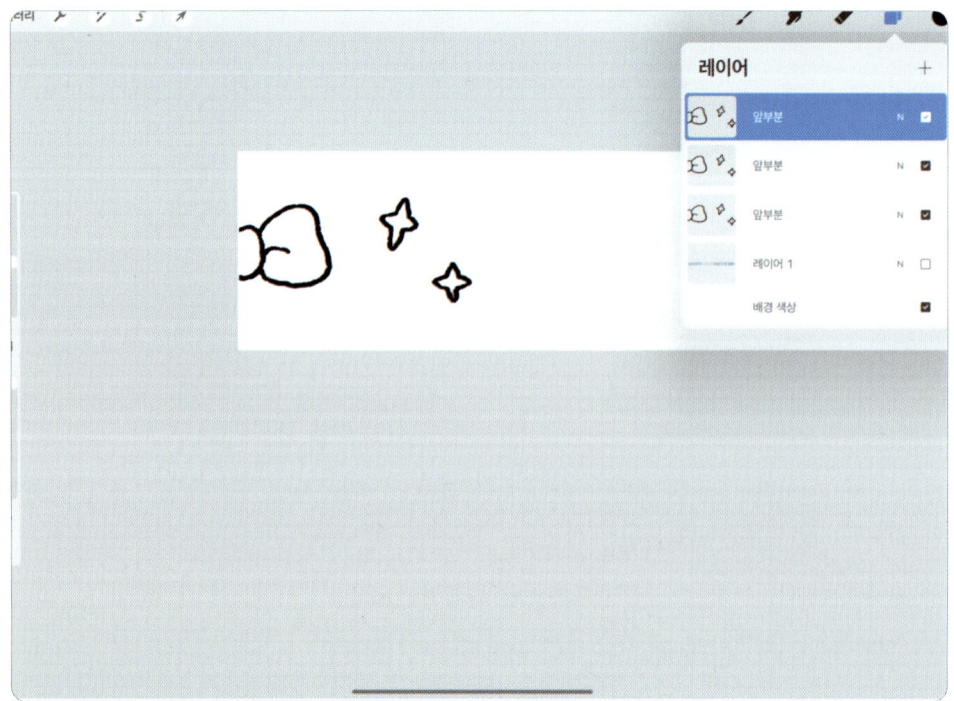

03 복제된 두 번째 레이어를 선택 후 [화살표 툴] → [수평 뒤집기]를 적용합니다.

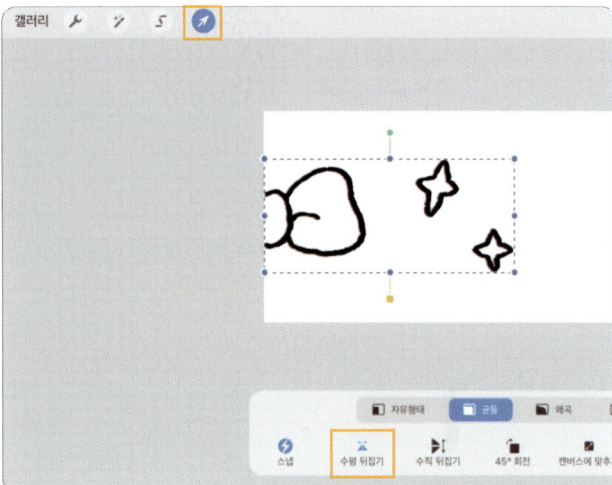

04 복제한 첫 번째 레이어를 선택한 후, [화살표 툴]의 스냅 기능을 켠 상태로, 오른쪽으로 드래그하여 두 이미지가 자연스럽게 이어지는지 확인합니다. 만약 부자연스럽다면 수정합니다.

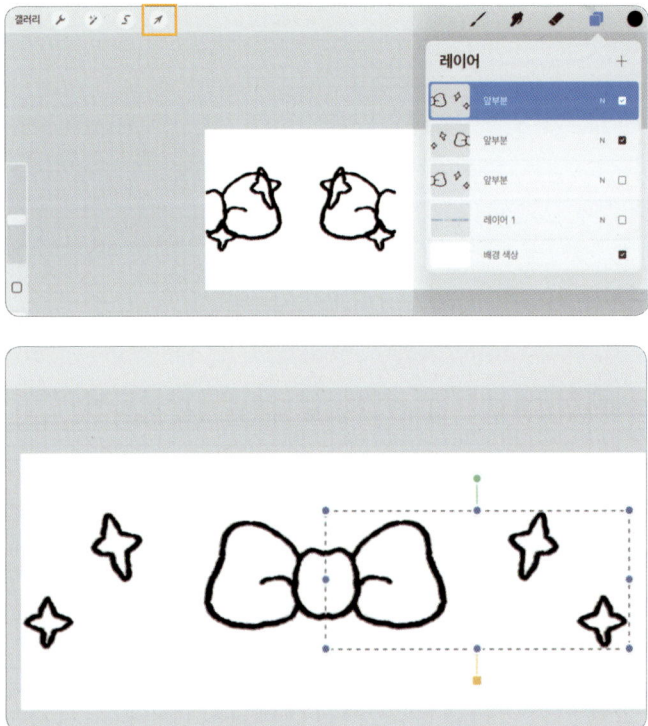

Stage 04 _ 나만의 굿즈 만들고 발주하기!

05 연결이 자연스럽다면 [화살표 툴] 스냅을 유지하며 패턴의 맨 끝까지 옮겨 줍니다.

06 반복되는 패턴의 연결이 완성되었으면 전체 스케치와 디자인을 완성해 주세요.

07 완성된 디자인 파일은 [공유] → [PSD 파일]로 컴퓨터에 옮겨 주세요.

포토샵에서 색감 보정하기

08 다른 굿즈와 마찬가지로 포토샵에서 파일을 열어 주세요. [Ctrl]/⌘+[U]로 채도를 조금 높인 뒤 색감이 보정되었다면 다시 저장합니다.

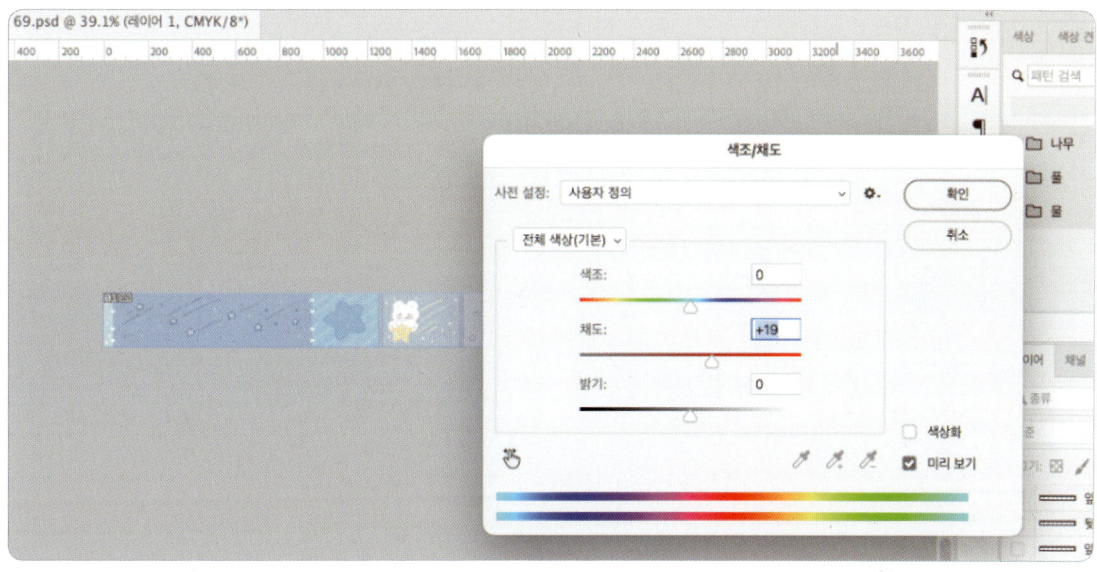

일러스트레이터에서 최종 디자인 확인

09 색감 보정이 끝난 포토샵 파일은 복제한 후 '.ai'로 확장자를 변경한 뒤 일러스트레이터에서 [파일 열기]→[오브젝트로 변환]으로 파일을 열어 줍니다.

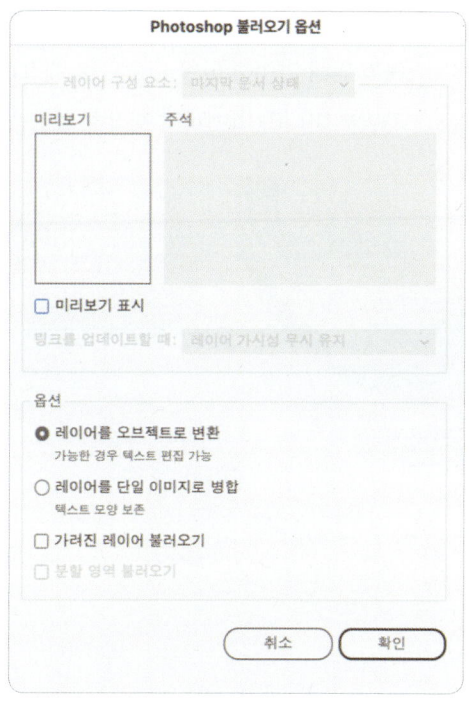

10   일러스트레이터에서 최종으로 디자인 확인 후, 업체에서 요구한 확장자로 저장합니다.

*키스컷 마스킹 테이프의 경우 스티커 칼선 제작 방법과 동일하게 진행하면 됩니다.

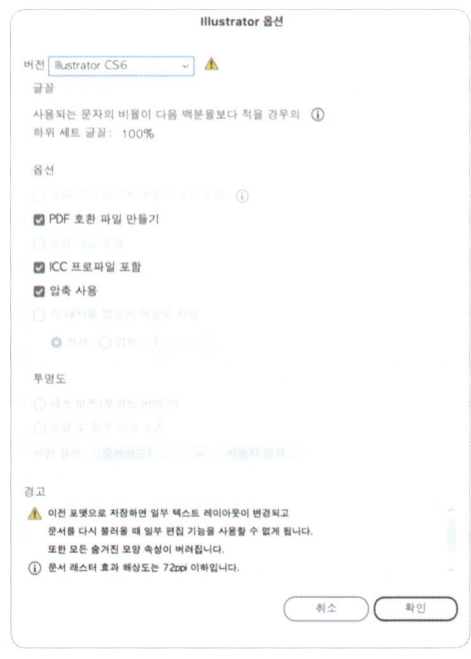

일러스트레이터에서 라벨 만들기

Q 라벨이 뭐예요?

A 마스킹 테이프 위에 부착되는 원형 스티커입니다. 보통 마스킹 테이프의 패턴을 보여주거나, 바코드, 제품명을 넣는 용도로 사용됩니다. 라벨은 마스킹 테이프의 완성도를 더 높여 줍니다. 단가를 절감하기 위해 양면이 아닌 단면으로 제작하는 경우도 있습니다. 이번 Level에서는 마스킹 테이프의 디자인뿐 아니라 라벨까지 제작해 보겠습니다.

모조지 / 30mm*5m

11   업체에서 요구한 사이즈의 일러스트레이터에서 새 파일을 만들어 주세요. 굿즈 제작이 익숙한 분이라면 프로크리에이트에서 작업해도 무방합니다. [도형 만들기] → [원형] 도구를 선택한 뒤 대지 위를 더블 클릭하여 원하는 사이즈의 원형을 만든 후, '칠 off', '획 M 100'으로 설정하고 '레이어 잠그기(자물쇠 모양)'를 클릭합니다.

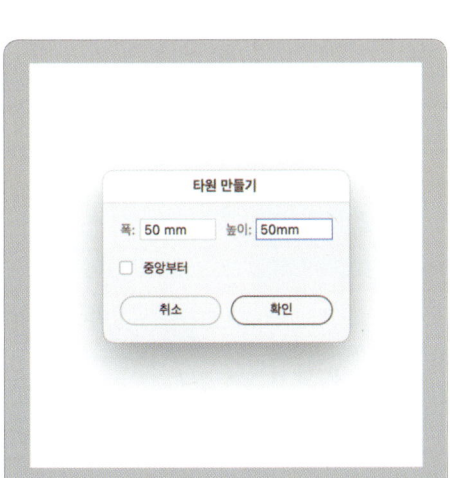

12   타원 레이어를 가이드로 사용할 예정이므로, 그 아래에 새 레이어를 만들어 주세요. 그리고 10번 단계에서 완성된 마스킹 테이프 디자인을 불러와 패턴이 잘 보이도록 배치해 주세요.

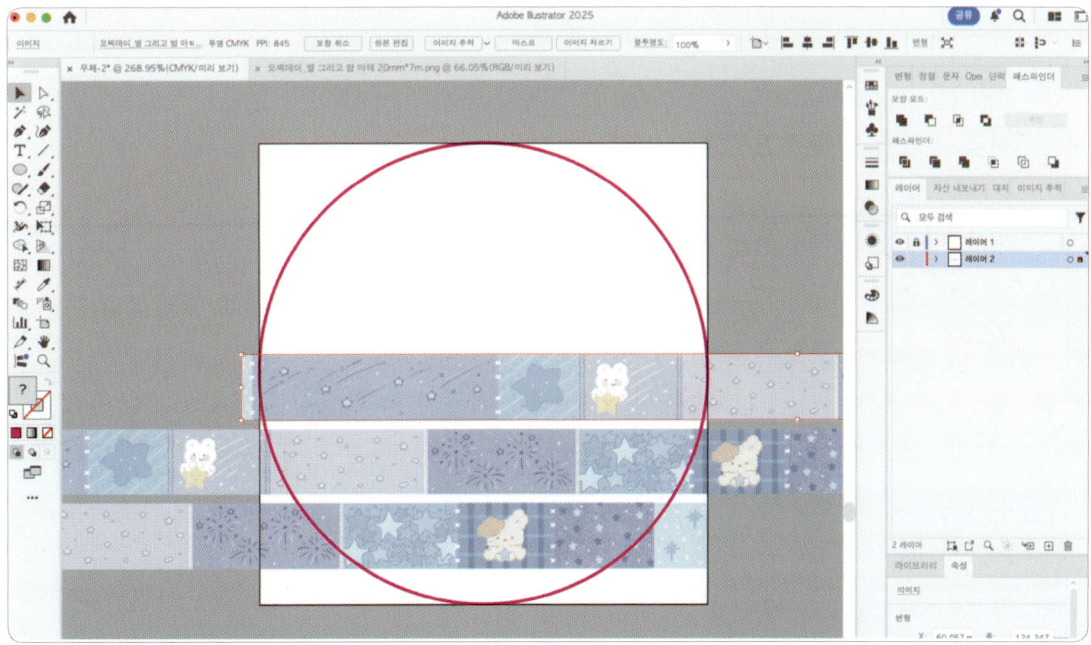

13 라벨 이미지는 상단의 [이미지 자르기] 기능으로 대지 크기에 맞춰 잘라 주세요. 그 후 원형 레이어의 잠금을 풀고 레이어 이름을 '칼선 레이어'로 변경합니다.

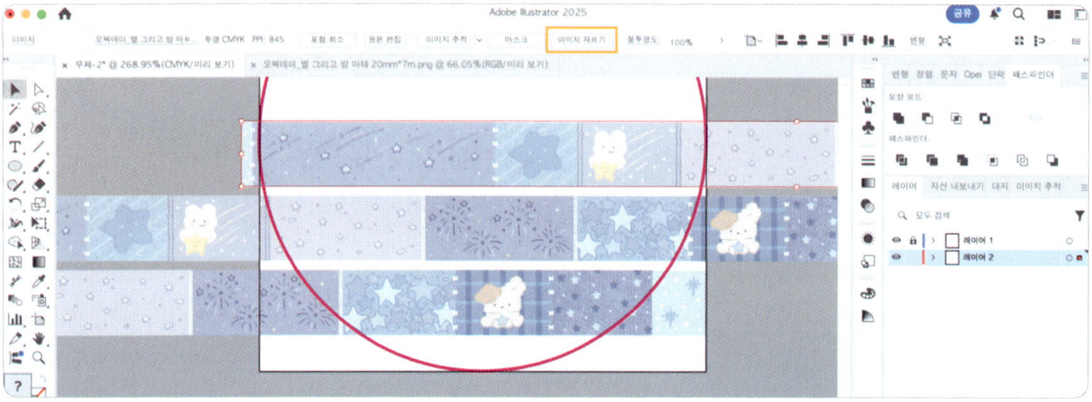

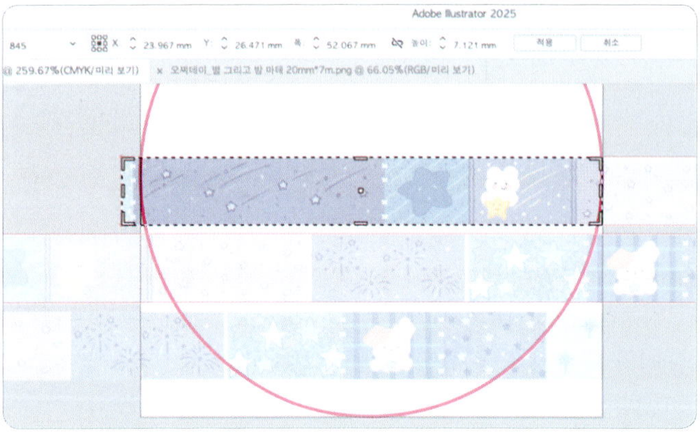

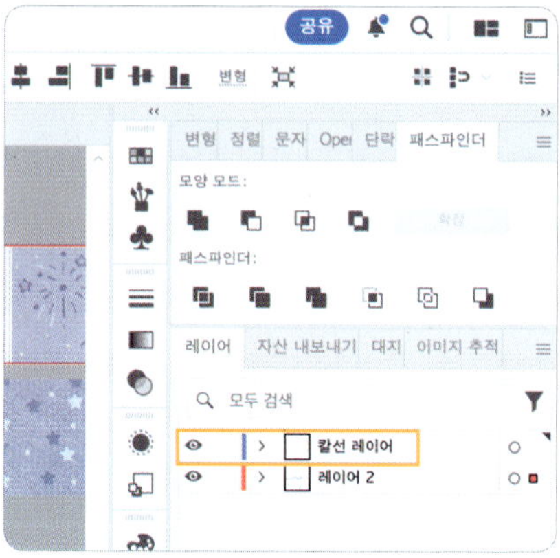

14 라벨에는 제품명이나 제품 규격, 브랜드 로고 등의 정보를 넣는 것이 좋습니다. 텍스트를 넣은 후에는 선택 후 '우클릭' → **[윤곽선 만들기]**를 클릭하여 텍스트를 윤곽선으로 변환합니다.

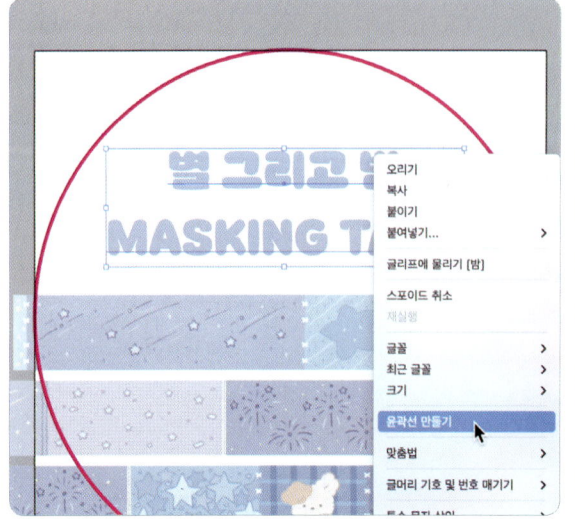

15 '.ai' 확장자로 파일을 저장하면 라벨 완성입니다!

업체에서 발주하기 - 마테스토리

16 마스킹 테이프는 업체마다 제작 방식이 다르기 때문에 구매하려는 사이즈와 단가를 업체에 문의 후 상품 결제를 진행하는 것이 좋습니다. 제작 규격을 확인하였다면 원하는 규격과 수량을 선택한 뒤, 포장 방식을 고르고 상세 페이지에 안내된 이메일 주소로 파일을 전송해 주세요. 이번엔 '마테스토리'라는 업체에서 진행하겠습니다.

포장 방법

마스킹 테이프는 슈링크 포장과 수축 포장이 있습니다. 슈링크 포장은 투명 비닐을 여러 겹 감싸는 방식이며, 수축 포장은 투명 비닐에 열을 가해 제품 모양에 딱 맞는 모양으로 포장하는 방식입니다.

굿즈 디자인 시

굿즈 디자인과 기획 단계에서는 여러 가지를 미리 고려해 보는 것이 좋습니다. 특히 3D 제품을 기획할 경우, 내 캐릭터나 디자인에서 꼭 강조하고 싶은 이미지가 무엇인지 먼저 생각해 보세요. 3D 제품은 모든 디자인 요소를 과하게 표현할 경우 단가가 올라가거나, 제품이 복잡하고 산만해 보일 수 있기 때문에, 디자인 내에서 우선순위를 정하는 것이 중요합니다.

예를 들어, 봉제류 제품처럼 2D에서 3D 제품을 만드는 경우, 어떤 요소를 중심으로 입체화할 것인지, 어떤 원단이 캐릭터와 어울릴지 업체와 충분히 상담하며 결정하는 것이 좋습니다.

가장 중요한 포인트는 바로 '내가 생각한 이 디자인이 어떤 굿즈에 가장 잘 어울릴까?', '이 디자인이 어떤 제품군으로 제작이 되었을 때 잘 팔릴 수 있을까?'를 고민하는 것입니다. 이미 만들어 놓은 일러스트나 디자인 소스를 사용한다면 어떤 제품에 접목했을 때 시너지와 판매력이 높을지 고려하는 것입니다.

예를 들어 지류 굿즈(스티커, 엽서 등)는 복잡한 디자인과도 잘 어울리지만, 입체 굿즈나 생활 굿즈는 비교적 단순한 디자인일 때 제품의 완성도가 더 높아 보이는 경우가 있습니다. 제품의 특성, 소비자층, 사용 환경 등을 함께 고려하면, 처음 제작하는 굿즈도 훨씬 높은 퀄리티로 완성할 수 있을 거예요!

🐻 인형 및 입체 굿즈 제작 파일

인형, 아트토이 등 입체 굿즈를 제작하게 될 경우에, 업체와 직접 소통하게 되는 경우가 많습니다. 업체와 직접 소통할 때, 내가 제작하려고 하는 중요한 포인트들을 잘 전달하고 서로 이해하는 것이 중요합니다.

내가 원하는 색상표를 기입하세요!

똑같은 색상이어도 화면이나 출력 환경에 따라 색상이 다르게 보일 수 있습니다. 따라서 CMYK 색상 값, 색상 번호, 팬톤컬러 등 정확한 색상 정보를 기입해 전달하는 것이 중요합니다. 입체 제품의 경우, 이 색상 값을 토대로 시중의 원단이나 페인트 중에서 가장 유사한 색을 선택합니다. 이 과정에서 미세한 차이가 생길 수 있기 때문에 업체와 대면 미팅을 통해 색상을 확인하는 것이 중요합니다. 대면 미팅이 어려운 경우에는 꼭, 샘플을 택배로 받아 직접 눈으로 확인하는 것이 좋습니다.

턴어라운드를 이미지를 꼭 준비하세요!

입체 굿즈는 한 방향의 그림만으로 제작할 수 없습니다. 따라서 캐릭터의 정면, 측면, 후면이 포함된 '턴어라운드' 이미지를 준비해 업체에 전달해야 합니다. 이때 각 방향의 비율과 스타일이 통일되도록 작업하는 것이 중요하며, 턴어라운드가 정확할수록 제작 오류를 줄일 수 있습니다.

전달 사항은 문서나 이미지에 꼼꼼히 정리하세요!

정확한 사이즈, 포인트 디테일, 업체에 하고 싶은 요청 사항은 말보다 이메일이나 의뢰 견적 이미지에 텍스트로 정리해서 함께 전달하는 것이 좋습니다.

Ex) '이 부분은 꼭 신경 써주세요.', '캐릭터에 이 부분은 꼭 디테일 잡아 주세요.'

 **턴어라운드란?**

턴어라운드란 캐릭터를 다양한 각도에서 보여주는 작업입니다. 일반적으로 정면, 측면(좌측), 후면 이미지를 포함하며, 애니메이션, 3D 입체 굿즈 제작을 위한 기초 자료로 사용됩니다.

캐릭터의 형태와 비율이 각 방향에서도 일관되도록 그려야 하며, 눈, 코, 귀, 팔, 다리 등 캐릭터의 주요 부위를 기준선으로 연결하여 작업하면 보다 정확하고 수월하게 완성할 수 있습니다. 업체 입장에서도 캐릭터를 더 입체적으로 이해하고, 완성도 높은 결과물을 제공하기 위한 중요한 기획 단계라고 볼 수 있습니다.

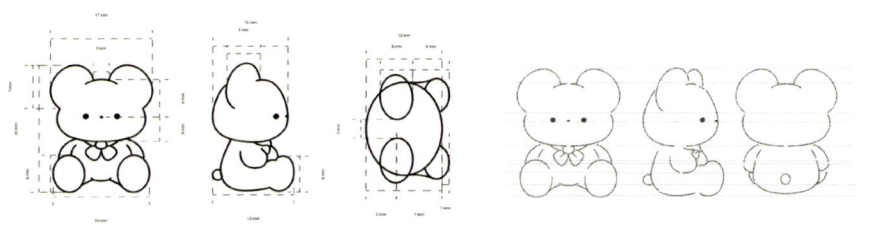

 **정확한 규격 전달해야 할 때**

굿즈 제작 시 정확한 규격을 업체에 정확하게 전달하는 것이 중요합니다. 특히 입체 굿즈처럼 사이즈가 민감한 제품은 더욱 그렇습니다. 일러스트레이터의 '치수 도구' 또는 '선 길이 표시' 기능을 사용하면, 도면이나 디자인 파일에 정확한 단위(mm, cm)를 표기할 수 있습니다. 이 기능을 활용하면 업체에서도 실제 크기와 비율을 명확히 파악할 수 있어, 사이즈 오류나 오해를 줄이고 원활한 제작 소통이 가능합니다.

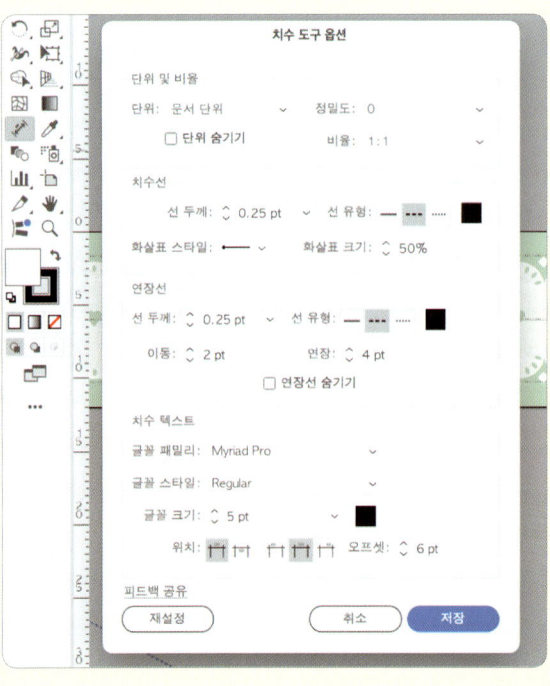

06 LEVEL 발주 시 주의할 점

디자인 작업까지 마치고 "이제 발주만 남았다!"라고 생각할 때, 사실 가장 많은 실수가 발생하곤 합니다. 완성된 것처럼 보여도 최종 퀄리티는 마지막 단계에서의 꼼꼼한 확인에서 결정되기 때문에, 전체 파일과 발주 정보를 꼼꼼하게 검토하는 것이 중요합니다. 제작 경험이 많은 사람도 실수할 수 있으며, 초보자일수록 작은 오차가 시간과 비용 낭비로 이어질 수 있기 때문에, 알고 있는 내용이라도 하나씩 체크해 나가며 발주를 마무리하는 습관을 들이는 것이 좋습니다! 이번 레벨에서는 꼭 확인해야 하는 핵심을 정리해, 처음 굿즈를 제작하는 분들도 실수 없이 마무리할 수 있도록 도와드리겠습니다!

 단가

굿즈 제작에서 단가는 가장 중요한 요소입니다. 제품의 판매가와 마진 폭은 단가에 따라 결정되며, 마진 폭이 적으면 가격 책정이 어려워져 경쟁력에 직접적인 영향을 미칩니다. 따라서 아무리 마음에 드는 기획이라도 단가가 예상보다 높다면 무리하지 않는 것이 좋습니다. 예산 내에서 제작을 진행하는 것이 안정적이며, 예산을 초과하면 무리하여 판매하더라도 마진이 거의 남지 않는 상황이 생길 수 있습니다.

저 역시 브랜드 운영 초보 시절, 아이패드 파우치 외에도 다양한 신규 제품을 꾸준히 제작하고 싶은 욕심에 예산을 초과한 상태에서 무리하게 발주를 진행하였고, 수수료가 40%에 달하는 오프라인 행사에서 가장 많이 판매되면서, 마진이 거의 남지 않아 사실상 홍보용으로 활용할 수밖에 없었던 경험이 있습니다.

처음 브랜드를 시작하며 단가와 판매가의 균형을 잡기란 쉽지 않지만, 시장 조사를 통해 경쟁력 있는 가격대에 제품을 위치시켜야 기성 제품과 경쟁력을 가질 수 있습니다. 이는 브랜드가 지속적으로 성장할 수 있는 운영 전략의 기반이 되기 때문에, 수익 구조의 균형을 항상 고려하길 바랍니다.

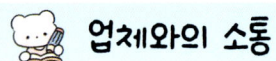 **업체와의 소통**

업체를 선택할 때 가장 중요한 요소는 바로 '소통'입니다. 아무리 조건이 좋아도 소통이 원활하지 않으면 제작 기간이 길어지거나 제품에 문제가 생겼을 때 A/S가 힘들어지는 등 여러 문제가 생길 수 있습니다.

저는 신뢰가 쌓인 몇몇 업체를 꾸준히 이용하고 있으며, 파일을 전달할 때나 소통이 필요한 경우 최대한 명확하게 대화하려고 노력하고 있습니다. 이런 관계가 쌓이면 일정이 급할 때도 제작 기간을 특별히 단축해 주시는 등 유연하게 대응할 수 있는 경우가 많습니다.

굿즈 제작을 준비하는 여러분도 함께 제작을 진행할 파트너로서의 업체를 만들면, 제작 과정의 부담은 줄어들고 나의 제품이 더 정성껏 제작된다는 느낌을 받는 등, 브랜드 운영도 훨씬 수월해질 거예요!

 발주 파일과 디자인 재확인하기

최종 발주에서 제작 업체가 파일의 기본적인 검수는 진행하지만, 디자인의 의도나 세부적인 방향까지 모두 파악하기는 어렵습니다. 또한 발주 파일 자체에 문제가 있다면 해당 제품은 A/S도 받지 못하고 전량 폐기될 수밖에 없습니다. 이는 굿즈 제작에 있어 최악의 손실이며, 스스로 파일을 재확인하는 것이 중요합니다.

예를 들어, 발주 파일 자체에는 큰 문제가 없더라도 색상, 여백, 오브젝트 위치 등의 미세한 차이가 우리가 생각한 디자인과 다를 수 있습니다. 특히 오탈자, 잘린 이미지, 누락된 레이어 등은 제작자만이 알 수 있는 부분이기 때문에, 업체에 의존하지 않고 반드시 직접 재확인하는 것이 중요합니다.

마치 글을 쓸 때 몇 번을 확인해도 마지막에 오타가 발견되듯, 발주 파일도 마지막 순간까지 신중하게 확인하는 습관이 필요합니다. 체크리스트를 만들어 보는 것도 좋습니다. 귀찮더라도 꼼꼼한 검토만이 불필요한 리스크를 줄일 수 있습니다. 결과물의 완성도는 최종 파일 점검에서 결정된다는 것을 꼭 기억해 주세요!

 제작 기간

제작 기간은 서일페 등의 오프라인 행사 일정에 맞추는 경우가 많습니다. 가장 좋은 건 모든 일정에 여유를 두고 넉넉하게 발주하는 것이지만, 실제로는 급한 일정이 생기거나 선주문이 들어와 급하게 제작해야 하는 경우가 많습니다. 이런 경우 업체와의 일정 협의가 정말로 중요합니다. 업체로서도 주문이 많은 기간엔 제작 시간이 달라지기 때문에, "언제까지 가능한가요?", "일정 괜찮으신가요?"를 꼭 여쭤 보고 제작에 들어가는 것이 좋습니다.

최소 수량

단가도 괜찮고 제작 기간도 잘 맞는 업체를 찾았다 하더라도, 최소 주문 수량이 높다면 최종 발주 금액 자체가 바뀔 수 있습니다. "적어도 1,000 단위는 주문해야지!"라고 답하는 업체도 있기 때문에, 악성 재고를 남기지 않기 위해서라도 최소 수량과 최종 금액을 확인하는 것이 좋습니다.

CMYK 색감

굿즈 제작 파트에서도 여러 번 반복했지만, CMYK 모드 설정을 확인하는 것은 모든 작업의 시작이며 기본이지만, 실수가 많은 포인트입니다. 인쇄 과정에서는 CMYK 모드가 표준이지만, 우리가 작업하는 대부분의 프로그램은 RGB 모드가 기본 설정이기 때문에 그대로 인쇄를 진행하면 색상이 화면과 다르게 나오게 됩니다.

특히 굿즈는 컬러가 브랜드나 캐릭터의 이미지를 좌우하는 만큼, 탁하거나 전혀 다른 톤으로 결과물이 나온다면 치명적일 수밖에 없습니다. 따라서 중요한 굿즈일수록 사전에 출력 테스트를 하는 것이 좋으며, 테스트가 습관화된다면 결과물도 원하는 대로 나오고 후회할 일도 줄어들 것입니다!

발주 견적서

발주 견적서를 받을 때 꼼꼼하게 확인해야 할 부분들이 있습니다. 먼저 견적 금액이 '공급가액'인지 '세금 포함 금액'인지 확인해야 합니다. 추후 부가세가 별도로 청구된다면 예상보다 비용이 높아져 당황할 수 있습니다.

다음은 업체의 세금계산서나 현금 영수증 발행 여부입니다. 매입 신고나 세금 정산 때 필요한 부분이기 때문에 업체에 확인해 두면 좋습니다.

마지막으로 서로 약속한 정보들 '제품의 컬러, 사양, 수량, 단가, 제작 기간, 납품 날짜' 등을 다시 한번 확인하는 것입니다. 작은 착오 하나가 일정 전체를 흔들 수 있기 때문에, 이 부분은 체크리스트처럼 꼭 체크하고 넘어가는 걸 추천합니다.

함께 견적서를 체크해 보아요!

- 견적서 발행 날짜와 업체 정보(업체명, 사업자 등록번호 등)에 오류가 없는지 확인해 주세요.
- 내가 요청한 제품명이 정확하게 기재되어 있는지 살펴봐요.
- 제품의 사양을 꼼꼼히 확인해 주세요. (사이즈, 컬러, 재질 등 세부 내용까지 확인!)
- 발주 수량이 정확한지 체크해 주세요.
- 내가 알고 있는 단가와 일치하는지 꼭 확인해요.
- 추가로 들어간 비용이 있는지, 있다면 어떤 항목인지도 확인해요.
- 부가세가 포함된 금액인지, 총금액에 잘 반영되어 있는지도 확인해요.
- 배송과 관련된 내용도 중요해요. (배송비 포함 여부, 배송 방식 등)
- 내가 별도로 요청했던 사항이 있다면 그 내용이 잘 반영되었는지 확인해요.
- 제작에 소요되는 기간이 얼마나 걸리는지도 미리 체크해 두면 좋아요.
- 중요! 세금계산서나 현금 영수증 발행이 가능한지도 함께 확인해 주세요.

07 LEVEL 업체와 소통하기 노하우

업체와 소통하면서 발주를 진행할 때, 저는 '신뢰와 정리된 커뮤니케이션'이 제일 중요하다고 생각합니다. 아무리 좋은 제품을 제작해 주는 곳이어도, 말이 잘 통하지 않거나 확인이 느리면 괜히 불안해지더라고요. 그래서 저는 몇 가지 소통 노하우를 실무에서 직접 터득하였고, 지금도 이 방법들을 기본처럼 지키고 있습니다.

업체와 소통할 땐 항상 정중하고 따뜻한 말투로 대화하려고 노력합니다. "수고 많으십니다.", "확인 부탁드려요!" 이런 간단한 말 한마디가 분위기를 훨씬 부드럽게 만들어 줍니다. 파일을 전달할 땐 메일 제목이나 파일명을 정리해서 드리고, "이건 몇 부 제작이고, 사이즈는 얼마입니다" 같이 간단한 설명도 꼭 덧붙입니다. 별거 아닌 것 같지만, 작업하는 입장에서는 큰 도움이 된다고 하시더라고요!

급한 일정이 생겼을 땐 미리 말씀드리고 양해를 구하는 것도 중요합니다. 무작정 "이거 급해요, 빨리해 주세요"보다 "혹시 여유 되신다면 빠르게 작업 가능하실까요?"라고 부드럽게 부탁드리면 훨씬 더 긍정적으로 받아 주시는 경우가 많습니다. 이런 신뢰가 쌓이면 오히려 업체에서도 제가 급할 때 먼저 도와주시고, 제작 일정을 조율해 주시는 경우도 생깁니다.

그리고 제품이 잘 도착했을 땐 꼭 감사 인사 전해 드립니다. "이번에도 너무 예쁘게 잘 나왔어요, 감사합니다!" 이런 한마디가 다음 발주에도 좋은 영향을 주더라고요. 저만의 업체 리스트도 따로 관리하고 있는데, 담당자 성함이나 연락처, 제작 히스토리 등을 정리해 두면 나중에 또 발주할 때 훨씬 편합니다.

결국 업체와의 관계도 사람과 사람 사이에서 쌓여 가는 것이기 때문에, 예의와 정리, 작은 배려가 오랫동안 좋은 파트너십으로 이어지는 것 같습니다! 저는 지금까지 이 방법으로 소통하면서, 한 번도 대형 실수 없이 안정적으로 제품을 제작해 오고 있습니다. 여러분도 이런 소소한 노하우들을 하나씩 쌓아 가길 바랍니다. 브랜드를 운영하면서, '함께 믿고 일할 수 있는 제작 파트너'가 있다는 건 정말 큰 힘이 되니까요!

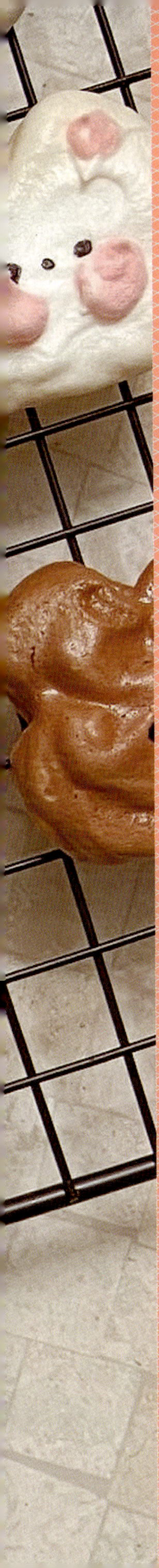

Stage 05

브랜드
SNS 계정 개설
그리고 홍보하기

Level 01. 나에게 맞는 SNS 살펴보기
Level 02. SNS 브랜드 계정 만들기
Level 03. 무자본으로 계정 키우기
Level 04. 저자본으로 브랜드 계정 홍보하기

01 LEVEL 나에게 맞는 SNS 살펴보기

처음 브랜드 개설을 고민하는 분들에게 제일 많이 받는 질문은 '어떤 SNS 계정을 운영하는 것이 좋을까요?' 와 '하나보다 몇 가지 계정을 운영해야 좋겠죠?'입니다.

이때 가장 강조하고 싶은 점은, '어떤 SNS든 하나의 계정부터 잘 운영하자!'입니다. SNS 계정 운영은 생각보다 많은 시간이 필요합니다. 우선 하나의 계정을 든든하게 키워 두면, 이후 다른 플랫폼을 개설했을 때, 첫 번째 계정에서의 유입을 만들어 내며 훨씬 수월한 시작을 할 수 있습니다. 또한 인스타그램을 기반으로 운영하는 브랜드가 많지만, 우리도 꼭 인스타그램일 필요는 없습니다. 트위터를 베이스로 성장한 사례, 유튜브를 베이스로 성장한 브랜드 등 다양한 경우가 있으므로 나에게 맞는 SNS 플랫폼을 알아보고 선택하는 것이 좋습니다.

나에게 맞는 SNS 채널이란?

캐릭터 브랜드를 운영할 때 무작정 유행하는 플랫폼을 따라가기보다는, 내 브랜드의 성향과 콘텐츠 스타일, 운영 가능성을 고려해 가장 잘 맞는 플랫폼을 선택하는 것이 중요합니다. 아래 세 가지 질문을 통해 나에게 적합한 플랫폼을 찾아보세요.

첫 번째, 브랜드의 성향과 소비자층을 파악하세요. 여러분의 캐릭터와 굿즈는 어떤 분위기인가요? 귀엽고 감성적인 이미지인지, 위트 있고 유머 짤 위주의 콘텐츠인가요? 아니면 캐릭터의 스토리와 세계관이 중심인가요? 또한 브랜드의 주 대상이 직장인이거나, 10대 학생인지에 따라 선택해야 할 플랫폼이 달라지므로, 대상 연령대도 함께 분석하는 것을 추천드립니다.

두 번째, 내가 제작할 수 있는 콘텐츠의 범위를 확인해 보세요. 귀여운 일러스트를 정기적으로 그릴 수 있는지, 숏폼 영상(예: 릴스, 틱톡)을 만들 수 있는지, 편집 툴과 음향 작업까지 가능한 롱폼 영상 콘텐츠(예: 유튜브)를 제작할 수 있는지에 따라 활동 플랫폼이 달라집니다. 내가 어떤 형식의 콘텐츠에 익숙한지, 또 흥미를 느끼는지도 중요한 판단 기준입니다.

세 번째, SNS 운영에 할애할 수 있는 현실적인 시간을 고려해 보세요. 아무리 멋진 아이디어와 기술이 있어도, 시간을 충분히 투자하기 힘들다면 콘텐츠를 지속하기 어렵습니다. 처음부터 너무 많은 것을 시도하기보다는 감당할 수 있는 범위에서 꾸준히 운영하는 것이, 지치지 않고 오래 운영할 수 있는 방법입니다. 작은 것부터 천천히 시작해 보세요. 브랜드는 시간이 쌓일수록 더 단단해집니다!

 ## 왜 SNS가 기반이 되어야 할까?

우리가 정성껏 만든 굿즈들과 귀여운 캐릭터들은 나만 알고 있기엔 너무 아깝습니다. 브랜드로서 자리를 잡기 위해서는 많은 사람들에게 우리의 이야기를 알리는 것이 중요하고, 이를 위해 SNS 운영은 필수적이에요. 특히 캐릭터 브랜드는 시각적인 요소가 핵심이기 때문에 이미지 콘텐츠 노출에 강한 SNS 플랫폼을 기반으로 운영하면 큰 도움이 됩니다. 나만의 캐릭터와 제품을 이미지와 영상으로 소개함으로써 소비자와 직관적인 소통이 가능하고, 브랜드의 감성과 디테일을 효과적으로 전달할 수 있습니다. SNS는 단순한 홍보를 넘어, 브랜드의 포트폴리오이자 세계관을 보여줄 수 있는 창구가 되어 줍니다.

또한 SNS는 지역적 한계를 뛰어넘는 글로벌 플랫폼이기 때문에 해외 시장에서도 자연스럽게 브랜드를 노출할 수 있으며, 빠른 바이럴 확산을 통해 더 많은 소비자에게 도달할 수 있습니다. 이는 브랜드의 팬덤 형성과 인지도 확장에 큰 영향을 미칩니다. 저 역시 인스타그램을 기반으로 브랜드를 운영하며, 대부분의 팬 유입, 굿즈 판매 수익, 협업 제안 등의 주요 성과가 SNS를 통해 이루어졌습니다. 이번 스테이지에서는 여러분의 캐릭터 브랜드가 SNS를 통해 성장해 나갈 수 있도록, SNS 계정을 개설해보고 운영하는 방법에 대해 이야기하겠습니다.

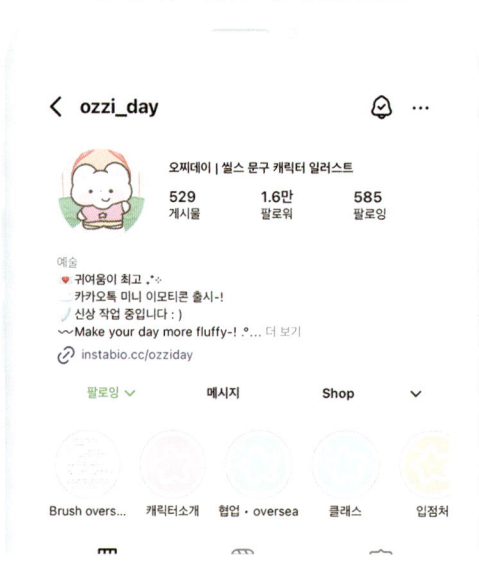

SNS플랫폼별 특징

귀엽고 감성적인 이미지 중심의 브랜드라면 인스타그램이 정말 잘 맞습니다. 정리된 피드 안에서 캐릭터의 분위기를 통일감 있게 보여줄 수 있고, 릴스 같은 숏폼 영상을 활용하여 더 많은 사람들에게 노출될 수 있습니다. 짤이나 유머 중심의 캐릭터라면 트위터가 훨씬 더 유리해요. 팬과 빠르게 소통할 수 있고, 유저들과 리트윗이나 댓글로 반응을 주고받는 재미도 크기 때문에 공감과 유머에 강점이 있는 플랫폼이에요. 스토리가 중심이거나 세계관이 탄탄한 캐릭터라면 유튜브처럼 깊이 있는 콘텐츠를 다룰 수 있는 플랫폼이 좋아요. 영상으로 캐릭터의 이야기를 풀어내거나, 제작 비하인드, 브이로그 등 팬들과 관계를 쌓아갈 수 있는 방식으로 활용할 수 있답니다.

SNS 브랜드 계정 만들기

캐릭터 문구 브랜드에서 가장 많이 사용되는 인스타그램의 계정을 함께 개설해 보겠습니다. 브랜드 운영을 위한 계정을 만들 땐, 브랜드 정체성과 연결된 요소들을 꼼꼼히 세팅해 주는 것이 중요합니다. 아래 체크리스트를 따라 함께 인스타그램 계정을 개설해 보고 하나씩 설정해 보아요!

 함께 만들어봐요

1. 브랜드 전용 이메일로 가입하기

브랜드용 계정은 개인 이메일이 아닌 브랜드 전용 이메일 주소로 만드는 것이 좋습니다. 추후 여러 SNS 계정이나 플랫폼을 연동할 때 혼동을 줄이고, 브랜드 운영 기록도 깔끔하게 관리할 수 있습니다.

 아이디와 비밀번호는 메모장이나 패스워드 관리 앱에 저장해두는 것이 좋습니다!

2. 계정명은 브랜드명 그대로

검색이 쉽도록 계정 ID도 브랜드명으로 설정하는 것이 좋습니다. 다만, 이미 사용 중인 경우라면 'ozzi_day' 'ozziday_official', 'ozziday.shop'처럼 브랜드명을 유지한 채 조금씩 변형해 보세요.

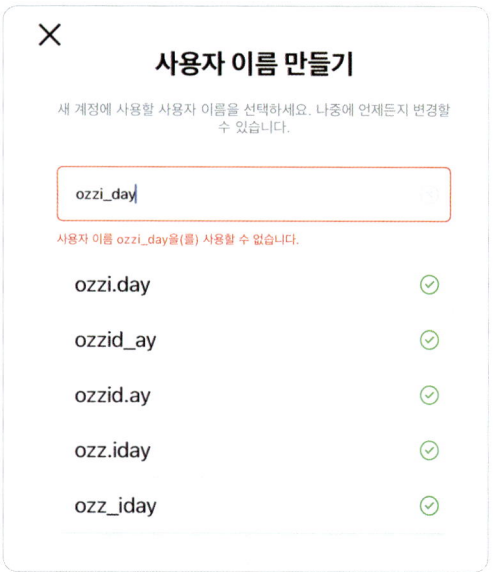

3. 프로필 이름과 소개 글 설정

프로필 상단의 이름에는 브랜드명이 꼭 들어가도록 설정합니다. 예를들어 '오찌데이 Ozziday' 같이 한글+영문 모두를 작성해 두면 검색과 브랜딩 모두 유리합니다. 소개 글에는 브랜드가 어떤 캐릭터를 기반으로 어떤 제품을 만드는지 간단하게 써주세요. 브랜드 가치나 세계관을 짧고 간결하게 담는 것도 좋습니다.

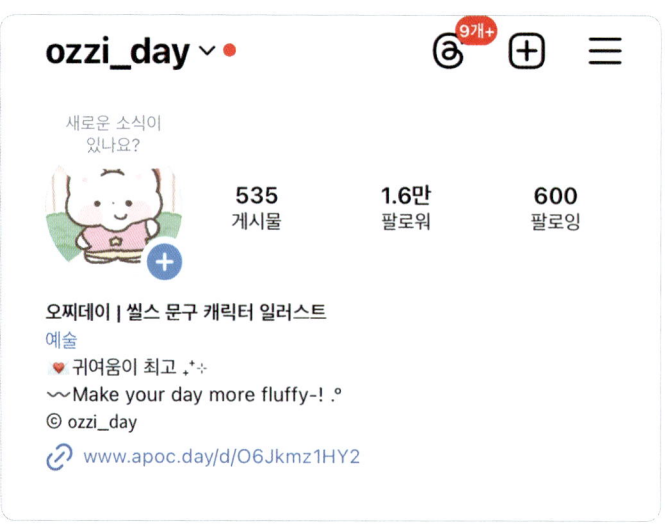

4. 프로필 이미지와 링크트리 설정

프로필 편집으로 들어가면 계정에 관한 기초적인 것들을 설정할 수 있습니다. 계정의 첫인상은 프로필 이미지에서 시작됩니다. 브랜드 로고나 대표 캐릭터 얼굴을 정사각형 비율에 맞춰 선명하고 잘 보이게 설정해 보세요!

또한 '프로필 정보' → '연락처 옵션' → '이메일 설정하기'에서 꼭 여러분이 확인할 수 있는 이메일을 저장해 두세요. 협업 제안 메일은 DM이나 저장한 이메일을 통해 옵니다.

또한, 하나의 링크만 걸 수 있는 인스타그램 특성상, 다양한 플랫폼으로 연결해 주는 링크트리(Linktree), 카카오채널, 홈페이지 등 연결 서비스를 활용하면 개인 마켓 브랜드샵, 입점처 판매 페이지, 펀딩 페이지, 블로그, 유튜브 링크 등을 한 번에 연결할 수 있습니다.

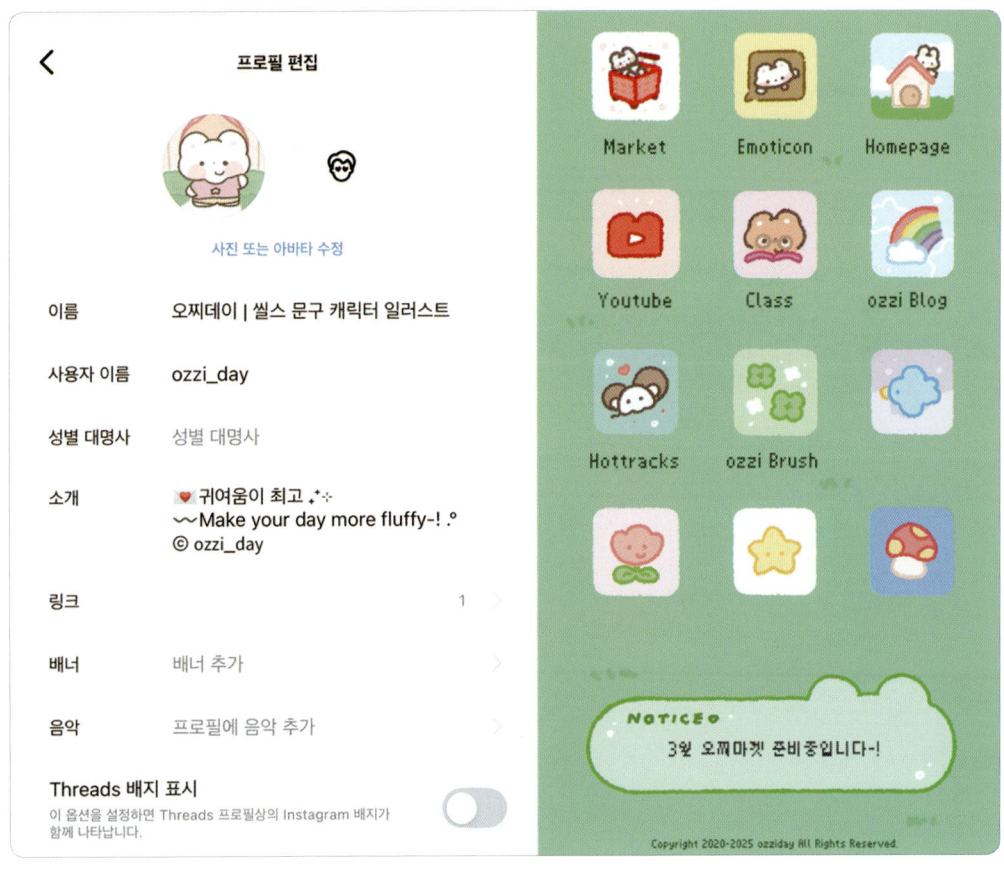

5. 브랜드 톤 앤 매너에 맞는 피드 구성

앞서 함께 기획한 브랜드 톤을 바탕으로 피드 스타일, 색감, 글쓰기 말투 등을 정해 주세요. 예를 들어 부끄럼 많은 캐릭터라면 업로드 말투나 콘텐츠 스토리를 비슷한 맥락으로 설정하는 등 디테일이 쌓이면 더 재미있게 팬층을 쌓을 수 있습니다.

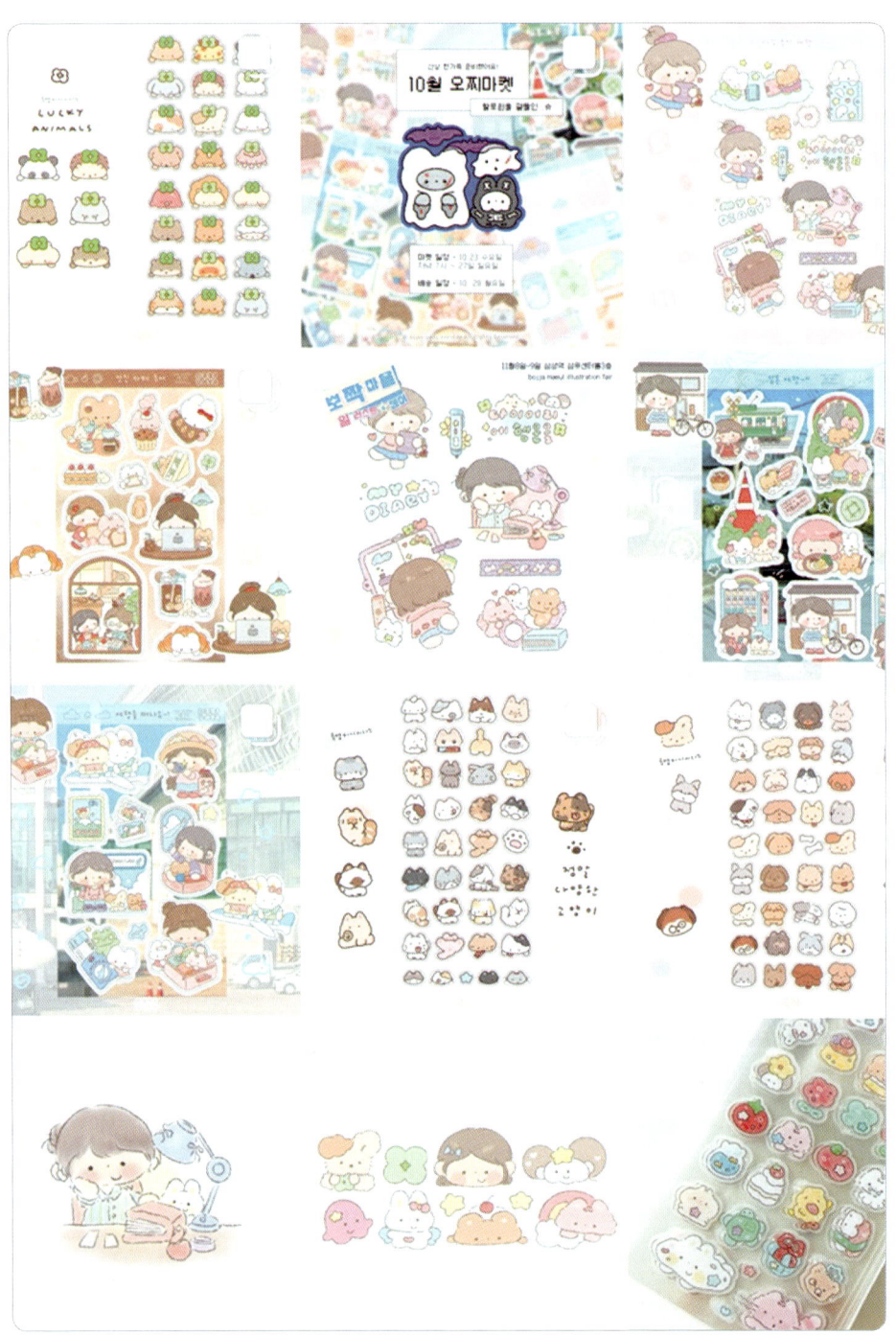

6. 비즈니스 계정으로 전환하기

이미지 계정을 가지고 있다면 프로필 설정에서 비즈니스(프로페셔널)/크리에이터 계정으로 전환할 수 있습니다.

프로필 → 우측 상단 ≡ → 설정 → 계정 → 프로페셔널 계정 전환을 눌러 주세요.

- **카테고리 설정:** '예술가', '제품/서비스' 등 내 브랜드 성향에 맞게 선택해 주세요.
- **이메일 주소 입력:** 협업 등 다양한 연락이 쉽게 올 수 있도록 꼭 등록해 주세요.

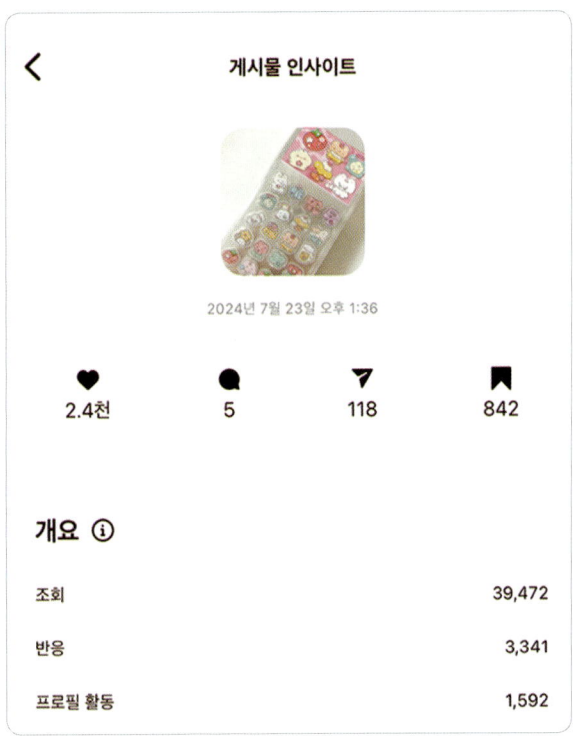

비즈니스 계정의 장점

비즈니스 계정의 가장 큰 장점은 게시물별 인사이트를 확인할 수 있다는 점입니다. 게시물이 얼마나 노출되었는지, 저장이나 공유가 얼마나 되었는지 구체적인 데이터를 볼 수 있어 콘텐츠 반응을 분석하기 좋아요. 또한, 광고 및 홍보 기능을 통해 적은 비용으로도 소비자층에게 도달할 수 있어요. 인스타그램 상점 기능도 연동할 수 있어서, 굿즈를 직접 판매하거나 상세 페이지로 자연스럽게 연결하는 데 활용할 수 있어요.

03 LEVEL 무자본으로 계정 키우기

SNS 마케팅을 꼭 돈을 들여야만 할 수 있는 건 아닙니다. 조금 더 창의적으로, 전략적으로 접근한다면 무자본으로도 충분히 성장할 수 있어요. 저도 실제로 브랜드를 시작했을 초반엔 광고비 없이, 콘텐츠와 소통으로 계정을 키워왔어요. 그동안 해왔던 방법들을 정리해 보았습니다.

 해시태그는 기본 중 기본!

해시태깅의 중요성이 예전에 비해 많이 떨어졌지만, 여전히 기본적인 몇 가지 해시태그는 설정하는 것이 좋습니다. 대상 소비자가 검색할 만한 키워드를 골라 게시물마다 해시태그를 적절히 넣어 주는 것만으로도 노출이 훨씬 늘어나기 때문입니다. #캐릭터굿즈, #문구스타그램, #ozziday처럼 한글과 영문을 섞어가며 검색 키워드를 다양하게 시도해 보세요.

 밈과 짤 콘텐츠 적극 활용하기

SNS상에는 늘 빠르게 퍼지는 트렌드와 바이럴되는 콘텐츠들이 있습니다. 유행하는 짤이나 콘텐츠 등을 테마로 콘텐츠를 제작하면 트렌드를 타고 노출될 가능성이 올라갑니다. 혹은 금요일 퇴근 시간 쯤에 '주말 시작!'과 같이 일상 속 공감을 담은 한 줄을 캐릭터 표정과 함께 보여주면 저장률과 공유율도 높아집니다. 평소에 다른 계정들을 보며 요즘 유행하는 짤과 테마를 확인하는 것도 좋습니다. 지금의 트렌드에 우리의 캐릭터와 브랜드 감성을 얹어 반응이 좋을 콘텐츠를 만들어 보세요!

릴스 등 숏폼 영상은 꼭 활용해 보세요

최근 플랫폼들은 사진보다 짧은 영상 콘텐츠에 힘을 많이 실어 주기 때문에, 릴스(인스타그램)나 쇼츠(유튜브) 등 숏폼(짧은 영상)을 활용하면 더 많은 사람들에게 자연스럽게 도달할 수 있어요. 예쁘게 꾸민 다꾸 영상, 캐릭터 스티커 언박싱, 움직이는 짧은 상황극 등 휴대폰 앱(Ex. 캡컷)만으로도 제작 가능한 콘텐츠를 시작해 보세요. 무료 영상 편집툴이나, 인스타그램 등에서 기본적으로 제공하는 기능으로도 어렵지 않게 편집할 수 있습니다. 유행하는 노래를 설정하여 노출도를 올리는 방법도 좋습니다.

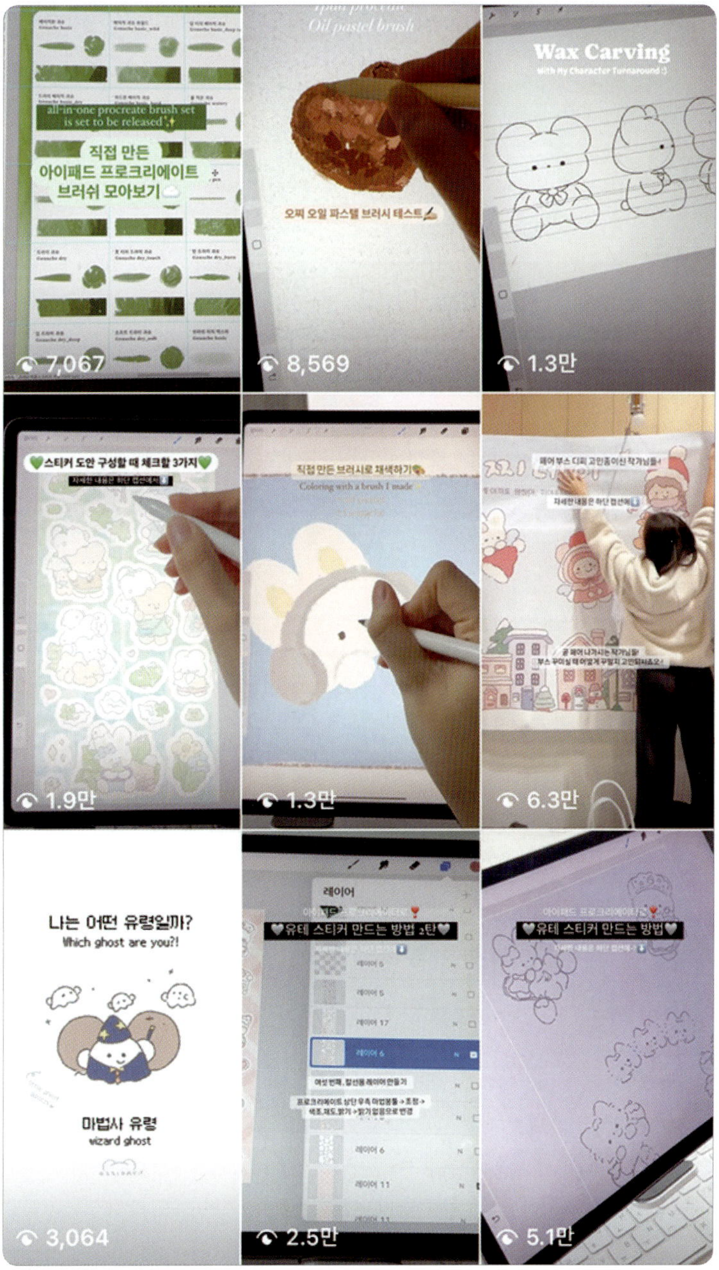

참여를 유도하는 콘텐츠 만들어보기

질문 스티커, Q&A 포스트, 간단한 투표나 댓글 이벤트 같은 소통형 콘텐츠는 팔로워들의 반응을 끌어내기 좋습니다. 저는 가끔 인스타툰처럼 짧은 이야기 형식으로 캐릭터 콘텐츠를 올리거나 투표 게시글을 올려 댓글 및 반응을 유도했습니다. 이런 소소한 반응들이 쌓이면 브랜드에 대한 애정으로 이어집니다.

 다양한 콜라보를 진행하기

비슷한 결의 작가님들이나 브랜드와 서로의 콘텐츠를 공유하거나 스토리 태그로 소개하는 것도 좋습니다. 서로의 팔로워 층을 공유할 수도 있으며, 협업을 통해 같은 업종의 동료에게 든든한 응원을 주고받기도 합니다. 꼭 성공한 계정과 콜라보가 아니어도 괜찮아요! 서로 진심을 담아 교류하다 보면 자연스럽게 계정도 함께 성장합니다.

가장 중요한 것은 꾸준함!

진부할 수 있는 이야기지만, 가장 중요한 것은 꾸준함입니다. SNS 계정은 특히 꾸준히 노출될 수 있도록 관리해야 합니다. 꼭 완벽하게 하려고 하기보다는 꾸준히 올리는 게 더 중요해요. 완벽을 추구하다 보면 오히려 부담감이 커지기 때문에 조금은 부족해 보이더라도 꾸준히 활동하고 소통하는 것이 중요합니다. 이번 주는 이미지 게시글 업로드, 다음 주엔 릴스를 한 편 올리는 식으로 루틴을 만들어두면 운영이 수월해집니다. 완성도 100%가 아니어도 괜찮아요, 우선은 해보는 습관을 만들어 봐요!

소통은 알고리즘보다 진심으로

게시글에 좋아요와 댓글을 남겨 주시거나, 디엠(연락)을 보내 주시는 분들과 꾸준한 소통을 하는 것이 중요합니다. SNS를 통해 소통을 나누다 보면, 때로는 저보다 더 제 브랜드를 사랑하고 관심 갖는 분들이 생깁니다. 소통의 힘은 브랜드에 커다란 힘과 성장이 되기 때문에 꾸준히 신경 쓰는 것이 좋습니다. 또한 비슷한 감성의 다른 브랜드 계정과 소통해 보세요. 댓글을 남기고, 공감하는 콘텐츠는 스토리로 공유하고, DM으로 응원하는 것도 좋습니다. 이런 활동은 단순한 알고리즘 효과를 넘어서, 브랜드 팬과의 연결 고리가 됩니다.

팔로워 수보다 더 중요한 건 '브랜드의 팬'이 되는 사람을 한 명씩 만들어가는 것이에요. 물론 팔로워 수도 정말 중요하지만, '팔로워 수 = 매출'은 아닙니다. 팔로워 한 분 한 분과 얼마나 관계를 쌓아가냐가 브랜드를 더 단단하게 만듭니다. 저는 초반에 팔로워 수보다는 '이분은 오찌데이를 진짜 좋아해 주는구나' 하는 분들 한 명 한 명에게 집중했어요. 이런 분들은 유명하지 않은 페어 마저도 와서 응원해 주시고, 브랜드를 운영하는 데에 너무나 큰 원동력과 힘이 되어 주십니다. 계정을 운영하는 것이 쉽지는 않지만, 꾸준히 운영한다면 분명 가치 있는 순간들이 많이 찾아올 겁니다.

04 LEVEL 저자본으로 브랜드 계정 홍보하기

무자본으로 SNS를 운영하는 것도 충분히 가능하지만, 소액 예산이 있다면 조금 더 많은 노출도와 전략적인 마케팅이 가능해집니다. 개인이 운영하는 경우는 무리하여 홍보하지 않고 감당할 수 있는 정도로 진행하는 것이 중요합니다. 특히 브랜드를 막 알리기 시작하는 단계에서는 적은 비용으로도 효과적인 광고와 이벤트를 운영하는 방법을 알아두면 큰 도움이 돼요.

단돈 몇만 원의 저예산 광고도 충분히 효과 있어요

SNS 플랫폼(특히 인스타그램/페이스북)은 소액으로도 광고 집행이 가능해요. 하루 기준 2~5천 원, 일주일에 3만 원 정도로도 특정 대상에게 도달할 수 있습니다. 인스타그램에서 광고를 진행하시려면, 프로페셔널 계정으로 전환된 계정을 페이스북 페이지와 연동해 두어야 인스타그램에서 [게시물 홍보] 버튼이 활성화됩니다!

소액 광고를 진행할 때 중요한 점은 광고 대상을 구체적으로 잡는 것입니다. 연령, 성별, 지역, 관심사 등 브랜드와 잘 맞는 소비층을 정리해 보세요. 예를 들어 '20대 여성, 감성 문구, 일러스트 좋아함' 같이 소비자층이 명확하면, 광고비 이상의 효과를 얻을 수 있습니다. 만약 대상을 정하기 어렵다면, 계정의 인사이트 데이터를 활용해 보세요! 어떤 연령대와 소비자층이 내 계정과 게시물에 반응이 좋았는지 확인할 수 있습니다. 데이터를 토대로 목표를 정하고, 반응이 좋았던 게시물을 콘텐츠로 선택해 광고를 진행해 보세요. 이미 반응을 끌어냈던 콘텐츠이기 때문에 자연스럽게 더 많은 유입을 만들 수 있어요.

 소소하지만 강력한 이벤트

팔로우 이벤트, 댓글 이벤트, 랜덤 추첨 이벤트, 페어 초대권 이벤트 등은 적은 비용으로도 계정을 활성화하는 데 정말 효과적입니다. 예를 들어 '팔로워 1,000명 기념 이벤트', '여러분의 최애 캐릭터는? 캐릭터 중 가장 마음에 드는 친구를 댓글로 남겨 주세요', '서일페 초대권 이벤트', '소문내기 이벤트' 등이 있습니다. 이벤트를 진행할 땐, [이벤트 기간, 이벤트 내용, 이벤트 물품, 추첨 인원, 추첨 방식, 물품 배송 방식]을 확실히 정해두고 진행하는 것이 좋아요! 또한 '스토리, 게시물 공유&친구 태그' 같은 방식으로 참여를 유도하면 이벤트가 더 널리 알려질 수 있습니다.

이런 이벤트는 단순히 팔로워 수를 늘릴 뿐 아니라, 브랜드를 '한 번 더 들여다보게' 만드는 계기가 됩니다. 경품에 굳이 큰 예산이 들지 않아도 괜찮아요. 우리가 갖고 있는 귀여운 제품, 혹은 초대권 그리고 일러스트 파일 등으로도 충분합니다. 만약 이벤트 물품을 선물하는 이벤트라면 배송비까지 우리 예산으로 생각하는 것이 좋습니다!

 새로운 신상이 나오면 서포터즈, 체험단 이벤트

브랜드의 매력을 더 많은 사람들에게 자연스럽게 알리고 싶다면, 서포터즈 운영을 고려해 보는 것도 좋습니다. 꼭 대형 인플루언서가 아니더라도, 브랜드를 좋아해 줄 따뜻한 팬 한 분의 콘텐츠만으로도 큰 힘이 됩니다. 예를 들어, 6주간 활동하며 3개 이상의 게시물을 업로드하는 장기 서포터즈 형태로 운영하거나, 제품을 보내드리고 솔직한 후기를 받는 일회성 체험단 형식으로도 진행할 수 있어요. 예산이 넉넉하지 않아도, 제품만 제공하는 조건으로 정성스럽게 홍보해 주는 분들이 많답니다.

서포터즈를 모집할 때는 내가 먼저 계정을 직접 찾아 DM으로 정중히 요청하는 방법과, 팔로우 이벤트처럼 공개적으로 모집을 받아 선정하는 방법이 있습니다. 이때는 랜덤 추첨보다는 브랜드의 분위기와 결이 맞는 분들을 선정하는 것이 훨씬 시너지가 좋습니다. 캐릭터를 좋아해 줄 수 있는 분, 평소에도 귀여운 문구에 관심 있는 분들이라면 자연스럽게 애정이 담긴 콘텐츠로 이어지게 되니까요. 정성껏 함께 해줄 브랜드 서포터즈는, 브랜드의 성장을 함께하는 분들이 되어 줍니다.

 데이터를 통해 전략적으로 움직이기

인스타그램 비즈니스 계정에서는 '프로페셔널 대시(인사이트)' 기능을 통해 내 계정의 인기 게시물, 팔로워 활동 시간, 저장 수, 공유 수 등 다양한 데이터를 확인할 수 있어요. 이 기능을 잘 활용하면, 어떤 콘텐츠에 사람들이 반응했는지, 무엇을 좋아하는지를 뚜렷하게 파악할 수 있습니다. '이번 콘텐츠는 반응이 좋겠다.'라며 올렸던 글보다, '이 콘텐츠가 반응이 좋네…?'처럼 생각하지 못한 좋은 게시물이 생길 때도 있습니다. 이런 콘텐츠 반응을 통해 내 브랜드의 방향성을 잡아 보는 것도 좋습니다.

이렇게 반응이 좋았던 콘텐츠의 유형(릴스인지, 이미지인지) 등을 파악해서, 다음 콘텐츠 기획에 반영해 보세요. 반응이 좋았던 콘텐츠의 톤이나 말투 등의 스타일을 비슷한 흐름으로 변형해 제작하면, 기존 팔로워들도 좋아하고 새 유입도 자연스럽게 따라오게 됩니다. 데이터는 내 브랜드만의 힌트들이 모여 있는 보물 지도입니다. 나만이 추구하는 감성도 중요하지만, 때론 수치를 보고 방향을 잡는 것도 콘텐츠를 오래, 그리고 안정적으로 이어갈 수 있는 비결이랍니다!

 지금까지 이야기한 방법들로 브랜드 계정을 어느 정도 성장시킨 후에 굿즈 판매를 해보는 것을 추천드립니다!

Stage 06

내가 만든 굿즈 판매하기

Level 01. 유통을 위한 패키징하기
Level 02. 굿즈 가격과 바코드
Level 03. 다양한 입점, 판매처의 종류
Level 04. 입점처와 입점하기
Level 05. 페어에 대하여

 유통을 위한 패키징하기

패키지의 중요함

패키지는 단순히 제품을 담는 용도가 아닙니다. 제품의 첫인상을 결정짓고, 브랜드의 이미지를 보여주는 중요한 요소입니다. 소비자들은 제품을 처음 받아보는 순간, 포장 상태와 디자인에서 이미 많은 인상을 받게 되죠. 그래서 어떤 제품이든 유통 방식, 파손 가능성 등을 가장 먼저 고민하고 준비하는 것이 좋습니다.

또한, 제품 디자인과 잘 어울리는 패키지는 브랜드의 톤 앤 매너를 일관성 있게 전달합니다. 브랜드 로고, 컬러, 일러스트 요소들이 패키지에 함께 녹아들면, 소비자분들은 '이 브랜드, 되게 섬세하다'라는 인상을 받게 되죠. 만약 브랜드가 에코 등의 메시지를 갖고 있다면 친환경 패키지나 재활용 가능한 소재를 활용한 포장이 소비자들에게 긍정적으로 작용하기도 합니다. '환경을 생각하는 브랜드'라는 이미지가 곧 브랜드의 정체성과 철학으로 연결되니까요.

무조건 고급스럽고 예쁜 포장만이 정답은 아닙니다. 굿즈 판매에 있어 언제나 중요한 건 나의 예산 내에서 최대의 효율을 낼 수 있는 방법을 찾는 것입니다. 패키징에 많은 비용이 포함되면 제품보다 포장 비용이 더 비싸질 수도 있고, 결국 브랜드 운영 부담으로 이어집니다. 제작 초반에는 단순하지만, 브랜드 감성이 느껴지는 패키지를 구성하는 것이 좋은 선택이에요.

패키징이 어렵게 느껴진다면, 다른 브랜드에서는 어떻게 하는지 살펴보는 것도 좋습니다. 같은 제품군에서 어떤 포장을 쓰는지, 어떤 재료와 규격을 활용하는지 참고하다 보면, 내 브랜드에 맞는 방향성이 자연스럽게 잡힐 거예요. 이렇게 시작한 경험은 점차 '나만의 스타일'로 발전해 나가는 데도 도움이 됩니다.

패키징 규격은 꼭 본 제품보다 넉넉하게 생각해서 잡아야 합니다! 그렇지 않으면 제품이 꽉 끼거나 안 들어갈 수 있습니다.

패키지는 어디서 구매할 수 있을까?

① **방산시장:** 종이상자, opp 비닐, 완충제, 테이프 등 다양한 포장재를 직접 보고 구매할 수 있습니다. 한 번쯤 눈으로 보고 구매하는 경험을 추천해요. 저의 경우엔 opp 포장지는 방산시장에서 알게 된 업체에 특별 사이즈로 꾸준히 발주하고 있답니다.

② **네이버 스마트스토어 등 인터넷 사이트:** 요즘은 온라인에서도 소량 구매가 가능합니다. 다만, 자율 규격이 제한적일 수 있습니다.

③ **쿠팡:** 빠른 배송과 소량 구매가 가능하다는 점 때문에 자주 활용되는 플랫폼입니다.

제품 디자인을 패키징에도 활용해 보세요!

제품에 사용된 디자인 요소나 캐릭터 스토리를 패키징에도 활용하면, 브랜드의 통일감을 높이는 데 큰 도움이 됩니다. 같은 이미지와 톤을 사용하여 더 강한 인상을 남길 수 있고, 별도로 새로운 디자인을 만들 필요가 없어서 작업 공수도 줄어들어 효율적입니다.

02 LEVEL 굿즈 가격과 바코드

 가격은 어떻게 정할까?

제품 가격을 정할 때는 단순히 감에 의존하기보다는 '단가 + 수수료 + 시장 평균가'를 함께 고려해 계산하는 것이 좋습니다. 단가(발주비 + 배송비 + 패키지 ÷ 제작 수량)를 기반으로, 입점 시 발생하는 수수료(약 10~20%)와 내가 판매하고 싶은 마진을 더해 가격을 정하는 것입니다. 단가가 정해졌다면 주변 작가님들이나 소품샵의 평균 판매가와 비교해 보세요.

 제품 가격에 비해 제작하려는 제품의 단가가 너무 높다면 제품 제작을 다시 고려해 보거나, 제품 사양을 바꿔가며 단가를 낮출 수 있는 방향을 찾아가야 합니다.

바코드는 어떻게 만들까?

바코드는 제품을 정리하고 판매처에 등록할 때 꼭 필요한 요소 중 하나입니다. 너무 어렵지 않게 생각해도 괜찮습니다. 캐릭터 문구 브랜드에서 가장 많이 사용하는 방법은 총 13자리 숫자 형식으로 구성된 'Code 128' 바코드를 활용하는 것입니다. 예를 들어, '앞자리 4자리(휴대폰 뒷번호) + 생성 날짜 6자리(생년월일) + 임의 숫자 3자리'로 조합하면 쉽게 나만의 바코드를 만들 수 있습니다. (예: 7597 + 250121 + 001 = 7597250121001)

총 13자리 숫자- Code 128

바코드는 'https://barcode.tec-it.com/en/Code128' 등의 무료 생성 사이트에서 바로 만들 수 있으며, 폼택 프로그램을 이용해 바코드를 생성, 출력까지 할 수도 있어요. 제품 유통 시에 필수적이기 때문에 꼭 한번 만들어보세요! 업체마다 요구하는 바코드 내용이 다를 수 있어서 미리 확인하는 것이 좋습니다.

 바코드는 제품마다 그리고 제품의 옵션마다 다르게 설정해야 실제 제품의 재고 등 파악할 수 있습니다!

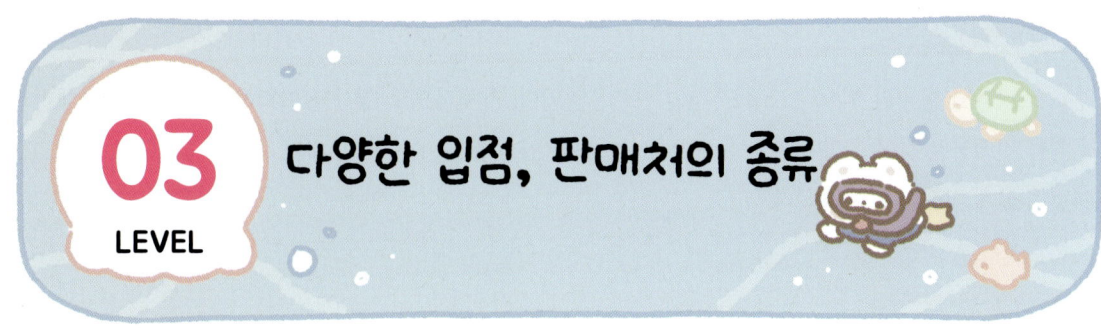

LEVEL 03 다양한 입점, 판매처의 종류

 입점처의 종류

대형 입점처

위탁 판매의 형태가 많으며, 판매된 제품에 대해서만 정산이 이루어집니다. 많은 소비자에게 노출되는 만큼 높은 매출로 이어질 가능성이 있으며, 오프라인 행사를 통해 입점처와 네트워크를 형성하면 이후 다른 업체에 입점 문의를 받는 경우도 흔합니다. 최근에는 대형 입점처들이 개인 문구 브랜드에도 문을 활짝 열어 예전보다 진입 장벽이 낮아지고 있습니다. 특히 대형 문구점의 공모전에 참여한다면, 입점 가능성을 크게 높일 수 있습니다.

개인 소품샵

주로 스타트업 형태의 회사나 소규모 사업자로 운영되며, 자체적으로 행사를 기획하여 공격적인 마케팅과 운영을 진행하는 것이 특징입니다. 신규 소품샵일수록 입점 모집이 활발해, 개인 창작자나 소규모 브랜드도 어렵지 않게 입점할 수 있습니다.

오픈마켓 플랫폼

스마트스토어, 쿠팡, 아이디어스에 판매자가 직접 제품을 등록하고 판매하는 방식입니다. 플랫폼 운영 진입 장벽이 낮아 소규모 창작자들이 판매를 시작하기에 적합하지만, 이러한 낮은 진입장벽은 동시에 경쟁률이 높은 환경을 만들기도 합니다.

판매 대행 사이트

굿즈 제작 경험이 부족한 창작자들이 쉽게 접근할 수 있는 유통 방식입니다. 대표적인 예로는 마플샵이 있으며, 디자이너로 등록해 디자인만 업로드하면, 제품 제작과 고객서비스(CS)를 포함한 모든 과정을 대행해주는 시스템을 제공합니다. 이러한 시스템은 운영 부담이 적고 디자인에만 집중할 수 있다는 장점이 있지만, 제작과 유통 과정을 대행하는 만큼 나의 마진이 적어지는 단점이 있습니다.

디지털 판매 플랫폼

최근에는 디지털 콘텐츠와 관련된 수요가 늘어나면서, 아이패드 굿노트, 디지털 플래너, 스티커의 도안 등 디자인 파일만 판매하는 플랫폼도 활발히 운영되고 있습니다. 디자인 파일만 판매하기 때문에 물리적 굿즈 제작 과정이 없어도 수익 창출이 가능하다는 큰 장점이 있습니다. 플랫폼의 종류는 위버딩, 낼나샵 등이 있습니다.

디지털 파일 제작 후 판매 사이트
- **위버딩:** https://webudding.com/
- **낼나샵:** https://nelna.shop/
- **크몽:** https://kmong.com/

디지털 파일만으로 굿즈 제작하기
- **마플샵:** https://marpple.shop/kr/

온라인 유통

온라인 유통 플랫폼은 브랜드를 더 많은 사람에게 알리고 제품을 판매할 좋은 기회를 만들어 줍니다. 다만 플랫폼마다 장단점이 있기 때문에, 브랜드의 성장 단계와 운영 가능성을 고려해 적절한 플랫폼을 선택하는 것이 중요합니다.

브랜드 자체 홈페이지(자사 몰)

자사 몰이나 개인 마켓 운영 플랫폼(트웬티폼)은 중간 마진 없이 직접 판매할 수 있어 수익률이 높지만, 브랜드 인지도가 낮은 초기에는 방문 유입 적고, 재고 관리, CS, 마케팅까지 모두 직접 운영해야 하므로 업무 부담이 큽니다.

네이버 스마트스토어(오픈 마켓)

요즘 많은 분들이 선호하는 스마트스토어는 검색 기반 유입과 네이버페이 결제 방식을 선호하는 분들에게 신뢰도 면에서 강점이 있고, 낮은 수수료와 다양한 프로모션으로 소규모 브랜드에 잘 맞는 플랫폼입니다.

쿠팡

쿠팡과 같은 오픈 마켓은 이용자 수가 많아 노출이 자연스럽고 수수료도 비교적 낮은 편이라 판매의 흐름을 만들기 유리합니다. 다만, 가격 경쟁이 심해 저가 위주의 운영에 지치거나 브랜드의 가치를 충분히 전달하기 어려운 경우도 있습니다.

개인, 온라인 소품샵

텐바이텐 등의 소품샵은 직접 배송 운영이 가능하며 위탁 판매 방식으로 운영이 간단하다는 장점이 있지만, 수수료가 높아 수익률이 낮아진다는 단점이 있습니다.

해외 이커머스 플랫폼

아마존, 이베이와 같은 해외 플랫폼은 글로벌 시장까지 브랜드의 가능성을 넓힐 수 있지만, 물류, 관세, 해외 결제 등 운영 난도가 높으며 추가 관리 역량이 필요합니다. 따라서 브랜드가 어느 정도 안정화된 후에 도전하는 것을 추천드립니다.

 위탁? 그리고 사입?

제품 유통 방식은 크게 사입, 위탁, 직접판매 세 가지로 나눌 수 있습니다.

사입

판매처가 우리 제품의 일정 수량을 도매가로 일괄 구매하는 방식입니다. 판매처가 재고를 직접 소유하게 되므로 안정적인 매출을 확보할 수 있는 장점이 있습니다. 하지만 사입시 수량과 일정에 부담이 생길 수 있으므로 보유 수량과 가능한 일정을 서로 조율한 뒤 진행하는 것이 좋습니다.

대량 사입 시 배송비를 일부 부담하거나 감사의 표시로 제품 몇 개를 추가하는 방식으로 업체와 좋은 관계를 유지할 수 있습니다.

위탁 판매

판매처가 제품을 진열, 판매하지만 재고는 브랜드가 소유합니다. 판매된 건에 대해서만 정산받는 구조로 판매량이 늘어날수록 수익도 커지지만, 판매되지 않은 재고는 추가적인 관리가 필요하므로 운영의 유연성이 필요합니다. 위탁은 수수료가 높은 대신 업체에서 제품 관리, 배송 등 다양한 방면을 담당하기 때문에, 브랜드를 혼자 운영하는 경우엔 유리한 방법일 수 있습니다.

직접 판매

트웬티폼, 자사 몰과 같은 플랫폼을 통해 소비자에게 직접 판매하는 방식입니다. 중간 마진이 없어 수익률이 높지만, 상품 등록, 고객 응대, 배송, 교환·환불 등 모든 과정을 직접 처리해야 합니다. 소요되는 시간이 많지만, 가장 마진이 많이 남는 방법이기 때문에 가능하다면 직접 판매를 꾸준히 병행하는 것을 추천드립니다.

 특히 문구 브랜드의 경우 소품샵이나 편집숍과 위탁 방식으로 입점하는 경우가 많으므로, 정산 주기, 수수료율, 배송 방식 등을 협의할 때 꼼꼼히 확인하는 것이 중요합니다. 입점 제안은 보통 인스타그램 DM이나 이메일을 통해 주고받는 경우가 많으며, 브랜드 소개서나 제품 이미지가 잘 정리되어 있다면 더욱 긍정적인 반응을 받을 수 있습니다. 브랜드가 처한 상황과 운영 여건에 따라 각 유통 방식을 적절히 조합하는 전략이 필요합니다.

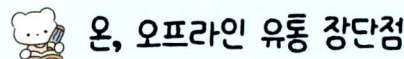 온, 오프라인 유통 장단점

온라인 유통

다양한 소비자층에 접근성이 뛰어나며, 해외 고객까지 확장할 수 있어 유통 폭을 넓혀줍니다. 또한, 오프라인에 비해 수수료가 낮고 입점의 진입 장벽이 낮아 초기 자본이 부족한 소규모 브랜드나 개인 창작자가 수익을 내기까지의 과정이 더 용이합니다. 다양한 플랫폼(스마트스토어, 오픈 마켓, 소셜 미디어 등)이 모두 판매 플랫폼이 될 수 있어 다양한 방법으로 매출을 올릴 수 있습니다. 또한 마케팅 비용이 적어 SNS 광고나 자체 콘텐츠 제작을 통해 홍보를 진행할 수 있다는 점도 큰 매력입니다. 그러나 수수료가 낮은 만큼 직접 담당해야 할 일이 많아지며, 상품 등록, 고객 응대, 배송 관리 등 노력과 시간이 필요합니다.

오프라인 유통

소비자들이 직접 제품을 보고, 만지고, 체험할 수 있어 온라인에서는 표현하기 힘든 제품의 완성도와 매력을 어필할 수 있습니다. 또한 직접 보고 구매하기를 선호하는 고객층이 존재하기 때문에 온라인 판매와 병행하면 더 넓은 고객층을 확보할 수 있습니다. 구매를 결정하는 데 신뢰를 더하고 브랜드 인지도를 높이는 효과도 있으며, 오프라인 매장의 경험이 온라인으로 유입되는 경우도 많습니다. 그러나 수수료가 높으며 입점 조건으로 일정 재고를 요구하는 경우가 많아 초기 비용 부담이 생길 수 있습니다. 또한 재고 분실이 발생하는 때도 있으며 박리다매 전략을 고려하는 것도 좋습니다.

온, 오프라인 유통 수수료 차이점

온라인 유통

점포 유지비용이 적어 수수료가 낮은 편입니다. 특히, 오픈마켓이나 이커머스 플랫폼을 활용하는 경우, 판매자가 직접 상품을 등록하고 배송까지 담당해야 하므로 '3~30%'의 수수료가 설정되며, 이는 판매 방식에 따라 달라집니다. 문구 브랜드의 온라인 위탁 판매의 경우, '15~30%'의 위탁수수료가 형성됩니다.

오프라인 유통

쇼룸 유지비용, 인건비, 운영비 등의 고정비용으로 인해 수수료가 높은 편입니다. 오프라인 매장 위탁 판매의 수수료는 '24~45%' 내외입니다. 특히, 오프라인 행사(플리마켓, 팝업스토어)의 경우 기본 수수료가 '30~52%' 수준이며 행사 기간 판매 위치에 따라 추가적인 비용이 발생할 수 있습니다. 수수료가 너무 높아 마진이 거의 없는 경도 있지만, 인지도를 크게 올릴 수 있는 마케팅 비용으로 생각하는 전략도 고려할 수 있습니다.

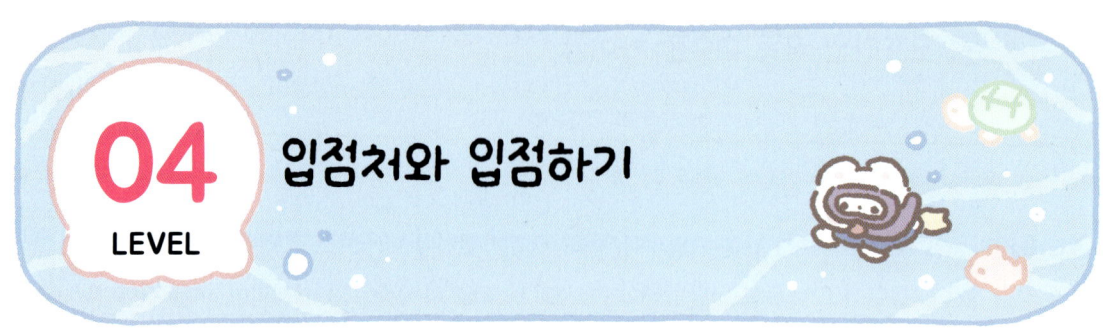

04 LEVEL 입점처와 입점하기

 입점부터 정산까지

1. 나에게 맞는 입점처 찾기

나에게 맞는 입점처는 브랜드의 초기 상황과 판매 목표에 따라 다양하므로, 몇 가지 전략적인 접근이 큰 도움이 됩니다. 우선은 개인 마켓을 통해 직접 판매를 경험해 보는 것을 추천합니다. 고객 반응과 인기 제품 데이터를 바탕으로 입점처를 판단하면 훨씬 더 정확한 선택이 가능합니다. 만약 개인 마켓 운영이 어렵다면,

인스타그램에서 '#입점모집' 같은 해시태그를 검색해 판매처를 직접 탐색하고, 먼저 제안하는 것도 좋은 방법이에요. 이때 문구 위주의 판매처인지, 오프라인 매장이라면 접근성이 좋은 위치인지, 해당 샵의 SNS 운영 상태는 어떤지 등도 함께 살펴보면 좋습니다. 입점 후 우리 제품이 얼마나 잘 배치되고, 브랜드 홍보에 도움이 될 수 있을지까지 고려하는 것이 중요합니다. 무엇보다 소통이 잘되는 판매처는 제품에 애정을 갖고 함께 성장해 줄 수 있기 때문에, 단순 입점이 아닌 '브랜드 파트너'로서의 관계를 염두에 두고 선택하면 좋습니다.

2. 입점처와의 컨택

입점처와의 컨택은 일반적으로 입점 모집 글에 포함된 폼을 작성하거나, 다이렉트 메시지(DM), 이메일을 통해 이루어집니다. 입점처는 우리 브랜드의 제품을 소비자에게 직접 연결해 주는 중요한 파트너이기 때문에, 컨택 과정에서는 명확하고 신속한 소통이 무엇보다 중요합니다. 특히 재고 관리, 행사 일정 조율 같은 운영적인 부분은 판매 기회와 브랜드 신뢰도에 직접적인 영향을 줄 수 있으므로, 소통이 원활하지 않으면 오히려 불리하게 작용할 수 있습니다.

3. 계약서 체크 사항

입점 계약을 진행할 때는 입점처와의 협력을 원활히 이어가고, 예기치 못한 분쟁을 방지하기 위해 계약서 내용을 꼼꼼히 검토하는 것이 매우 중요합니다. 정식 계약 전에는 수수료율, 정산 방식, 정산 주기(예: 월 1회, 분기별 등)를 명확히 확인해야 합니다. 또 입점비, 월 관리비 등 추가로 발생할 수 있는 비용이 있는지도 체크해서 계약서에 반드시 포함해야 해요. 수수료율은 보통 사업자 유형에 따라 달라지는데, 비사업자는 40%, 간이사업자는 35%, 일반사업자는 30% 정도로 책정되는 경우가 많으니 내 사업자 상태에 맞게 적용되는 수치를 반드시 확인해야 합니다. 계약 기간은 보통 3개월~1년 단위로 설정되며, 계약 종료 후 자동 갱신 여부나 재계약 조건에 대해서도 사전에 조율해 두는 것이 좋습니다. 작은 부분도 놓치지 않고 꼼꼼히 체크하는 것이, 브랜드를 지키고 신뢰 있는 입점 파트너십을 만들어가는 첫걸음이에요.

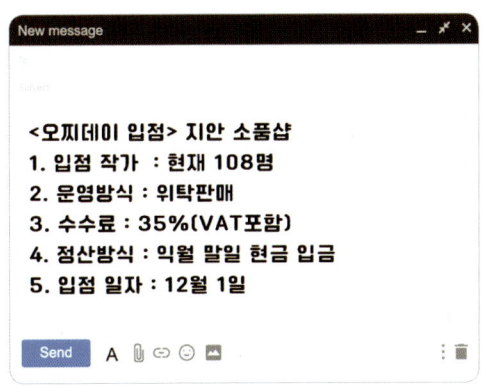

4. 계약 완료 후

계약이 완료된 후에는 납품할 제품 리스트와 납품 날짜를 입점처와 꼼꼼히 조율하여, 원활한 준비와 진행이 이루어지도록 해야 합니다. 입점처에서 판매가 시작되면, 나의 SNS 플랫폼을 통해 입점처를 홍보하여 더 많은 고객이 제품을 확인하고 구매할 수 있도록 유도하는 것이 중요합니다. 입점처와의 협력을 강조하며, 소비자에게 접근성을 높이는 적극적인 홍보로 브랜드와 입점처, 모두에게 긍정적인 성과를 만들어낼 수 있습니다.

5. 납품하기

납품 시에는 제품 리스트를 출력해 대조하며 포장하여, 제품 수량과 제품군에 누락이 없는지 재차 확인하는 과정을 가져야 합니다. 제품마다 제품명 상단에 포스트잇을 기재하거나 고무줄로 제품별 묶음 처리를 통해 구분하기 쉽게 포장하면 입점처에서도 확인이 쉬워 서로에게 좋습니다. 바코드 부착이 필요한 경우 바코드가 제대로 부착되었는지 확인하는 것도 중요합니다. 입점처에서 프로모션용 이미지나 디자인 파일 요청이 있을 경우, 필요한 자료를 준비해 전달해야 합니다.

6. 정산

매월 초에는 전월 정산 내역을 꼭 확인하고, 10일 이내에 현금 영수증 또는 세금계산서를 발행해야 합니다. 이 시기를 놓치면 가산세가 부과될 수 있으니 주의가 필요해요. 정산서에 표기된 금액이 실제 수수료율과 잘 맞는지 확인하고, 간혹 미정산되는 경우도 있으니 정산 파일을 따로 정리해 두고 입금 내역을 통장과 함께 꼭 체크해 보는 습관을 들이는 것이 좋습니다. 적은 금액이라도 꼼꼼히 관리하는 것이 브랜드 운영의 기본이니 꼭 신경 써주어야 합니다!

매출액	예상 정산액
12,500원	8,750원
5,000원	3,500원
35,500원	24,850원
25,800원	18,060원
24,500원	17,150원

매출액 **2,212,800원**   예상 정산액 **1,548,960원**

7. 온라인을 통해 해외 판매

온라인을 통해 해외에서 제품을 구매하고 싶다는 연락이 오는 경우, 해당 국가에 먼저 배송 가능 여부, 수량, 원하는 제품 종류를 파악하고, 배송 방식(국제 우편, EMS 등)과 예상 배송비를 안내해 주는 것이 좋아요. 해외 배송 시에는 포장을 더욱 신경 써주세요.

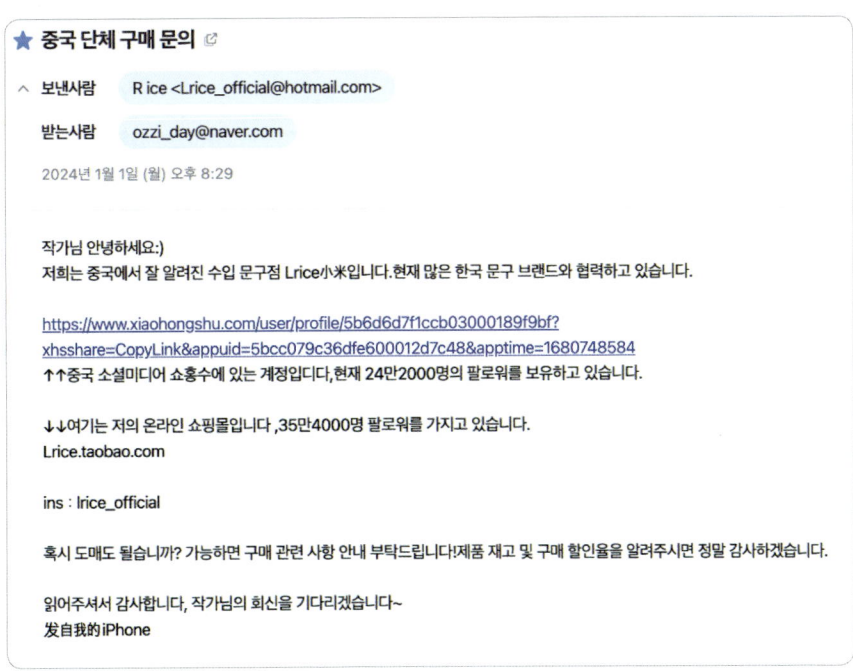

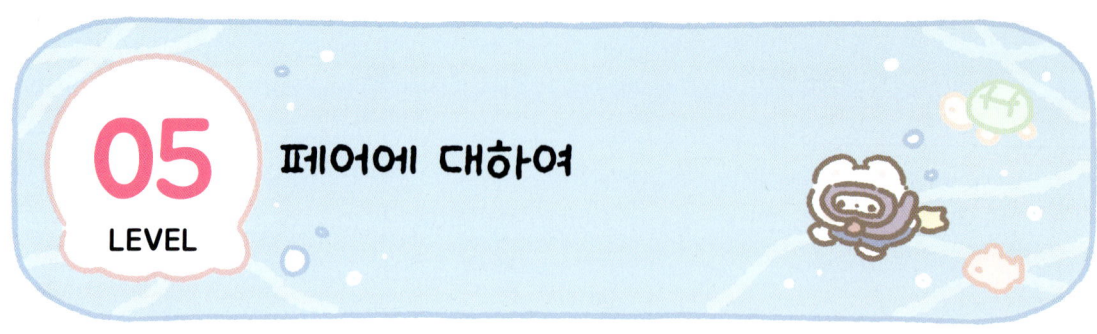

05 LEVEL 페어에 대하여

 오프라인 페어 종류

오프라인 페어는 브랜드와 제품을 직접 소개하고, 고객과의 소통을 통해 브랜드에 대한 생생한 피드백을 받을 기회입니다. 국내에는 '서울일러스트레이션페어', '부산일러스트레이션페어', '굿즈이즈굿', '케이일러스트레이션페어' 등 대규모 행사들이 있고, 주로 일러스트와 캐릭터 문구 브랜드를 중심으로 다양한 창작물들이 소개돼요. 또한, '서울일러스트코리아', '대구일러스트코리아', '콘텐츠코리아', 캐릭터 라이선싱 페어 등의 행사들은 라이선싱 제안이나 협업 기회를 모색하기에 적합해요. 반면, '오!일페', '뽀일페', '닷닷닷', '사곰

찢', '작당모'의 등 소규모 페어는 비교적 진입장벽이 낮고, 작가님들과의 교류나 와주시는 팔로워와의 따뜻한 소통이 가능한 것이 특징입니다.

해외 페어도 브랜드를 알리는 데 매우 효과적입니다. 일본의 '도쿄 디자인 페스타', 대만의 '아시안 크리에이티브 캐릭터 페스티벌', 홍콩의 '홍콩일러스트레이션 크리에이티브쇼' 등이 대표적인 행사입니다. 이들 페어는 글로벌 팬층을 확보할 기회를 제공하며, 새로운 시장에 브랜드를 소개하고 테스트해 볼 수 있는 무대가 되어 줍니다. 국내외 페어는 단순한 판매뿐만 아니라 브랜드의 방향성을 다듬고, 새로운 인사이트를 얻는 데에도 도움이 되기 때문에, 브랜드의 성격과 목표에 맞는 페어를 선택해 적극적으로 참여해 보는 것을 추천해요.

페어 신청 시 준비 사항

페어에 신청할 때는 신청 공지가 올라오자마자 바로 접수할 수 있도록 준비하는 것이 좋습니다. 페어의 홈페이지, SNS, 카카오톡 플랫폼 등을 미리 팔로우하거나 친구 추가해 주세요. 신청 시 캐릭터나 브랜드 포트폴리오를 함께 제출해야 하는 경우가 많기 때문에, 브랜드 소개 자료도 미리 정리해 두는 것이 좋습니다. 또한 사업자 등록증, 통장 정보, SNS 계정 등의 기본 정보도 함께 준비해두면 신청 과정에서 시간을 절약할 수 있습니다. 부스 비는 사전 예산에 꼭 포함해 두고, 참가 확정 즉시 결제할 수 있도록 대비하는 것이 필요합니다.

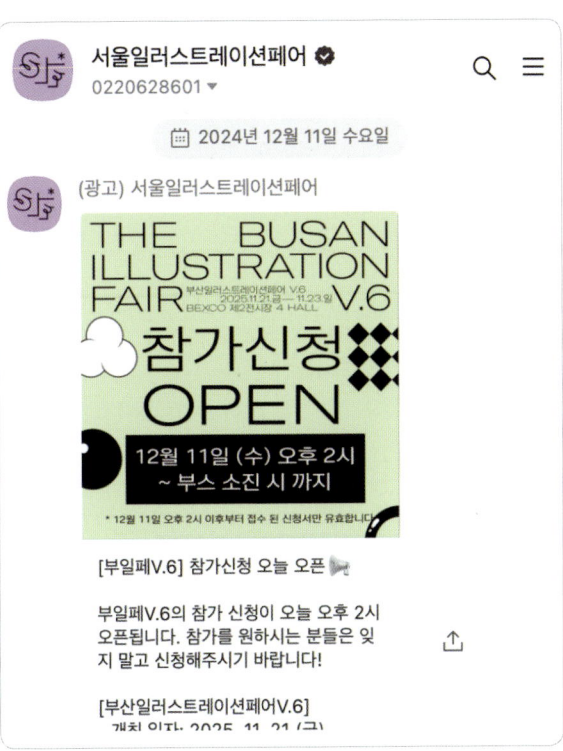

페어에 나가야 하는 이유

페어에 참가하는 것은 브랜드를 성장시키고 입지를 다지는 데에 커다란 도움이 됩니다. 소비자는 물론 다양한 바이어들에게 직접 브랜드를 소개할 기회가 되고, 새로운 협업 제안을 받을 수도 있어요. 기존의 팔로워분들과는 직접 소통하며 브랜드에 대한 생생한 피드백을 들을 수 있으며, 팔로워가 아닌 분들에게는 자연스럽게 브랜드를 노출하며 신규 유입을 기대할 수 있습니다. 또한, 실시간으로 판매 반응을 확인하며 제품의 강점과 보완점을 파악할 수 있으며, 다른 작가님들과 네트워킹을 통해 협력 가능성을 넓힐 수 있습니다. 이런 다양한 요소들이 페어를 브랜드 운영의 중요한 발판으로 만들어 줍니다.

 **페어 준비 과정**

페어 설치하는 날 기준으로 최소 한 달 전부터 준비하는 것이 이상적입니다.

페어 신청 → 페어 참가비 제출 → 참가 확정 → 초대권 이벤트 → 페어 신상 및 제품 디자인 → 페어 진열 준비 → 페어 전날 진열 → 페어 진행 → 페어 철수

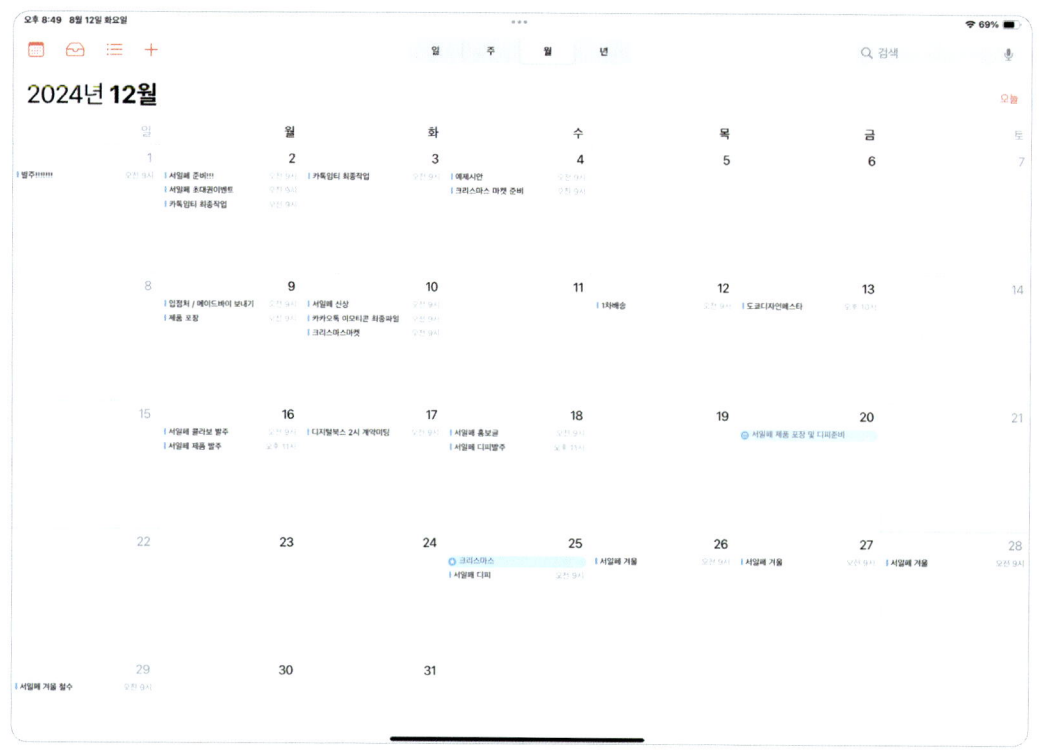

🐻 페어 진열 팁!

- 진열 방식은 브랜드의 분위기를 한눈에 보여주는 중요한 요소입니다. 테마에 맞게 집기류나 시트지를 활용해 전체적인 톤을 통일감 있게 구성해 보는 걸 추천합니다. 이런 디테일들이 쌓이면 고객의 눈길을 끌고, 브랜드에 대한 좋은 인상을 남길 수 있어요.
- 브랜드 초반에는 SNS 팔로우 이벤트나 랜덤 뽑기 이벤트를 통해 부스를 찾은 고객들이 자연스럽게 소통할 수 있도록 유도해 보세요.
- 제품 구성 정보와 결제 금액을 보기 쉽도록 폼보드에 정리해 두면, 고객들도 구매가 편해지고 부스 운영도 수월해집니다.
- 제품 샘플은 직접 보고 만지며 제품에 대한 이해도가 높아지고, 실제 구매로 이어질 가능성이 커집니다.
- 오시는 분들이 직접 현장에서 골라 구성한 랜덤팩은 구매에 재미 요소를 더하고, 체류 시간이 길어져 다른 손님을 끌어들이는 효과가 있습니다.
- 판매가 잘되지 않는 재고는 금액별 사은품 증정이나 단종 할인 같은 방식으로 소진합니다. 오신 분들도 할인된 가격으로 데려갈 수 있어 서로에게 좋습니다.
- 오프라인 페어에서 다른 브랜드와의 콜라보 운영도 추천합니다. 새로운 고객층에게 브랜드를 노출할 수 있는 좋은 기회가 되며, 해당 페어만의 이벤트이기 때문에 소비자분들이 더 많이 찾아오게 되는 계기를 만들 수도 있습니다.
- 마지막으로 매대 안에 덤, 이벤트 물품, 가격표 등을 미리 정리해 두면 현장에서 빠르게 대처할 수 있어 운영에 훨씬 도움이 됩니다.

Stage 07

이제는 나도
프로 문구 작가!

Level 01. 제품이 더 돋보이는 촬영법
Level 02. 개인 온라인 마켓 오픈 시 유의사항
Level 03. 브랜드 사업자 등록에 대해
Level 04. 나의 저작권 지키기
Level 05. 캐릭터 포트폴리오 만들기

01 LEVEL 제품이 더 돋보이는 촬영법

보정 전과 보정 후 제품 사진

제품 이미지는 온라인 판매에서 가장 핵심적인 요소 중 하나입니다. 소비자들은 제품을 직접 볼 수 없기 때문에, 이미지만으로 품질과 분위기를 판단하고 구매 여부를 결정하게 돼요. 그래서 매력적이고 깔끔하게 구성된 고품질 이미지를 제공하는 것은 필수입니다. 좋은 이미지는 별도의 홍보 없이도 SNS에서 높은 반응을 끌어낼 수 있고, 자연스럽게 제품 판매로 이어지기도 해요.

제품 촬영 전 알아두면 좋은 팁!

제품 촬영 시에는 카메라의 촬영 가이드 기능을 활용해 전체적인 구도와 밸런스를 맞추는 것이 좋습니다. 제품의 분위기와 어울리는 색상의 소품을 활용해 통일감 있는 구성을 연출하고, 빛의 방향과 그림자를 잘 활용하면 이미지를 훨씬 더 세련되게 만들 수 있습니다. 특히 오후 3~5시의 자연광은 부드럽고 자연스러운 그림자를 만들어 제품을 돋보이게 하는 시간대예요. 촬영은 고화질로 진행하고, 제품의 분위기를 전달할 수 있는 '연출 샷'과 디테일을 보여주는 '상세 샷'을 함께 준비해 주세요. 따뜻한 느낌이 필요할 땐 일반 조명 대신 전구색 조명을 활용하여 감성적인 분위기를 연출할 수 있습니다. 촬영 후에는 어도비 라이트룸, 포토샵, 또는 스마트폰 기본 보정 툴을 활용해 전체 색감을 다듬어 마무리하면 완성도 높은 이미지를 만들 수 있습니다.

제품 사진 추천 구도

제품 사진 추천 구도와 수정값을 정리해 보았습니다. 촬영한 이미지와 제품의 콘셉트마다 어울리는 것이 다르니 참고만 해주세요. 사진 보정 수치는 너무 크게 벌어지지 않는 것이 좋지만, 필요에 따라 과감하게 수정해도 괜찮습니다. 사진을 확인하며 조절해보세요!

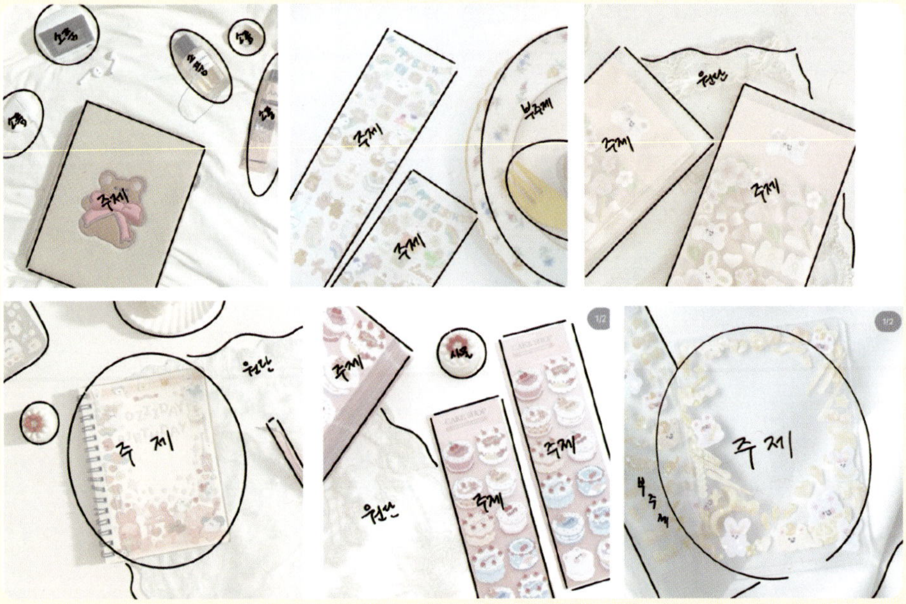

어도비 라이트룸에서 수정할 때 추천 값

- 채도 + 5~20
- 생동감 + 10
- 색조 + 1~5
- 색온도 (푸른기가 있다면) +10
  (노란기가 있다면) −10
- 밝은 영역 + 20~50
- 어두운 영역 + 20~40
- 선명하게 하기 + 50
- 대비 − 5~15

* 라이트룸에선 색상 혼합에서 특정 색을 보정할 수 있습니다.

* 효과→그레인 수치값을 주면 빈티지한 느낌을 낼 수 있습니다.

 ## 아이폰 − 사진첩에서 보정할 때 추천 값

- 노출 + 10~30
- 휘도 + 20
- 하이라이트 + 15
- 그림자 + 20~50
- 대비 − 20~40
- 밝기 + 5~20
- 블랙포인트 + 3~7
- 채도 + 10~20
- 색선명도 + 10~20
- 색조 + 5~20
- 따뜻함 + 5~10
- 선명도 + 30~50

인스타그램 사진 보정 추천 값

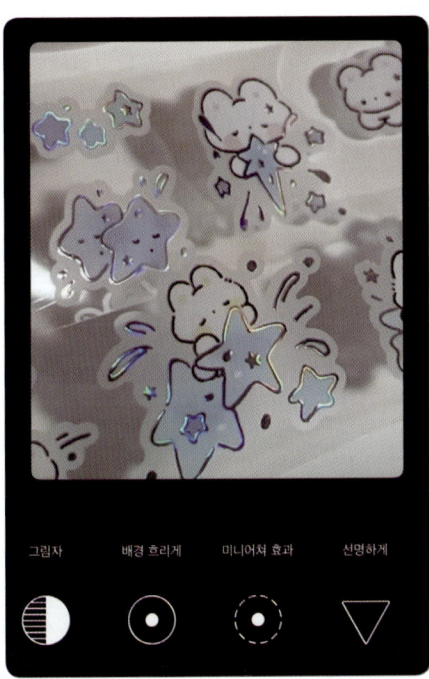

- 밝기 + 20~50
- 대비 − 15~30
- 온도 + 5~15
- 채도 + 10~20
- 하이라이트 + 10~30
- 그림자 + 10~30
- 선명하게 + 20~50

 사진마다 찍힌 환경 등에 따라 결과물이 다르므로 요구하는 수치도 다릅니다.

사진을 보며 수치를 조정하는 것이 중요합니다!

모든 수치는 추천이기 때문에 참고만 하세요.

02 LEVEL 개인 온라인 마켓 오픈 시 유의사항

온라인 개인 마켓 준비하기

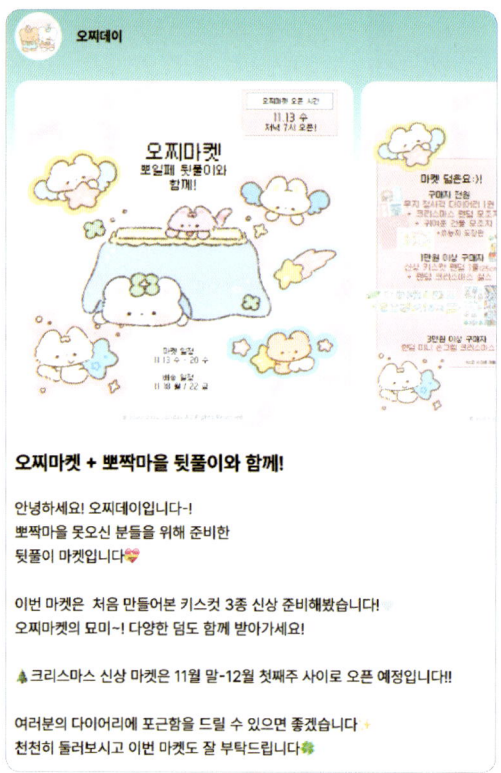

트웬티폼은 많은 다꾸러들이 이용하는 플랫폼으로, 유저 친화적인 인터페이스 덕분에 구매자로서도 접근성이 좋습니다. 또한 개인 마켓 형식으로 운영되기 때문에 판매자가 준비해야 할 부분이 많습니다. 어떤 제품군을 판매할지, 수량은 어느 정도로 할지, 마켓 오픈 기간, 배송 방식과 패키징 방법, 제품 촬영과 홍보 이미지 디자인, 그리고 덤 구성까지 모두 스스로 계획하고 준비해야 합니다. 하지만 그만큼 자유도가 높고, 브랜드의 색을 온전히 보여줄 수 있는 장점이 있습니다.

온라인 마켓 체크 사항

- 포장 꼼꼼히 하기
- 소비자의 연락에 유연하게 대처하기
- 준등기 무게 제한 설정하기
- 구매 덤 및 이벤트 기획하기
- 마켓 인포메이션 만들기, 가격, 재고 잘 체크하기

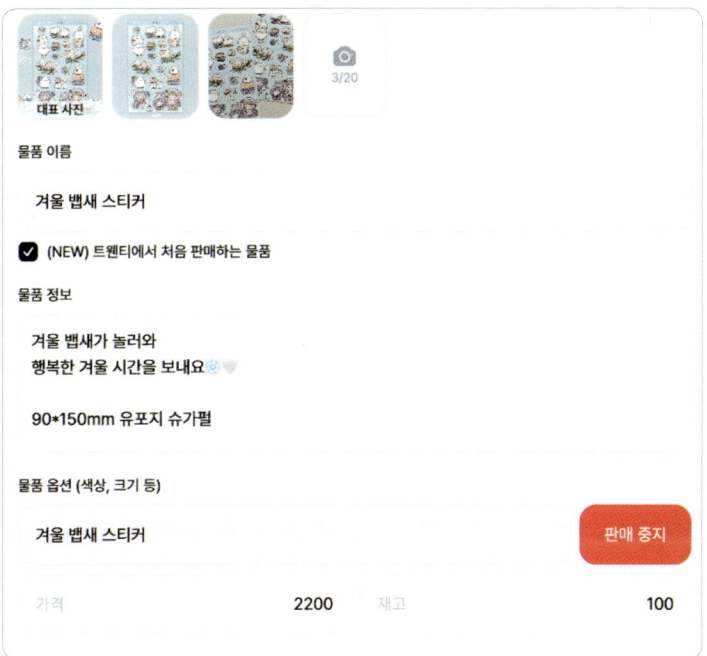

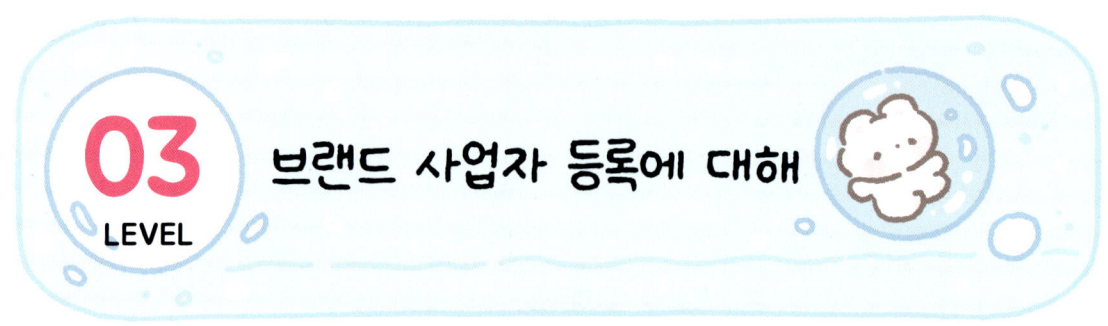

03 LEVEL 브랜드 사업자 등록에 대해

사업자 등록이란?

사업자 등록 브랜드를 운영할 때 사업자 등록은 필수적으로 권장되는 절차입니다. 이는 브랜드의 공식성을 인정받고, 세무 관리를 체계적으로 진행하기 위한 첫걸음이 됩니다. 사업자등록은 국세청 홈택스 또는 브랜드 사무실 주소지 관할 세무서에서 신청할 수 있습니다. 특히, 초기 단계에서는 간이과세자로 등록하는 것이 유리할 수 있습니다. 연 매출 8,000만 원 이하일 경우 부가세가 면제되며, 사업 자금 운용이 보다 간편해집니다. 설령 연 매출이 기준을 초과하더라도 간이과세자는 부가세가 0.5~3%로, 일반 개인사업자(10%)보다 세금 부담이 적습니다. 또한, 세금 신고도 1년에 한 번만 하면 되므로 관리가 상대적으로 수월합니다. 다만, 간이과세자는 세금계산서를 발행할 수 없는 제한이 있으므로 거래 형태에 따라 적합성을 따져야 합니다. 온라인 신청은 국세청 홈택스에서 '신청/제출' 메뉴로 들어가 '사업자등록 신청'을 선택해 간단히 진행할 수 있습니다. 오프라인 신청의 경우, 사업장 주소지 기준으로 관할 세무서를 방문해 신청서를 작성한 후 제출하면 됩니다.

통신판매업 신고

통신판매업 신고는 온라인, 전화, 우편 등을 통해 상품이나 서비스를 판매하는 모든 사업자에게 필수로 요구되는 법적 절차입니다. 이는 소비자 보호와 공정한 거래를 위한 제도로, 온라인 판매를 시작하려는 경우 기본적으로 신고를 진행해야 해요. 다만, 6개월간 판매 건수 12건 이하이거나 매출 1,200만 원 이하면 소액 판매 사업자로 분류되어 신고 의무가 면제되기도 합니다. 신고는 정부24 홈페이지에서 온라인으로 신청할 수 있으며, 사업장 주소지 관할 구청 민원실에서도 접수할 수 있습니다. 신고가 완료되면 발급받은 통신판매업 신고 번호를 온라인 판매 페이지에 반드시 표기해야 하고, 환불, 교환, AS 등 소비자 권리에 대한 안내 문구도 함께 고지해 두는 것이 필요해요.

04 LEVEL 나의 저작권 지키기

 저작권

저작권은 창작자가 창작물을 세상에 공표하는 순간부터 자동으로 발생하지만, 저작권 등록을 통해 권리를 더욱 명확히 보호받을 수 있어요. 저작권 등록은 한국저작권위원회를 통해 등록할 수 있습니다. 특히, 분쟁이 발생했을 때 저작권 등록은 창작물이 본인의 것임을 입증할 수 있는 중요한 자료로 활용됩니다. 등록 절차는 비교적 간단하며, 비용은 약 23,000원으로 부담이 크지 않고, 처리 기간은 약 1~2주 정도 소요됩니다. 등록을 위해서는 캐릭터 소개서, 턴어라운드(캐릭터의 다양한 각도 표현), 캐릭터명 등을 준비해야 합니다. 또한, 저작권 등록 이후에는 제품이나 업로드된 이미지에 저작권 공표 표기(ⓒ 기호와 창작 연도, 창작자명)를 추가하여 저작권 보호를 알리는 것이 좋습니다.

등록번호	등록종류	
C-2023-021527	미술저작물	러빗
C-2023-021528	미술저작물	찌미
C-2023-021529	미술저작물	루
C-2020-023565	미술저작물	O-NI (오니)
C-2020-013146	미술저작물	이로(I-ro)
C-2020-011245	미술저작물	먼z l
C-2020-007619	미술저작물	Rio(리오)
C-2020-006616	미술저작물	Ggozzii(꼬찌)

상표권

상표권은 브랜드의 제목, 표제, 네임, 로고, 그래픽 이미지, 특정 캐릭터 형태 등을 보호하기 위한 강력한 권리이며, 이를 통해 브랜드와 창작물을 법적으로 보호할 수 있습니다. 상표권 등록은 특허청의 키프리스(KIPRIS)를 통해 진행할 수 있으며, 예를 들어 오찌데이, 리오와 같은 브랜드 네임, 로고, 특정 캐릭터의 형태 등을 등록하면 유사한 상표 사용으로부터 권리를 보호받을 수 있습니다. 다만, 상표권 등록은 저작권 등록보다 비용이 더 많이 들고 시간이 오래 걸립니다. 하지만, 그만큼 권리 보장이 확실하여 브랜드를 성장시키고 보호하는 데 좋습니다. 연초에는 상표권 지원사업이 진행되기도 하며, 해외 상표권 출원의 경우 대리 진행 업체를 활용하면 절차를 간소화할 수 있습니다. 상표권은 등록 후에도 10년을 기준으로 갱신 비용을 지속적으로 납부해야 하므로, 장기적인 비용 계획이 필요합니다. 비용의 부담이 있을 수 있어, 브랜드가 어느 정도 자리 잡힌 상태에서 등록을 진행하는 것을 추천합니다!

05 LEVEL 캐릭터 포트폴리오 만들기

2020
2020.5월 오찌데이 브랜드 시작
교보 핫트랙스 스티커 공모전 우수상 수상
교보 핫트랙스 스티커 콜라보 작업
잠실 용산 외 전국 12 도시 다이어리꾸미기페어 참가

2021
모닝글로리 MIF 참가
서울일러스트레이션페어 vol.11 / vol.12 참가
스타빌로 50주년 기념 콜라보 스티커 작업
세종대 어라운드 세종 프로젝트 강의
클래스 101 강의 개설

2022
교보 핫트랙스 봄피크닉 스티커 콜라보 작업
서울일러스트레이션페어 vol.13 참가
부산일러스트레이션페어 vol.3 참가
홍콩 일러스트레이션 앤 크리에이티브 페어 vol.4 한국관 대표 참가
핫트랙스, 젤리크루, 텐바이텐 등 다양한 입점처 계약
홍콩,일본 오프라인 입점처 계약
서울 서초창업센터 오프라인 강의

오찌데이를
운영하며
현재까지
이주어온
발걸음입니다.

2023
한국경제 캐릭터사업 및 N잡 관련 기사
서울일러스트레이션페어 vol.15 /16 참가
교보생명 오프라인 특강
젤리크루 단독 기획전 진행

2024
오사카 덴노지 미오 오프라인 팝업
굿즈이즈굿 vol.1 참가
서울일러스트코리아 및 오프페어 다수 참가
오찌 디지털 브러시 텀블벅 펀딩 총 2290% 달성
<나는 회사 밖에서 월급보다 많이 법니다> 책에 게재
안산대학교 오프라인 특강
교보문고 리디북스 콜라보
콘텐츠 코리아 참가
서울일러스트레이션페어 vol.18 참가
카카오톡 미니 이모티콘 출시 예정 (상품화 진행중)

 브랜드 포트폴리오

  캐릭터 및 브랜드 포트폴리오는 B2B 협업이나 브랜드 제안, 페어 참가 신청 시 전문성과 브랜드 이미지를 효과적으로 전달할 수 있는 중요한 자료입니다. 단순한 소개를 넘어, 브랜드가 어떤 방향성을 가졌는지 보여주는 '비즈니스 제안서'의 역할도 해요. 포트폴리오를 구성할 때는 브랜드의 탄생 배경과 가치관을 담은 스토리, 그동안의 활동 경력이나 참가한 페어 등의 연혁, 캐릭터의 특징과 세계관, 그리고 제작하고 있는 주요 제품군 등을 함께 정리해 두면 좋아요. 보기 쉽고 정돈된 포트폴리오는 협업 제안이나 공모전, 입점 제안 시에도 신뢰를 높이는 데 정말 큰 도움이 됩니다.

보너스 Stage 08

캐릭터 문구 브랜드로서 살아남기

Level 01. 굿즈 유통 이외의 수익화 방법
Level 02. 캐릭터 IP 확장
Level 03. 하나의 활동이 다양한 스펙으로!
Level 04. 혼자서도 프로답게! 1인 브랜드 실무 가이드

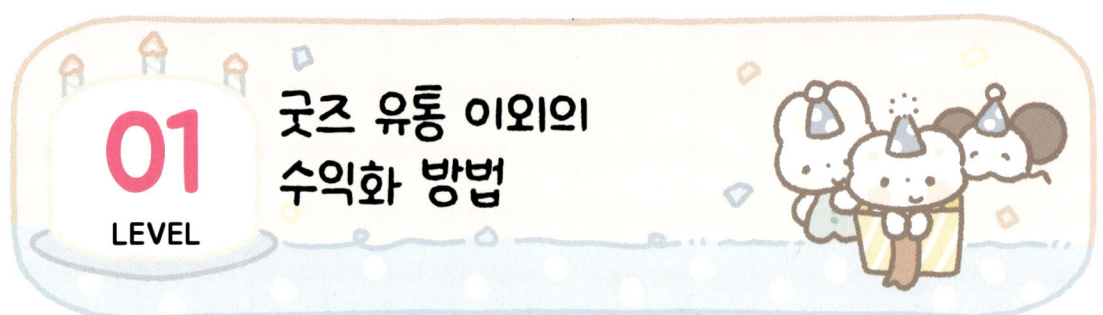

01 LEVEL 굿즈 유통 이외의 수익화 방법

 이모티콘

이모티콘은 카카오톡을 비롯한 다양한 채팅형 SNS 플랫폼에서 폭넓은 유저들에게 노출될 수 있는 강력한 콘텐츠입니다. 브랜드 인지도를 높이고 수익을 창출할 수 있는 유명한 방법이죠. 이모티콘을 제안할 때는 단순히 내가 할 수 있는 디자인만 전달하는 것이 아니라, 이모티콘의 스토리와 시장성, 그리고 소비자층이 누구인지까지 상업적인 목표로 구성하고 이모티콘 제안 시 함께 설명하는 것이 중요합니다. 왜 소비자들에게 호응을 얻을지, 어떤 매력을 줄 수 있을지를 명확히 제시해야 심사나 제안에서도 좋은 반응을 얻을 확률이 높습니다. 또한, 작은 화면에서도 쉽게 인식되도록 색상 구성과 획의 굵기 등을 고려하고, 현재 인기 있는 스타일과 트렌드를 분석해 디자인 방향을 설정하는 것도 큰 도움이 됩니다. 이모티콘의 승인 조건은 까다로우므로 준비 과정에서 지칠 수도 있습니다. 그럴 땐, 카카오 이모티콘 외에도 네이버, OGQ, 라인 등 조금 더 폭넓게 준비하는 것도 도움이 됩니다.

🐻 상품 협업

콜라보레이션은 캐릭터 브랜드가 성장하는 데 있어 매우 효과적인 전략입니다. 다른 브랜드나 기업과의 협업을 통해 캐릭터의 가치를 극대화하고, 내 브랜드 인지도를 한층 더 끌어올릴 수 있어요. 캐릭터 사용 권리(IP) 제공을 통한 로열티 수익을 얻거나, 한정판 콜라보 제품을 제작해 소비자의 관심을 집중시키는 방식으로 활용할 수 있어요. 협업 계약을 진행할 때는 캐릭터의 사용 범위, 상품군, 저작권 귀속 여부 등을 꼼꼼히 조율하고 문서화하는 것이 중요합니다. 권리문제를 사전에 명확히 정리해 두면, 협업 이후 혹시나 하는 불필요한 분쟁을 방지할 수 있어요. 또한, 협업 대상은 브랜드의 정체성과 잘 어울리면서도 시너지를 낼 수 있는 파트너를 선택하는 것이 좋습니다. 소비자층이 유사하거나 서로의 콘텐츠를 보완해 줄 수 있는 브랜드와의 협업은 더 많은 수요를 불러옵니다.

🐻 팝업

요즘엔 정말 다양한 팝업이 많죠. 팝업 스토어는 한정된 기간 동안 운영되는 임시 매장의 형태로, 브랜드와 캐릭터의 세계관을 소비자에게 직접 전달하며 다양한 경험을 보여줄 수 있는 강력한 마케팅 방법이에요. 단순한 제품 판매를 넘어, 브랜드의 분위기와 메시지를 오프라인 공간에 담아내는 것이 핵심입니다. 팝업을 기획할 때는 매장의 테마와 연결되는 제품을 새롭게 제작하거나, 한정판 굿즈를 준비해 방문객의 소장 욕구를 자극하는 것이 효과적입니다. 또한 브랜드의 세계관을 시각적으로 풀어낸 디스플레이와 포토존을 구성하면, 방문객들이 자연스럽게 사진을 찍고 SNS에 공유하게 되어 마케팅 효과도 함께 높아져요.

팝업 스토어의 위치 선정도 중요한 요소입니다. 유동 인구가 많은 쇼핑몰이나 번화가, 또는 대상 소비자들이 자주 찾는 공간을 선택하면 방문자 수를 크게 늘릴 수 있어요. 팝업 운영 전후에는 SNS 홍보, 이벤트 공지 등 다양한 플랫폼을 활용해 팝업 내용을 알리는 것이 중요합니다.

이너부스 추천!!

이너부스는 캐릭터 브랜드를 운영하는 분들에게 특히 추천드리고 싶은 플랫폼입니다. 협업 기회를 확장하는 데 도움이 되는 공간이에요. 이너부스에서는 브랜드의 캐릭터 정보와 프로필을 등록하여 관리할 수 있어, 다양한 브랜드나 기업이 쉽게 찾아볼 수 있는 환경을 제공합니다. 또한, 프로필 내에는 콜라보 및 협업 리스트가 정리되어 있어, 현재 진행 중인 협업 사례나 기획을 참고하기에도 좋고, 직접 협력 제안을 보내는 것도 간편하게 할 수 있습니다. 브랜드의 외부 노출과 협업 기회를 넓히고 싶다면, 이너부스를 적극적으로 활용해 보세요!

디지털 콘텐츠로도 수익 다각화하기!

디지털 콘텐츠는 한 번 제작해 두면 발주 비용 없이 반복적으로 수익을 창출할 수 있는 강력한 자산입니다. 초기 제작 시간과 약간의 비용만 투자하면, 이후에는 꾸준히 수익을 얻을 수 있다는 점에서 브랜드 운영에 큰 장점이 돼요. 콘텐츠의 형태도 매우 다양해서, 강의 플랫폼을 활용한 캐릭터 디자인 강의, 전자책 등 디지털 파일 판매, 유튜브 콘텐츠를 통한 광고 수익, 이모티콘·웹툰 제작, NFT처럼 디지털 자산을 활용한 수익화 방식까지 선택의 폭이 넓습니다. 단순히 제품 이미지를 홍보하는 것을 넘어, 캐릭터의 스토리와 세계관을 담은 독립적인 콘텐츠를 제작하면 캐릭터 자체의 가치를 높이고 소비자와의 접점도 자연스럽게 확장할 수 있어요. 예를 들어, 실물 스티커 디자인을 디지털 스티커로 변환해 판매 사이트에 등록하거나, 배경화면, 일러스트 파일을 판매하는 등 새로운 시장에서 수익을 만들어가는 방법도 충분히 가능합니다.

온, 오프라인 강의

온, 오프라인 강의는 브랜드의 전문성을 보여주고, 창작자로서의 역량을 널리 알릴 수 있는 좋은 기회입니다. 클래스101, 크몽, 콜로소 같은 강의 플랫폼을 활용하거나, 유튜브나 크라우드 펀딩을 통해 개인적으로 강의를 오픈할 수도 있죠. 특히, 강의안에 나만의 그림체나 브랜드의 특색을 녹여낸다면 다른 강의와 다른 강점을 내세우며 다가갈 수 있습니다. '내가 남에게 알려줄 만큼 아는 것이 많을까?'라고 걱정할 수도 있지만, 생각보다 해당 시장을 모르는 입문자들에게는 우리의 경험들이 큰 지식이 되기 때문에 너무 어렵게 생각할 필요는 없습니다.

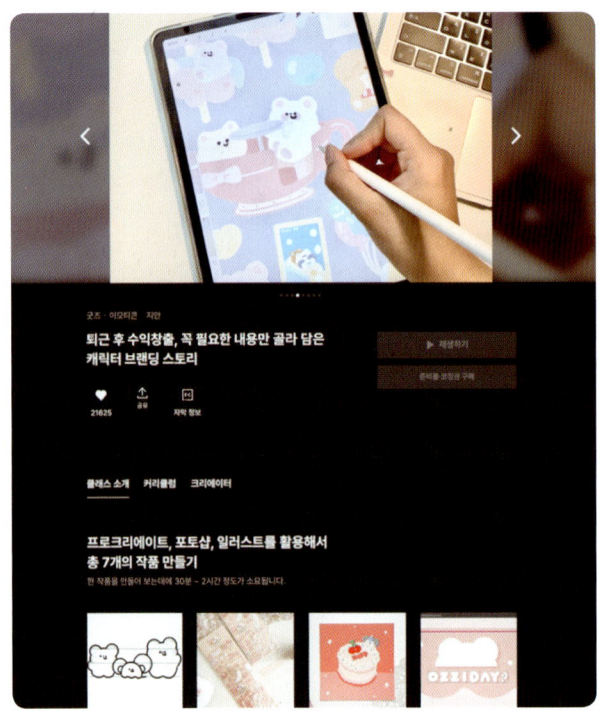

짧은 영상 플랫폼인 릴스나 쇼츠에 정보성 콘텐츠나 강의 미리보기를 꾸준히 업로드하는 것도 좋습니다. 무료 콘텐츠를 통해 강의 퀄리티를 보여주면 신뢰도도 함께 쌓을 수 있으며, 새로운 유입도 많이 만들어 낼 수 있습니다. 요즘엔 짧은 영상도 수익화가 되는 경우가 많습니다. 한 번 강의를 시작하면 이후에 다양한 기관이나 플랫폼에서 강의 요청이 들어오는 경우도 많아 브랜드 성장의 계기가 되기도 합니다. 강의 제안이 온다면, 강의 시간, 위치, 페이 등 조건을 잘 확인해 주세요.

 출판

출판은 브랜드의 가치를 높이고, 마케팅 도구로도 활용할 수 있는 아주 효과적인 수단입니다. 나의 일러스트 드로잉 책이나 인스타툰을 엮어 낸 책, 또는 브랜드 운영 경험을 담은 실용서 등 다양한 형태로 출판을 시도해 볼 수 있습니다. 먼저 출판 연락이 오는 경우가 많지만, 기회가 닿지 않는다면 출판사에 먼저 원고를 투고하는 것도 좋습니다. 대형 서점 매대에 잘 진열된 책들의 출판사를 살펴보며, 출판사의 성격과 대상 독자가 내 브랜드와 잘 맞는지를 체크해 보세요. 제안전에는 출판사의 규모나 신뢰도 확인도 필요하며, 제작이나 유통 과정에서 얼마나 지원을 받을 수 있는지도 살펴봐야 해요. 선인세나 원고료 지급 방식도 계약서에 정확하게 반영되어야 하며, 저작권 귀속 여부 역시 꼭 체크해서 향후 콘텐츠나 캐릭터 IP 확장에 문제없도록 준비하는 것이 필요합니다.

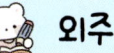 **외주**

외주 작업은 캐릭터 문구 브랜드와 관련된 분야뿐만 아니라, 나의 다양한 재능을 활용해 수익을 창출할 좋은 기회입니다. 외주 작업의 핵심은 클라이언트와의 소통입니다. 작업 분량, 요청 사항, 수정 범위, 사용 용도 등은 처음부터 구체적으로 설정해 두어야 해요. 클라이언트가 기대하는 결과물을 정확히 파악하고, 나의 스케줄과 작업 가능 시간, 업무량을 고려하여 현실적인 견적을 산출해야 양쪽 모두 만족할 수 있어요. 작업 전에는 반드시 계약서를 작성하고, 저작권 귀속 여부, 수정 횟수, 계약 해지 조건 등을 꼼꼼히 체크하는 것이 중요합니다. 특히 작업물이 상업적으로 활용되는 경우에는 추가 로열티나 사용 범위를 명확히 명시해야 이후 분쟁을 방지할 수 있습니다.

크라우드 펀딩

크라우드 펀딩은 제품, 서비스, 콘텐츠 프로젝트를 위한 자금을 다수의 사람으로부터 모금하는 방식으로, 초기 자금이 부족한 창작자나 소규모 브랜드에 매우 유용한 방법입니다. 특히 제작 기간이 길거나 대량 생산이 필요한 제품, 선주문이 필요한 아이템, 디지털 파일과 같은 콘텐츠를 판매할 때 적합합니다. 목표 금액에 도달하지 못해도 손실이 없어 부담 없이 도전할 수 있으며, 단순한 자금 모집을 넘어 시장 반응 테스트와 초기 팬층 형성에도 큰 도움이 됩니다. 국내 대표 플랫폼으로는 '텀블벅' 그리고 '와디즈'가 있습니다.

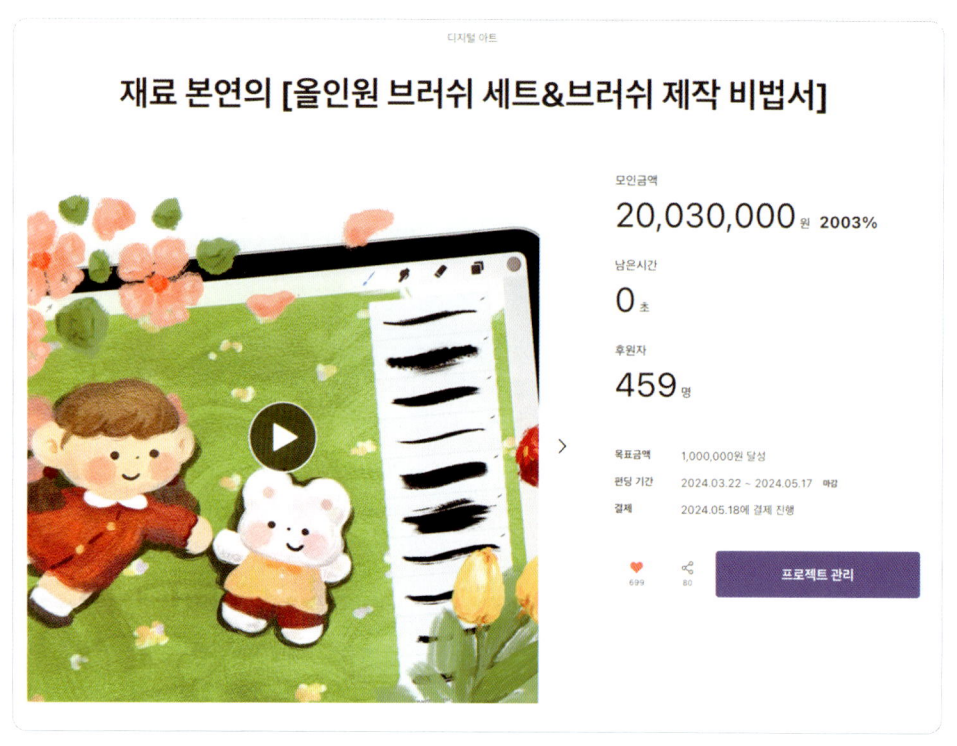

성공적인 펀딩을 위해서는 프로젝트의 스토리텔링과 후원자와의 진정성 있는 소통이 중요해요. 단순한 제품 소개보다는 창작 배경, 제작 의도, 브랜드의 철학 등을 중심으로 공감을 끌어내는 것이 핵심입니다. 목표 금액은 달성률을 높이기 위해 현실적으로 설정하고, 한정판 리워드, 구성품 등 매력적인 혜택 구성이 되어야 후원을 유도할 수 있습니다. 펀딩 기간은 일반적으로 한 달 정도가 적당하며, 프로젝트 성격과 준비 기간에 따라 유동적으로 조정해 주세요. 중간중간 프로젝트 진행 상황이나 제작 소식을 꾸준히 공유해 신뢰를 쌓는 것이 중요합니다. 펀딩 시 수수료 정책에 따른 혜택이 다르므로, 상황에 맞게 설정하는 것이 좋습니다. 홍보 예산은 반드시 진행하지 않아도 괜찮으며 진행하더라도 무리하지 않는 선에서 계획해 주세요. SNS나 참여 중인 페어에서 직접 홍보하는 것도 중요합니다!

02 LEVEL 캐릭터 IP 확장

캐릭터 IP(지식재산권) 확장은 단순한 굿즈 판매를 넘어, 캐릭터의 스토리와 세계관을 다양한 산업과 플랫폼에 적용해 브랜드 가치를 높이고 수익 구조를 다각화하는 전략입니다. 이를 위해 다양한 방법이 활용됩니다.

우선 상품군 확장을 통해 캐릭터의 특징을 살린 다양한 제품을 개발하고, 소비자 선택의 폭을 넓힐 수 있습니다. 또한 디지털 콘텐츠화를 통해 캐릭터를 이모티콘, 디지털 스티커, 웹툰, 애니메이션 등으로 확장함으로써 더 많은 팔로워분과의 접점을 만들 수 있습니다. 라이선싱 및 콜라보레이션은 캐릭터를 타 브랜드와 결합해 시너지를 높이고, 새로운 산업군으로 IP를 확장하는 효과적인 방식입니다.

이외에도 팬덤 기반의 팝업스토어와 이벤트를 통해 팔로워분들과 직접 소통하며 브랜드 충성도를 강화할 수 있습니다. 책을 통해 이야기한 방법들을 다양하게 적용해 보며 키워나가면 캐릭터 IP에 대한 확장도 해낼 수 있을 거예요!

 참고! 캐릭터 브랜드에 도움이 되는 사이트들

- **이너부스**: https://inabooth.io/collabo
- **라우드소싱**: https://www.loud.kr/
- **K-Startup**: https://www.k-startup.go.kr/
- **예술경영지원센터**: https://www.gokams.or.kr/main/main.aspx
- **숨고**: https://soomgo.com/

03 LEVEL 하나의 활동이 다양한 스펙으로!

가장 중요한 건 일단 해보는 것입니다. 하나의 작은 활동이 예상보다 훨씬 많은 기회로 이어질 수 있습니다. 저 역시 클래스101에서의 첫 강의를 시작으로, 교보생명, 서초 창업센터, 한양대학교 창업센터 등 다양한 온, 오프라인 강의를 경험하게 되었고, 그 활동이 한국경제 기사에 소개되었으며 그리고 이 책의 출판까지 연결되었습니다. 처음부터 거창한 성과를 기대하기보다는, 작더라도 하나씩 시도하며 경험을 쌓아 보세요. 작은 시작이 언젠가는 여러분의 브랜드와 경력을 크게 성장시킬 수 있습니다. 두려워하지 말고, 다양한 활동에 도전해 보는 것이 무엇보다 중요합니다.

04 LEVEL 혼자서도 프로답게! 1인 브랜드 실무 가이드

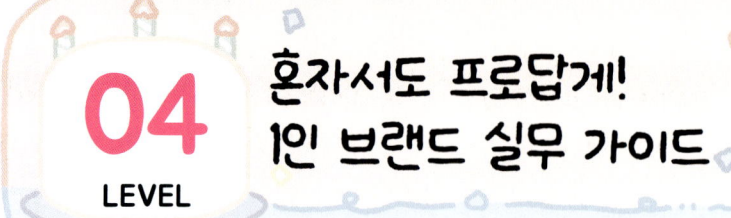

 1인 브랜드로 운영할 때 정리해야 할 리스트

1인 브랜드를 장기적으로 운영하기 위해서는 체계적인 루틴을 설정하고 꾸준히 브랜드를 성장시키는 것이 중요합니다. 단기적으로는 매일 해야 하는 업무를 데일리 리스트로 정리해 우선순위를 세우는 것이 중요합니다. 또한 메일 확인과 커뮤니케이션 업무를 습관화해 놓치는 일이 없도록 관리합니다.

한 달을 기준으로 2주 동안 디자인 작업에 집중하며 새로운 제품 도안이나 업데이트를 준비하고, 이후 1주는 개인 마켓 운영 및 포장, 고객 응대와 발송 등의 판매 업무에 할애합니다. 마지막 1주는 입점처 입고 및 유통 관련 업무, 기타 브랜드 관리 작업에 할애해 전체적인 흐름을 균형 있게 조율하는 것을 추천합니다.

연간 단위로는 월별 프로젝트와 시즌성 제품, 페어 등의 계획을 구체화해 장기적으로 해낼 수 있도록 미리 계획해야 합니다!

또한, 진부하지만 언제나 진심으로 임하는 자세는 브랜드 운영에서 가장 중요한 요소입니다. 진심을 담아 제작한 제품과 노력은 소비자에게 자연스럽게 전달되어 브랜드에 대한 신뢰와 애정으로 이어지며, 충성도 높은 고객을 형성하는 데 큰 힘이 됩니다. 이런 정성은 종종 소비자들이 마케팅 팀장처럼 자발적으로 브랜드를 응원하고 널리 알려주는 결과를 낳습니다. 외주 작업에서도 진심은 중요한 신뢰의 기반이 되어 장기적인 협업 관계로 이어질 수 있습니다. 결국, 진심은 브랜드의 품질, 이미지, 그리고 관계를 모두 단단하게 다지는 핵심이자, 브랜드와 소비자가 함께 성장할 수 있는 원동력이 됩니다.

 리스트는 정리해 두자

제품 리스트, 발주 및 정산 내역, 거래처 정보를 엑셀이나 노션 등으로, 체계적으로 정리해 두는 것은 1인 브랜드 운영에 있어 필수적인 습관입니다. 혼자 운영하다 보면 다양한 업무를 동시에 처리해야 하기에 계속 생각해도 놓치기 쉬운 일정들이 생깁니다. 미리 정리해 두면 필요한 자료를 빠르게 찾을 수 있어 작업 시간을 단축하고, 실수를 줄이며 브랜드 운영의 효율성을 높일 수 있습니다.

너무 소중한 소비자, 팔로워분들의 의견

소비자분들의 의견을 듣는 것은 브랜드 성장에 있어 매우 중요한 과정입니다. 소비자는 단순한 구매자가 아니라, 브랜드에 애정을 가진 동반자로서 객관적인 피드백을 제공해 주는 소중한 존재입니다. 그분들의 의견은 시장의 니즈와 트렌드를 가장 가까이에서 반영하며, 우리가 미처 발견하지 못한 제품과 서비스의 개선점을 알려주는 중요한 단서가 됩니다. 이러한 피드백을 적극적으로 수용하고 반영할 때, 브랜드는 단순한 판매를 넘어 소비자와 함께 성장하고 신뢰를 쌓는 브랜드로 발전할 수 있습니다. 혼자 운영하며 결정하다 보면 자주 어려움을 느끼는데, 이때 소비자분들의 목소리는 브랜드가 나아가야 할 방향을 제시하는 나침반이 되어 줍니다.

 ## 네트워킹

주변 작가들이나 관계자들과 긍정적인 관계를 유지하면, 협업을 통한 콜라보 기회를 넓힐 수 있을 뿐 아니라, 실질적으로 도움이 되는 정보와 노하우를 공유받을 수 있습니다. 특히, 발주비 부담으로 제작을 망설였던 경우에도 단체 주문을 통해 단가를 낮추는 공동 발주가 가능해져 생산 부담을 줄일 수 있습니다. 창작자 간의 유대는 단순한 친목을 넘어, 브랜드 성장을 위한 실질적인 시너지로 이어질 수 있습니다.

세금에 관하여

1인 사업을 시작하기 위해서는 기본적인 준비 사항을 철저히 갖추는 것이 중요합니다. 특히, 사업 운영과 개인 재정을 명확히 구분하기 위해 '사업자 통장과 카드'를 개설하면 세금 신고나 사업 비용, 매출을 체계적으로 관리하는 데 큰 도움이 됩니다. 마지막으로, 부가가치세 신고와 납부를 효율적으로 처리하기 위해 '부가세용 통장'을 별도로 마련해 부가세 납부 금액을 미리 준비해 두는 것이 좋습니다.

세금은 1인 브랜드를 운영할 때 반드시 챙겨야만 하는 부분입니다. 가장 기본적으로 알아 둬야 하는 건 부가세와 종합소득세예요. 간이사업자의 경우 1년에 한 번, 1월에 부가세를 신고하고, 일반사업자는 1월과 7월에 두 번 부가세 신고를 해야 해요. 그리고 매년 5월에는 모든 개인사업자가 종합소득세를 신고해야 하는데, 이때 함께 내야 하는 지방소득세는 종합소득세의 10% 정도로 미리 계산해 두는 게 좋습니다. 건강보험료와 국민연금도 소득에 따라 매달 납부하게 되는데, 국민연금은 기준 소득월액의 약 9%로 책정됩니다.

외주나 프리랜서로 일할 경우에는 보통 원천징수 3.3%를 제하고 정산되기 때문에, 실제 입금액이 예상보다 적을 수 있어요. 세금 일정은 놓치면 뒤늦게 부담이 커질 수 있으니, 매년 1월, 5월, 7월의 신고 기간을 잘 체크해 두고 여유 있게 준비하는 것이 안정적인 브랜드 운영의 기본입니다.

- **프리랜서:** 1년 1회 5월 종합소득세
- **간이사업자:** 1년 1회 1월 부가세 신고 / 5월 종합소득세
- **일반사업자:** 1년 2회 1,7월 부가세 신고 / 5월 종합소득세

절세를 위한 팁

종합소득세 신고를 준비할 때 사업 중 발생한 경비를 꼼꼼히 증빙해 두는 게 중요합니다. 사업자 신용카드, 현금 영수증, 세금계산서를 적극적으로 활용해 지출 기록을 남기면, 부가가치세 매입 세액 공제를 받을 수 있어 세금 부담을 줄일 수 있어요. 또한, 어떤 지출이 공제 가능한 항목에 해당하는지도 잘 파악해 두면, 불공제 항목을 공제 가능한 형태로 바꿔 절세 효과를 키울 수 있습니다. 세무사나 3.3% 세금 관리 앱 등을 활용하면 세금 신고가 더 수월해지고, 실수도 줄일 수 있답니다. 무엇보다 신고 시기를 지키는 게 가장 기본이자 중요한 절세방법이기도 합니다! 기간이 지나면 가산세 등을 더 낼 수 있어요. 미리미리 예비 자금을 마련해 두는 습관도 함께 들여 두면 한결 안정적으로 세무 관리를 할 수 있습니다.

"우선 해보자!"

이미 언급했지만, 지금 당장 할 수 있는 활동을 단순히 시작해 보는 것이 생각지도 못한 커다란 기회와 경력의 출발점이 될 수 있습니다. 너무 완벽을 추구하려 하면 행동으로 이어지는 데 오랜 시간이 걸릴 수 있습니다. 저는 항상 '행동의 가치는 그 행동을 끝까지 해내는 것에 있다.'라는 말을 좋아합니다. 이는 도전의 중요성과 결과를 이루는 과정의 의미를 잘 설명합니다. 현재 우리가 맞닥뜨린 상황이나 환경은 완벽하지 않을 수 있지만, 어쩌면 이 순간이 인생에서 가장 자유롭게 도전할 수 있는 마지막 시기일지도 모릅니다. 저 역시 실패가 두렵지 않은 것은 아닙니다. 하지만 그럼에도 불구하고 실패를 두려워하지 않고, 우선 해보고, 배우고, 성장해 나가는 과정이야말로 너무나 소중한 경험으로 남는다고 생각합니다.

끝으로

안녕하세요, 오찌데이 작가로 활동 중인 이지안입니다. 이렇게 책을 통해 여러분과 소통할 수 있는 일이 생긴 것은 저에게 정말 뜻깊은 일입니다.

저는 여전히 제 지식이 다른 분들에 비해 부족하다고 느끼며 늘 제가 가진 지식에 대해 의문을 품고 살아가지만, 한 가지 믿음이 있는 것은 바로 저의 경험입니다.

이 책은 제가 직접 겪은 경험을 바탕으로, 과거의 저에게 꼭 건네주고 싶었던 이야기들로 가득 채워져 있습니다. 이 책이 끝까지 함께해 주신 독자분들께도 도움이 되었다면 정말 뿌듯할 것 같습니다.

이 책은 캐릭터 브랜드를 시작하려는 분들께 전체적이고 기본적인 가이드를 제시하는 데 초점을 맞추었습니다. 여기에 앞으로 여러분의 멋진 경험이 더해진다면, 단단하고 개성 있는 브랜드로 성장할 거라 믿습니다.

처음 시작하는 것도 어렵지만, 끝까지 완주하는 것은 더욱 큰 의미가 있다고 생각합니다. 그래서 독자분들이 완독했을 때, 마치 한 단계 레벨업!하는 느낌을 받으실 수 있도록 이 책을 게임 콘셉트로 구성해 보았습니다.

여기까지 달려와 주신 여러분, 정말 수고 많으셨습니다. 앞으로 여러분이 만들어 가실 모든 일들이 잘 풀리기를 진심으로 응원합니다.

언제나 하루하루 귀엽고 소소한 행복이 깃들기를 바랍니다. 언젠가 다양한 모습으로 다시 만나게 된다면 꼭 반갑게 인사해 주세요!

감사합니다.

오찌데이 작가 **지안** 드림

저자협의
인지생략

1판 1쇄 인쇄 2025년 9월 25일
1판 1쇄 발행 2025년 9월 30일

―

지 은 이 이지안(오찌데이)
발 행 인 이미옥
발 행 처 디지털북스
정   가 25,000원
등 록 일 1999년 9월 3일
등록번호 220-90-18139
주   소 (04997) 서울 광진구 능동로 281-1 5층 (군자동 1-4, 고려빌딩)
전화번호 (02)447-3157~8
팩스번호 (02)447-3159

―

ISBN 978-89-6088-496-0 (13000)
D-25-15
Copyright ⓒ 2025 Digital Books Publishing Co., Ltd